文化兴国运兴·文化强民族强

文化凝聚中国

新时代文化建设读本

戴有山　秦强　著

中国旅游出版社

前 言

为中华民族伟大复兴提供丰厚的文化滋养

文化是民族的血脉，是人民的精神家园，是一个国家、一个民族的灵魂，是社会发展进步的重要力量。人类社会每一次跃进，人类文明每一次升华，无不伴随着文化的历史性进步。没有高度的文化自信，没有文化的繁荣兴盛，没有文明的继承和发展，没有文化的弘扬和繁荣，就没有中华民族伟大复兴的中国梦的实现。在这个意义上，文化兴国运兴，文化强民族强，文化自信是更基础、更广泛、更深厚的自信，是更基本、更深沉、更持久的力量。

党的十八大以来，以习近平同志为核心的党中央高度重视社会主义文化建设，牢牢掌握意识形态工作领导权、管理权、话语权，大力培育和践行社会主义核心价值观，提高全民族思想道德水平，推动文化事业全面繁荣和文化产业快速发展，为实现中华民族伟大复兴提供思想保证、精神力量、道德滋养和文化条件。习近平同志围绕社会主义文化建设发表的一系列重要论述，立意高远，内含丰富，思想深刻，对于巩固马克思主义在意识形态领域的指导地位，巩固全党全国各族人民团结奋斗的共同思想基础，提高国家文化软实力，坚定文化自信，发展社会主义精神文明，加快建设社会主义文化强国，实现"两个一百年"奋斗目标、实现中华民族伟大复兴的中国梦，具有十分重要的指导意义。

中国特色社会主义文化是一个复合体，既包括中华传统优秀文化，也包括革命文化和社会主义先进文化。从起源发展上看，中国特色社会主义文化，源自于中华民族五千多年文明历史所孕育的中华优秀传统文化，熔铸于党领导人民在革命、建设、改革中创造的革命文化和社会主义先进文化，植根于中国特色社会主义伟大实践。因此，发展中国特色社会主义文化，首先要坚守中华文化立场，立足当代中国现实，结合当今时代条件，发展面向现代化、面向世界、面向未来的，民族的科学的大众的社会主义文化，推动社会主义精神文明和物质文明协调发展。同时，发展中国特色社会主义文化还要坚持正确的文化发展方针，坚持为人民服务、为社会主义服务，坚持百花齐放、百家争鸣，坚持创造性转化、创新性发展，不断铸就中华文化新辉煌，激发全民族文化创新创造活力，建设社会主义文化强国。

作者
2020 年 7 月

目 录

第一章　文化是一个国家、一个民族的灵魂 ……………………… 1
- 第一节　文化的界定、分类与功能 ……………………………… 1
- 第二节　习近平总书记关于文化建设的重要论述 ……………… 5
- 第三节　十八大以来党中央关于文化建设的重大决策部署 …… 15

第二章　坚持中国特色社会主义文化发展道路 ………………… 23
- 第一节　推动中华优秀传统文化创造性转化、创新性发展 …… 23
- 第二节　继承和发扬革命文化 …………………………………… 54
- 第三节　发展社会主义先进文化 ………………………………… 61

第三章　培育和践行社会主义核心价值观 ……………………… 71
- 第一节　社会主义核心价值观是当代中国精神的集中体现 …… 71
- 第二节　把社会主义核心价值观融入社会发展各方面 ………… 79
- 第三节　社会主义核心价值观的文化本质与实践要求 ………… 84

第四章　坚定文化自信 …………………………………………… 93
- 第一节　文化自信的内涵与外延 ………………………………… 94
- 第二节　文化自信的历史与逻辑 ………………………………… 99
- 第三节　文化自信的社会与实践 ………………………………… 108

第五章　维护国家文化安全 ……………………………………… 118
- 第一节　文化安全的界定 ………………………………………… 120

第二节　文化安全现状分析 …………………………………… 122
　　第三节　国家文化安全建设 …………………………………… 124

第六章　推动文化事业全面繁荣和文化产业快速发展 ………… 138
　　第一节　满足人民美好文化生活的新需要 …………………… 139
　　第二节　构建双效统一的文化体制机制 ……………………… 160
　　第三节　提高国家文化软实力 ………………………………… 176

第七章　建设具有强大凝聚力和引领力的社会主义意识形态 … 188
　　第一节　意识形态是党的一项极端重要的工作 ……………… 189
　　第二节　意识形态决定文化前进方向和发展道路 …………… 195
　　第三节　以党内法规构建意识形态工作长效机制 …………… 199

参考文献 ………………………………………………………… 208

后　记 …………………………………………………………… 210

第一章　文化是一个国家、一个民族的灵魂

文化是人类社会特有的现象，是民族生存和发展的重要力量。党的十八大以来，以习近平同志为核心的党中央高度重视社会主义文化建设，发表了一系列重要讲话，作出一系列重要部署，推动了文化建设的快速发展。习近平总书记指出，文化建设要坚持社会主义先进文化前进方向，坚定文化自信，增强文化自觉，加快文化改革发展，加强社会主义精神文明建设，培育和践行社会主义核心价值观，增强国家文化软实力，建设社会主义文化强国，这就为我们新时代文化建设指明了方向，提供了遵循。

第一节　文化的界定、分类与功能

一、文化的概念界定

文化，就词的释意来说，文就是"记录、表达和评述"，化就是"分析、理解和包容"。人类传统的观念认为，文化是一种社会现象，它是由人类长期创造形成的产物，同时又是一种历史现象，是人类社会与历史的积淀物。确切地说，文化是凝结在物质之中又游离于物质之外的，能够被传承的国家或民族的历史、地理、风土人情、传统习俗、生活方式、文学艺术、行为规范、思维方式、价值观念等，它是人类相互之间进行交流的普遍认可的一种能够传承的意识形态，是对客观世界感性上的知识与经验的升华。

文化是人类社会特有的现象。文化是由人所创造、为人所特有的。文化的历史源远流长，文化的定义多种多样，根据不同的视角可以对文化做出不同的

界定阐释。一般认为，文化是相对于经济、政治而言的人类全部精神活动及其产品，既包括世界观、人生观、价值观等具有意识形态性质的部分，又包括自然科学和技术、语言和文字等非意识形态的部分。从人类社会发展来看，文化是智慧群族的一切群族社会现象与群族内在精神的既有、传承、创造、发展的总和，具体人类文化内容是指群族的历史、地理、风土人情、传统习俗、工具、附属物、生活方式、宗教信仰、文学艺术、规范、法律、制度、思维方式、价值观念、审美情趣、精神图腾等。

从语义来源上看，"文化"一词来源于《易经·贲卦象辞》："刚柔交错，天文也；文明以止，人文也。观乎天文，以察时变，观乎人文，以化成天下。"所谓文化其实是"人文化成"一语的缩写。所谓文，就是指一切现象或形相。天文就是指自然现象，也就是由阴阳、刚柔、正负、雌雄等两端力量交互作用而形成的错综复杂、多姿多彩的自然世界。所谓人文，就是指自然现象经过人的认识、点化、改造、重组而形成的事物。

作为一种社会现象，文化与文明既有联系也有区别，主要区别有：第一，从内容上看，文化是人类征服自然、社会及人类自身的活动、过程、成果等多方面内容的总和，而文明则主要是指文化成果中的精华部分；第二，从时间上看，文化存在于人类生存的始终，人类在文明社会之前便已产生了原始文化，文明则是人类文化发展的一定阶段；第三，从表现形态上看，文化是动态的、渐进的、不间断的发展过程，文明则是相对稳定的、静态的、跳跃式的发展过程；第四，文化是中性概念，文明是褒义概念。人类征服自然和社会过程中化物、化人的活动、过程和结果是一种客观存在，其中既包括优秀成果，也有糟粕，既有有益于人类的内容，也有不利于人类的因素，它们都是文化。文明则和某种价值观相联系，它是指文化的积极成果和进步方面，作为一种价值判断，它是一个褒义概念。

二、文化的分类结构

关于文化的分类，最为常见的说法就是广义文化和狭义文化，也有人把它称为是大文化和小文化。广义的文化，是人类在社会历史实践过程中所创造的物质财富和精神财富的总和。狭义的文化就是在一定的物质生产方式的基础上发生和发展的社会精神生活形式的总和，指社会的意识形态及与之相适应的制度和组织机构。1871年，英国文化学家泰勒在《原始文化》一书中提出了狭义文化的早期经典学说，即文化是包括知识、信仰、艺术、道德、法律、习俗和任何人作为一名社会成员而获得的能力和习惯在内的复杂整体。在这一点上，日本著名社会学家富永健一认为，正如我们将社会区分为广义的社会和狭义的社会那样，有必要将文化也分为广义的文化和狭义的文化。广义的社会是与自然相对应的范畴；同样，广义的文化也是作为与自然相对应的范畴来使用的。在这种情况下，技术、经济、政治、法律、宗教等都可以认为是属于文化的领域。也就是说，广义的文化与广义的社会的含意是相同的。但狭义的文化与狭义的社会却有不同的内容。后者是通过持续的相互关系而形成的社会关系系统；而前者如我们上文中提出的定义那样，是产生于人类行动但又独立于这些的客观存在的符号系统。

此外，还有一种关于显性文化和隐性文化的划分。这一区分的代表性作者是美国人类学家克莱德·克鲁克洪，他说："对文化作分析必然既包括显露方面的分析也包括隐含方面的分析。显性文化寓于文字和事实所构成的规律之中，它可以经过耳濡目染的证实直接总结出来。人们只需在自己的观察中看到或揭示其连贯一致的东西。人类学家不会去解释任意的行为。然而，隐性文化却是一种二级抽象……只有在文化的最为精深微妙的自我意识之处，人类学家才在文化的承载者那里关注隐性文化。隐性文化由纯粹的形式构成，而显性文化既有内容又有结构。"

从内容上看，文化包括物质文化、制度文化和心理文化三个方面。物质文化是指人类创造的物质文明，包括交通工具、服饰、日常用品等，它是一种可见的显性文化；制度文化和心理文化分别指生活制度、家庭制度、社会制度及思维方式、宗教信仰、审美情趣，它们属于不可见的隐性文化，包括文学、哲学、政治等方面的内容。人类所创造的精神财富，包括宗教、信仰、风俗习惯、道德情操、学术思想、文学艺术、科学技术、各种制度等。

在当前的文化研究中，对文化的区分出现了高雅文化、精英文化、通俗文化、大众文化、流行文化、产业文化、商业文化等新概念。此外，在各个学科领域内都有相应的文化概念，如政治文化、经济文化、企业文化、行政文化、管理文化、法律文化等。

因为文化具有的多样性和复杂性，很难对文化做出一个准确的、清晰的分类标准。因此，这些对文化的划分，只是从某一个角度来分析的。从结构上看，文化具有四个层次：一是物态文化层，由物化的知识力量构成，它是人的物质生产活动及其产品的总和，是可感知的、具有物质实体的文化事物。二是制度文化层，由人类在社会实践中建立的各种社会规范构成。包括社会经济制度、婚姻制度、家族制度、政治法律制度、家族、民族、国家、经济、政治、宗教社团、教育、科技、艺术组织等。三是行为文化层，以民风民俗形态出现，见之于日常起居生活之中，具有鲜明的民族、地域特色。四是心态文化层，由人类社会实践和意识活动中经过长期孕育而形成的价值观念、审美情趣、思维方式等构成，是文化的核心部分。心态文化层可细分为社会心理和社会意识形态两个层次。

三、文化的功能作用

人类由于共同生活的需要才创造出文化，文化在它所涵盖的范围内和不同的层面发挥着主要的功能和作用。

（一）整合

文化的整合功能是指它对于协调群体成员的行动所发挥的作用。社会群体中不同的成员都是独特的行动者，他们基于自己的需要、根据对情景的判断和理解采取行动。文化是他们之间沟通的中介，如果他们能够共享文化，那么他们就能够有效地沟通，消除隔阂、促成合作。

（二）导向

文化的导向功能是指文化可以为人们的行动提供方向和可供选择的方式。通过共享文化，行动者可以知道自己的何种行为在对方看来是适宜的、可以引起积极回应的，并倾向于选择有效的行动，这就是文化对行为的导向作用。

（三）维持秩序

文化是人们以往共同生活经验的积累，是人们通过比较和选择认为是合理并被普遍接受的东西。某种文化的形成和确立，就意味着某种价值观和行为规范的被认可和被遵从，这也意味着某种秩序的形成。而且只要这种文化在起作用，那么由这种文化所确立的社会秩序就会被维持下去，这就是文化维持社会秩序的功能。

(四) 传续

从世代的角度看，如果文化能向新的世代流传，即下一代也认同、共享上一代的文化，那么，文化就有了传续功能。

文化作为一种精神力量，能够在人们认识世界、改造世界的过程中转化为物质力量，对社会发展产生深刻的影响。这种影响，不仅表现在个人的成长历程中，而且表现在民族和国家的历史中。人类社会发展的历史证明，一个民族，物质上不能贫困，精神上也不能贫困，只有物质和精神都富有，才能自尊、自信、自强地屹立于世界民族之林。

第二节 习近平总书记关于文化建设的重要论述

一、加强社会主义精神文明建设

一个国家要实现奋斗目标，既需要雄厚的物质财富，也需要雄厚的精神财富。一个民族要实现复兴，既需要强大的物质力量，也需要强大的精神力量。列宁曾经形象地指出，在一个文盲充斥的国家里，是不可能建设社会主义和共产主义的。改革开放之初，我们党创造性地提出了建设社会主义精神文明的战略任务，确立了"两手抓、两手都要硬"的战略方针。改革开放40余年来，我国不仅创造了物质文明发展的世界奇迹，也创造了精神文明发展的丰硕成果。历史和实践充分证明，只有物质文明建设和精神文明建设都搞好，国家物质力量和精神力量都增强，全国各族人民物质生活和精神生活都改善，中国特色社会主义事业才能顺利向前推进。

党的十八大以来，面对新形势、新任务，以习近平同志为核心的党中央肩负实现中华民族伟大复兴中国梦的历史使命，把精神文明建设贯穿改革开放全过程，纳入社会主义现代化建设总体布局，把精神文明建设放在统筹推进"五位一体"总体布局和协调推进"四个全面"战略布局的重要位置，全面展开精神文明建设各项工作，取得巨大成就。精神文明建设挺起了中国脊梁、激发了中国力量、引领了中国风尚，为全党全国各族人民砥砺前行提供了有力的思想指导、精神支撑、智力支持，构建起中华民族伟大复兴的精神坐标。2013年

5月4日，习近平总书记在中国航天科技集团公司中国空间技术研究院讲话指出，中国特色社会主义是物质文明和精神文明全面发展的社会主义。一个没有精神力量的民族难以自立自强，一项没有文化支撑的事业难以持续长久。在2013年8月19日召开的全国宣传思想工作会议上，习近平总书记进一步深刻阐释：只有物质文明建设和精神文明建设都搞好，国家物质力量和精神力量都增强，全国各族人民物质生活和精神生活都改善，中国特色社会主义事业才能顺利向前推进。在2018年8月21日召开的全国宣传思想工作会议上，习近平总书记进一步强调，做好新形势下宣传思想工作，必须自觉承担起举旗帜、聚民心、育新人、兴文化、展形象的使命任务。其中，育新人的使命任务就是要坚持立德树人、以文化人，建设社会主义精神文明、培育和践行社会主义核心价值观，提高人民思想觉悟、道德水准、文明素养，培养能够担当民族复兴大任的时代新人。

党的十八大提出，确保到2020年实现全面建成小康社会宏伟目标，推动"两个文明"协调发展是全面建成小康社会的应有之义。因此，全面建成小康社会既要有"仓廪实衣食足"的物质生活，还要有"知礼节知荣辱"的社会风气。因此，习近平总书记指出，实现我们的发展目标，不仅要在物质上强大起来，而且要在精神上强大起来。当高楼大厦在我国大地上遍地林立时，中华民族精神的大厦也应该巍然耸立。习近平总书记进一步指出，物质文明和精神文明均衡发展、相互促进，不仅是全面建成小康社会的应有之义，也是实现中国梦的必由之路。2014年3月27日，国家主席习近平在联合国教科文组织总部发表演讲指出，没有文明的继承和发展，没有文化的弘扬和繁荣，就没有中国梦的实现。2015年2月28日，习近平总书记会见第四届全国文明城市、文明村镇、文明单位和未成年人思想道德建设工作先进代表时强调，要继续锲而不舍、一以贯之抓好社会主义精神文明建设，为全国各族人民不断前进提供坚强的思想保证、强大的精神力量、丰润的道德滋养。2017年9月27日，在第十四届精神文明建设"五个一工程"表彰座谈会召开之际，习近平同志专门作出重要指示强调，精神文明建设"五个一工程"实施20多年来，以弘扬先进文化、多出优秀作品为目标，推出一大批思想精深、艺术精湛、制作精良的作品，成为精神文化产品创作生产的示范工程、响亮品牌，丰富了人民精神文化生活，发挥了以优秀的作品鼓舞人的重要作用。2017年11月17日的全国精神文明建设表彰大会上，习近平同志在会见参加大会的新一届全国文明城市、文明村镇、文明单位、文明校园、未成年人思想道德建设工作先进代表和全国道德模范代表，向全体代表表示热烈的祝贺，勉励他们再接再厉，在社会主义精神文明建设中再立新功、作出表率。因此，精神建设不仅贯穿于改革开放和社会主义现代化建设全过程，还渗透于社会生活各方面；不仅在国家整体战略中占据重要地位，也担负着为奋进中国提供强大动力的历史使命。

2018年3月11日，第十三届全国人大一次会议第三次全体会议通过的《中华人民共和国宪法修正案》提出，国家的根本任务是沿着中国特色社会主义道路，集中力量进行社会主义现代化建设。中国各族人民将继续在中国共产党领导下，在马克思列宁主义、毛泽东思想、邓小平理论、"三个代表"重要思想、科学发展观、习近平新时代中国特色社会主义思想指引下，坚持人民民主专政，坚持社会主义道路，坚持改革开放，不断完善社会主义的各项制度，发展社会主义市场经济，发展社会主义民主，健全社会主义法治，贯彻新发展理念，自力更生，艰苦奋斗，逐步实现工业、农业、国防和科学技术的现代化，推动物质文明、政治文明、精神文明、社会文明、生态文明协调发展，把我国建设成为富强、民主、文明、和谐、美丽的社会主义现代化强国，实现中华民族伟大复兴。宪法修正案明确将物质文明与精神文明两个文明一起推进发展成为物质文明、政治文明、精神文明、社会文明、生态文明协调发展，表明我们的发展观更加科学、文化观更加成熟。

习近平总书记指出："只有站在时代前沿，引领风气之先，精神文明建设才能发挥更大威力。"当前，社会上思想活跃、观念碰撞，互联网等新技术、新媒介日新月异，要审时度势、因势利导，创新内容和载体，改进方式和方法，使精神文明建设始终充满生机活力。抓精神文明建设要办实事、讲实效，紧紧围绕促进人民福祉来进行，坚决反对形式主义、官僚主义，努力满足人民群众不断增长的精神文化需求。

二、传承和弘扬中华优秀传统文化

中华优秀传统文化是中华民族的"根"和"魂"。习近平总书记高度重视中华优秀传统文化，并将其作为治国理政的重要思想文化资源。习近平总书记多次指出，中华优秀传统文化是中华民族的突出优势，中华民族伟大复兴需要以中华文化发展繁荣为条件，必须结合新的时代条件传承和弘扬好中华优秀传统文化。

2013年12月30日，习近平总书记在十八届中央政治局第十二次集体学习时讲话指出，我们的先人们，在长期实践中培育和形成了一整套传统美德规范。如中国古代就有崇仁爱、重民本、守诚信、讲辩证、尚和合、求大同等思想，其中就有很多具有永恒价值的内容。我们要坚持马克思主义道德观、坚持社会主义道德观，在去粗取精、去伪存真的基础上，坚持古为今用、推陈出新，努力实现中华传统美德的创造性转化、创新性发展，教育引导人们向往和追求讲道德、尊道德、守道德的生活，形成向上的力量、向善的力量，让十三亿人的每一分子都成为传播中华美德、中华文化的主体。中华文化是我们提高国家文化软实力最深厚的源泉，是我们提高国家文化软实力的重要途径。要使中华民族最基本的文化基因与当代文化相适应、与现代社会相协调，以人们喜闻乐见、具有广泛参与性的方式推广开来，把跨越时空、超越国度、富有永恒魅力、具有当代价值的文化精神弘扬起来，把继承传统优秀文化又弘扬时代精神、立足本国又面向世界的当代中国文化创新成果传播出去。要系统梳理传统文化资源，让收藏在禁宫里的文物、陈列在广阔大地上的遗产、书写在古籍里的文字都活起来。2014年2月24日，习近平总书记在十八届中央政治局第十三次集体学习时讲话指出，培育和弘扬社会主义核心价值观必须立足中华优秀传统文化。牢固的核心价值观，都有其固有的根本。抛弃传统、丢掉根本，就等于割断了自己的精神命脉。对我们来说，博大精深的中华优秀传统文化是我们在世界文化激荡中站稳脚跟的根基。社会主义核心价值观，包括中华优秀传统文化，只有被普遍理解和接受，才能为人们自觉遵守奉行。要通过教育引导、舆论宣传、文化熏陶、实践养成、制度保障等，使社会主义核心价值观内化为人们的精神追求，外化为人们的自觉行动。2014年10月15日，习近平总书记在文艺工作座谈会上讲话指出，我们要通过文艺作品传递真善美，传递向上向善的价值观，引导人们增强道德判断力和道德荣誉感，向往和追求讲道德、尊道德、守道德的生活。只要中华民族一代接着一代追求真善美的道德境界，我们的民族就永远健康向上、永远充满希望。中华优秀传统文化是中华民族的精神命脉，是涵养社会主义核心价值观的重要源泉，也是我们在世界文化激荡中站稳脚跟的坚实根基。增强文化自觉和文化自信，是坚定道路自信、理论自信、制度自信的题中应有之义。2015年2月17日，习近平总书记在2015年春节团拜会上强调，家庭是社会的基本细胞，是人生的第一所学校。不论时代发生多大变化，不论生活格局发生多大变化，我们都要重视家庭建设，注重家庭、注重家教、注重家风，紧密结合培育和弘扬社会主义核心价值观，发扬光大中华民族传统家庭美德，促进家庭和睦，促进亲人相亲相爱，促进下一代健康成长，促进老年人老有所养，使千千万万个家庭成为国家发展、民族进步、社会和谐的重要基点。

中华民族为人类文明进步做出了不可磨灭的贡献。5000多年连绵不断、博大精深的中华文化，积淀着中华民族最深沉的精神追求，包含着中华民族最根本的精神基因，代表着中华民族独特的精神标识，是中华民族生生不息、发展壮大的丰厚滋养。包括儒家思想在内的中国传统思想文化中的优秀成分，对中华文明形成并延续发展几千年而从未中断，对形成和维护中国团结统一的政治局面，对形成和巩固中国多民族和合一体的大家庭，对形成和丰富中华民族精神，对激励中华儿女维护民族独立、反抗外来侵略，对推动中国社会发展进步、促进中国社会利益和社会关系平衡，都发挥了十分重要的作用。同时，中国优秀传统文化的丰富哲学思想、人文精神、教化思想、道德理念等，也蕴藏着解决当代人类面临的难题的重要启示，可以为人们认识和改造世界提供有益启迪，可以为治国理政提供有益启示，也可以为道德建设提供有益启发。

中国共产党自成立之日起，就既是中华优秀传统文化的忠实传承者和弘扬者，又是中国先进文化的积极倡导者和发展者。习近平总书记指出："不忘本来才能开辟未来，善于继承才能更好创新。"优秀传统文化是一个国家、一个民族传承和发展的根本，如果丢掉了，就割断了精神命脉。要坚持马克思主义的方法，采取马克思主义的态度，坚持古为今用、推陈出新，有鉴别地加以对待，有扬弃地予以继承，取其精华、去其糟粕，用中华民族创造的一切精神财富来以文化人、以文育人。对待传统文化，既不能片面地讲厚古薄今，也不能片面地讲厚今薄古，更不能采取全盘接受或者全盘抛弃的绝对主义态度。中华优秀传统文化与社会主义市场经济、民主政治、先进文化、社会治理等还存在需要协调适应的地方。弘扬中华优秀传统文化，要处理好继承和创造性发展的关系，实现中华文化的创造性转化和创新性发展。创造性转化，就是要按照时代特点和要求，对那些至今仍有借鉴价值的内涵和陈旧的表现形式加以改造，赋予其新的时代内涵和现代表达形式，激活其生命力。创新性发展，就是要按照时代的新进步、新进展，对中华优秀传统文化的内涵加以补充、拓展、完善，增强其影响力和感召力。

传承和弘扬中华优秀传统文化，并不意味着故步自封，闭上眼睛不看世界。文明因交流而多彩，文明因互鉴而丰富，对各国人民创造的优秀文明成果，都应该采取学习借鉴的态度，都应该积极吸纳其中的有益成分。因此，在我们的文化建设中，需要注意从本国本民族实际出发，坚持取长补短、择善而从，讲求兼收并蓄，在不断汲取各种文明养分中丰富和发展中华文化，不断铸就中华文化新辉煌。

三、提高国家文化软实力，讲好中国故事

一个大国发展兴盛，必然要求文化影响力大幅提升，实现软实力和硬实力相得益彰。习近平总书记高度重视提升中华文化影响力工作，提出要"提高国家文化软实力，讲好中国故事"，明确了提升中华文化影响力的工作要求，为我们在新形势下做好外宣工作、提高国家文化软实力，指明了方法路径，提供了根本遵循。

当前，外宣工作处于历史最好时期，同时也面临最大压力。党的十八大以来，对外宣传应势而起、乘势而上，国际舆论格局"西强我弱"的差距正在缩小。一方面，我国日益走近世界舞台中央，我们提出的构建人类命运共同体、共建"一带一路"等得到国际社会广泛认同，我国的国际影响力、感召力、塑造力日益提升。另一方面，世界正处于百年未有之大变局之中，增强国际话语权、提升国家文化软实力任务之艰巨前所未有。对此，我们要保持战略定力，积极主动做工作，推动对外宣传创新，着力重塑外宣业务、重整外宣流程、重构外宣格局，努力开创外宣工作新局面。

对此，习近平总书记在2013年12月30日的十八届中央政治局第十二次集体学习时讲话指出，提高国家文化软实力，不仅关系我国在世界文化格局中的定位，而且关系我国国际地位和国际影响力，关系"两个一百年"奋斗目标和中华民族伟大复兴中国梦的实现。国际话语权是国家文化软实力的重要组成部分。尽管我们在提高国际话语权方面取得了重要进展，但同西方国家相比，

我们还有不小差距。应该承认，对国际话语权的掌握和运用，我们总的是生手，在很多场合还是人云亦云，甚至存在舍己芸人现象。要精心构建对外话语体系，发挥好新兴媒体作用，增强对外话语的创造力、感召力、公信力，讲好中国故事，传播好中国声音，阐释好中国特色。2014年2月24日，习近平总书记在十八届中央政治局第十三次集体学习时讲话指出，文化软实力的灵魂是什么，文化软实力建设的重点是什么，就是核心价值观，这是决定文化性质和方向的最深层次要素。一个国家的文化软实力，从根本上说，取决于其核心价值观的生命力、凝聚力、感召力。

2018年8月21日，习近平总书记在全国宣传思想工作会议上强调，要不断提升中华文化影响力，把握大势、区分对象、精准施策，主动宣介新时代中国特色社会主义思想，主动讲好中国共产党治国理政的故事、中国人民奋斗圆梦的故事、中国坚持和平发展合作共赢的故事，让世界更好地了解中国。中华优秀传统文化是中华民族的文化根脉，其蕴含的思想观念、人文精神、道德规范，不仅是我们中国人思想和精神的内核，对解决人类问题也有重要价值。要完善国际传播工作格局，创新宣传理念、创新运行机制，汇聚更多资源力量。推进国际传播能力建设，讲好中国故事、传播好中国声音，向世界展现真实、立体、全面的中国。

因此，做好外宣工作，不断提升中华文化影响力，既要宣介优秀传统文化，也要传播优秀当代文化。中华优秀传统文化是中华民族的文化根脉，其蕴含的思想观念、人文精神、道德规范，不仅是我们中国人思想和精神的内核，对解决人类问题也有重要价值。推动中华优秀传统文化走出去，不能停留在舞个狮子、包个饺子、耍套功夫上，不能满足于向国外提供一些表层的文化符号上，关键是要把优秀传统文化的精神标识提炼出来、展示出来，把优秀传统文化中具有当代价值、世界意义的文化精髓提炼出来、展示出来。同时，提升中华文化影响力不能厚古薄今，更要注重展示当代中国的发展进步、当代中国人的精彩生活，推动反映当代中国发展进步的价值理念、文艺精品、文化成果走向海外，既要入乡随俗，又要入情入理，努力进入主流市场、影响主流人群。传播力决定影响力，话语权决定主动权。完善国际传播工作格局，创新宣传理念、创新运行机制，汇聚更多资源力量，我们就能让中华文化更好地走向世界，让世界更好地了解中国，为实现"两个一百年"奋斗目标和中华民族伟大复兴的中国梦营造良好国际舆论环境。

四、增强文化自信和价值观自信

文化自信是一个民族、一个国家以及一个政党对自身文化价值的充分肯定和积极践行，并对其文化的生命力持有的坚定信心。党的十八大以来，习近平总书记在多个场合多次论述了文化自信的重要意义和深刻内涵。2014年2月24日，习近平总书记在十八届中央政治局第十三次集体学习时讲话提出，要"增强文化自信和价值观自信"。之后，习近平总书记又对此有过多次论述："增强文化自觉和文化自信，是坚定道路自信、理论自信、制度自信的题中应有之义。""中国有坚定的道路自信、理论自信、制度自信，其本质是建立在5000多年文明传承基础上的文化自信。"2016年5月和6月，习近平总书记又连续两次对"文化自信"加以强调，指出"我们要坚定中国特色社会主义道路自信、理论自信、制度自信，说到底是要坚持文化自信"；要引导党员特别是领导干部"坚定中国特色社会主义道路自信、理论自信、制度自信、文化自信"。在庆祝中国共产党成立95周年大会的讲话上，习近平总书记对文化自信特别加以阐释，指出"文化自信，是更基础、更广泛、更深厚的自信"。其语境更为庄严，观点更为鲜明，态度更为坚决，传递出这既是文化理念，又是指导思想。文化自信于是成为继道路自信、理论自信和制度自信之后，中国特色社会主义的"第四个自信"。

为什么习近平总书记如此重视文化的作用，要在"三个自信"之外专门强调增加"文化自信"？因为"文明特别是思想文化是一个国家、一个民族的灵魂，无论哪一个国家、哪一个民族，如果不珍惜自己的思想文化，丢掉了思想文化这个灵魂，这个国家、这个民族是立不起来的"；因为中国优秀传统文化，"可以为治国理政提供有益启示，也可以为道德建设提供有益启发""我国今天的国家治理体系，是在我国历史传承、文化传统、经济社会发展的基础上长期发展、渐进改进、内生性演化的结果"；更因为"只有坚持从历史走向未来，从延续民族文化血脉中开拓前进，我们才能做好今天的事业""没有文明的继承和发展，没有文化的弘扬和繁荣，就没有中国梦的实现"。我们倡导的"文化自信"不仅仅是一个口号，而且需要全国人民时刻牢记、努力践行。因为，我们的文化不仅包括中华优秀传统文化，也包括在中国革命、建设、改革的伟大实践过程中孕育的革命文化和社会主义先进文化。这种在优秀传统文化基础上的继承和发展,夯实了我们文化建设的根基,奠定了我们文化自信的强大底气。博大精深的优秀传统文化,是我们最深厚的文化软实力,是我们文化发展的母体,积淀着中华民族最深沉的精神追求。这些千百年传承的理念,已浸润于每个国人心中,成为日用而不觉的价值观,构成中国人的独特精神世界。从红船精神、井冈山精神、长征精神、延安精神、西柏坡精神,到雷锋精神、大庆精神、两弹一星精神,再到航天精神、北京奥运精神、抗震救灾精神,这些富有时代特征、民族特色的宝贵财富,脱胎于中华民族优秀文化传统,同时又在新形势下不断进行着再生再造、凝聚升华,从而为我们在新的历史条件下推进文化建设奠定了坚实基础。承前启后、继往开来的社会主义先进文化的明显特征是中国特色社会主义的共同理想、以爱国主义为核心的民族精神和以改革创新为核心的时代精神,以及社会主义荣辱观。在短短几十年的社会主义实践中,我们创造了中国道路、中国模式、中国奇迹,这已充分说明社会主义先进文化是一种有生命力的文化,是一种体现人类文明发展进步方向的文化。

文化的优秀、国家的强大、人民的力量,就是我们文化自信的强大底气,文化自信的水之源、木之本。正如习近平总书记所说:"站立在960万平方公里的广袤土地上,吸吮着中华民族漫长奋斗积累的文化养分,拥有13亿中国人民聚合的磅礴之力,我们走自己的路,具有无比广阔的舞台,具有无比深厚的历史底蕴,具有无比强大的前进定力。中国人民应该有这个信心,每一个中国人都应该有这个信心。"中国共产党的辉煌历史和中国特色社会主义事业的伟大成就从事实上证明了,我们确实有理由自信。

五、牢牢掌握意识形态工作领导权和话语权

意识形态工作是党的一项极端重要的工作,是为国家立心、为民族立魂的工作。做好意识形态工作,事关党的前途命运,事关国家长治久安,事关民族凝聚力和向心力。习近平总书记把意识形态工作,作为新时代坚持和发展中国特色社会主义的一个重大命题,放在了宣传思想工作的重要位置,深刻论述了这项工作的重大意义、重点任务和方法路径,为我们在新形势下牢牢掌握意识形态工作领导权,明确了方向目标,提供了根本遵循。

2013年8月19日,习近平总书记在全国宣传思想工作会议上讲话指出,经济工作是党的中心工作,意识形态工作是党的一项极端重要的工作。历史和现实反复证明,能否做好意识形态工作,事关党的前途命运,事关国家长治久安,事关民族凝聚力和向心力。巩固党的群众基础和执政基础,不能说只要群众物质生活好就可以了,这个认识是不全面的。党的群众基础和执政基础包括物质和精神两方面。精神上丧失群众基础,最后也要出问题。只有物质文明建设和精神文明建设都搞好,国家物质力量和精神力量都增强,全国各族人民物质生活和精神生活都改善,中国特色社会主义事业才能顺利向前推进。

2016年2月19日,习近平总书记在党的新闻舆论工作座谈会上讲话指出,党性原则是党的新闻舆论工作的根本原则。党管宣传、党管意识形态、党管媒体是坚持党的领导的重要方面。党性原则不仅要讲,而且要理直气壮讲,不能躲躲闪闪、扭扭捏捏。坚持党性原则,最根本的是坚持党对新闻舆论工作的领导。党和政府主办的媒体是党和政府的宣传阵地,必须姓党,必须抓在党的手里,必须成为党和人民的喉舌,党报党刊一定要无条件地宣传党的主张。无论时代如何发展、媒体格局如何变化,党管媒体的原则和制度不能变。

2018年8月21日,习近平总书记在全国宣传思想工作会议上指出,建设具有强大凝聚力和引领力的社会主义意识形态,是全党特别是宣传思想战线必须担负起的一个战略任务。要做好做强马克思主义宣传教育工作,特别是要在学懂弄通做实新时代中国特色社会主义思想上下功夫。要把坚定"四个自信"作为建设社会主义意识形态的关键,坚持马克思主义在我国哲学社会科学领域的指导地位,建设具有中国特色、中国风格、中国气派的哲学社会科学。要把握正确舆论导向,提高新闻舆论传播力、引导力、影响力、公信力,巩固壮大主流思想舆论。要加强传播手段和话语方式创新,让党的创新理论"飞入寻常百姓家"。要扎实抓好县级融媒体中心建设,更好引导群众、服务群众。要旗帜鲜明坚持真理,立场坚定批驳谬误。要压实压紧各级党委(党组)责任,做到任务落实不马虎、阵地管理不懈怠、责任追究不含糊。

从革命年代靠"枪杆子"和"笔杆子"闹革命,到改革开放以来物质文明和精神文明"两手抓、两手都要硬",再到新时代"不仅要在物质上强大起来,而且要在精神上强大起来",我们党始终高度重视和善于做好意识形态工作。各级党委落实主体责任,全党上下一起动手参与,不断增强社会主义意识形态的凝聚力和引领力，我们就一定能巩固党的群众基础、筑牢党的执政基础，汇聚起实现民族复兴的强大正能量。

第三节　十八大以来党中央关于文化建设的重大决策部署

早在2011年10月18日，中国共产党第十七届中央委员会第六次全体会议通过了《中共中央关于深化文化体制改革推动社会主义文化大发展大繁荣若干重大问题的决定》，强调文化是民族的血脉，是人民的精神家园。在我国五千多年文明发展历程中，各族人民紧密团结、自强不息，共同创造出源远流长、博大精深的中华文化，为中华民族发展壮大提供了强大精神力量，为人类文明进步做出了不可磨灭的重大贡献。党的十八大后，党中央更是高度重视文化建设的重要，把文化建设放到党和国家事业全局中来把握，作出了一系列加强文化建设的重大决策部署。

一、党的十八大：扎实推进社会主义文化强国建设

中国共产党第十八次全国代表大会（简称党的十八大）于2012年11月8日在北京召开。这次大会，是我们党在全面建设小康社会的关键时期和深化改革开放、加快转变经济发展方式的攻坚时期召开的一次十分重要的会议，对我们党团结带领全国各族人民继续全面建设小康社会、加快推进社会主义现代化、开创中国特色社会主义事业新局面具有重大而深远的意义。这次会议，对全面建成小康社会进行部署的同时，对扎实推进社会主义文化建设作出了重大部署。会议指出，文化是民族的血脉，是人民的精神家园。全面建成小康社会，实现中华民族伟大复兴，必须推动社会主义文化大发展大繁荣，兴起社会主义文化建设新高潮，提高国家文化软实力，发挥文化引领风尚、教育人民、服务社会、推动发展的作用。建设社会主义文化强国，必须走中国特色社会主义文化发展道路，坚持为人民服务、为社会主义服务的方向，坚持百花齐放、百家争鸣的方针，坚持贴近实际、贴近生活、贴近群众的原则，推动社会主义精神文明和物质文明全面发展，建设面向现代化、面向世界、面向未来的，民

族的科学的大众的社会主义文化。建设社会主义文化强国，关键是增强全民族文化创造活力。要深化文化体制改革，解放和发展文化生产力，发扬学术民主、艺术民主，为人民提供广阔文化舞台，让一切文化创造源泉充分涌流，开创全民族文化创造活力持续迸发、社会文化生活更加丰富多彩、人民基本文化权益得到更好保障、人民思想道德素质和科学文化素质全面提高、中华文化国际影响力不断增强的新局面。

（一）加强社会主义核心价值体系建设

社会主义核心价值体系是兴国之魂，决定着中国特色社会主义发展方向。要深入开展社会主义核心价值体系学习教育，用社会主义核心价值体系引领社会思潮、凝聚社会共识。推进马克思主义中国化时代化大众化，坚持不懈用中国特色社会主义理论体系武装全党、教育人民，深入实施马克思主义理论研究和建设工程，建设哲学社会科学创新体系，推动中国特色社会主义理论体系教材进课堂进头脑。广泛开展理想信念教育，把广大人民团结凝聚在中国特色社会主义伟大旗帜之下。大力弘扬民族精神和时代精神，深入开展爱国主义、集体主义、社会主义教育，丰富人民精神世界，增强人民精神力量。倡导富强、民主、文明、和谐，倡导自由、平等、公正、法治，倡导爱国、敬业、诚信、友善，积极培育社会主义核心价值观。

牢牢掌握意识形态工作领导权和主导权，坚持正确导向，提高引导能力，壮大主流思想舆论。

（二）全面提高公民道德素质

这是社会主义道德建设的基本任务。要坚持依法治国和以德治国相结合，加强社会公德、职业道德、家庭美德、个人品德教育，弘扬中华传统美德，弘扬时代新风。推进公民道德建设工程，弘扬真善美、贬斥假恶丑，引导人们自觉履行法定义务、社会责任、家庭责任，营造劳动光荣、创造伟大的社会氛围，培育知荣辱、讲正气、作奉献、促和谐的良好风尚。深入开展道德领域突出问题专项教育和治理，加强政务诚信、商务诚信、社会诚信和司法公信建设。加强和改进思想政治工作，注重人文关怀和心理疏导，培育自尊自信、理性平和、积极向上的社会心态。深化群众性精神文明创建活动，广泛开展志愿服务，推动学雷锋活动、学习宣传道德模范常态化。

（三）丰富人民精神文化生活

让人民享有健康丰富的精神文化生活，是全面建成小康社会的重要内容。要坚持以人民为中心的创作导向，提高文化产品质量，为人民提供更好更多精神食粮。坚持面向基层、服务群众，加快推进重点文化惠民工程，加大对农村和欠发达地区文化建设的帮扶力度，继续推动公共文化服务设施向社会免费开放。建设优秀传统文化传承体系，弘扬中华优秀传统文化。推广和规范使用国家通用语言文字。繁荣发展少数民族文化事业。开展群众性文化活动，引导群众在文化建设中自我表现、自我教育、自我服务。开展全民阅读活动。加强和改进网络内容建设，唱响网上主旋律。加强网络社会管理，推进网络规范有序运行。开展"扫黄打非"，抵制低俗现象。普及科学知识，弘扬科学精神，提高全民科学素养。广泛开展全民健身运动，促进群众体育和竞技体育全面发展。

（四）增强文化整体实力和竞争力

文化实力和竞争力是国家富强、民族振兴的重要标志。要坚持把社会效益放在首位、社会效益和经济效益相统一，推动文化事业全面繁荣、文化产业快速发展。发展哲学社会科学、新闻出版、广播影视、文学艺术事业。加强重大公共文化工程和文化项目建设，完善公共文化服务体系，提高服务效能。促进文化和科技融合，发展新型文化业态，提高文化产业规模化、集约化、专业化水平。构建和发展现代传播体系，提高传播能力。增强国有公益性文化单位活力，完善经营性文化单位法人治理结构，繁荣文化市场。扩大文化领域对外开放，积极吸收借鉴国外优秀文化成果。营造有利于高素质文化人才大量涌现、健康成长的良好环境，造就一批名家大师和民族文化代表人物，表彰有杰出贡献的文化工作者。

二、党的十八届三中全会：推进文化体制机制创新

2013年11月9日，党的十八届三中全会在北京举行，全会听取和讨论了习近平受中央政治局委托作的工作报告。11月12日，审议通过《中共中央关于全面深化改革若干重大问题的决定》。根据党的会议惯例，通常在党的全国代表大会后召开五次中央委员会全体会议。第一次中央委员会全体会议（一中全会）通常紧接该次党代会召开，主要讨论党内人事安排和近一个时期的重大政策方针。第二次中央委员会全体会议（二中全会）则一般召开于次年元旦

后两会前，议题集中在一府两院及其所属部门的机构、编制变动和人事安排上。到三中全会，则通常推出中国深层次改革政策，通常以经济体制改革政策为主，也存在重大政治体制改革内容，有时也研究部署建立健全惩治和预防腐败体系、地方政府职能转变和机构改革等工作。从本次会议主题看，党的十八届三中全会的主题是研究全面深化改革重大问题。从历史的角度看，十八届三中全会的深远影响主要体现在制度变革和体制创新上。全会在一些基本制度和理论问题上取得了新的突破。例如，首次定义市场在资源配置中的"决定性作用"；更加明确强调了公有制经济和非公有制经济的同等重要性；提出"完善产权保护制度"，特别提出了"赋予农民更多财产权利"；提出"推进国家治理体系与治理能力现代化"；建立全国和地方资产负债表制度、自然资源资产负债表制度、股票发行注册制度、权力清单制度、官邸制、涉法涉诉信访依法终结制度；等等。这些重大突破，巩固和发展了社会主义制度，丰富和完善了社会主义理论，对个人、社会、国家和世界都会产生深远的影响。

具体到文化体制改革上，十八届三中全会围绕建设社会主义核心价值体系、社会主义文化强国，深化文化体制改革，加快完善文化管理体制和文化生产经营机制，建立健全现代公共文化服务体系、现代文化市场体系，推动社会主义文化大发展大繁荣；完善文化管理体制，建立健全现代文化市场体系，构建现代公共文化服务体系，提高文化开放水平。具体如下：

建设社会主义文化强国，增强国家文化软实力，必须坚持社会主义先进文化前进方向，坚持中国特色社会主义文化发展道路，培育和践行社会主义核心价值观，巩固马克思主义在意识形态领域的指导地位，巩固全党全国各族人民团结奋斗的共同思想基础。坚持以人民为中心的工作导向，坚持把社会效益放在首位、社会效益和经济效益相统一，以激发全民族文化创造活力为中心环节，进一步深化文化体制改革。

完善文化管理体制。按照政企分开、政事分开原则，推动政府部门由办文化向管文化转变，推动党政部门与其所属的文化企事业单位进一步理顺关系。建立党委和政府监管国有文化资产的管理机构，实行管人管事管资产管导向相统一。健全坚持正确舆论导向的体制机制。健全基础管理、内容管理、行业管理以及网络违法犯罪防范和打击等工作联动机制，健全网络突发事件处置机制，形成正面引导和依法管理相结合的网络舆论工作格局。整合新闻媒体资源，推动传统媒体和新兴媒体融合发展。推动新闻发布制度化。严格新闻工作者职业资格制度，重视新型媒介运用和管理，规范传播秩序。

建立健全现代文化市场体系。完善文化市场准入和退出机制，鼓励各类市场主体公平竞争、优胜劣汰，促进文化资源在全国范围内流动。继续推进国有经营性文化单位转企改制，加快公司制、股份制改造。对按规定转制的重要国有传媒企业探索实行特殊管理股制度。推动文化企业跨地区、跨行业、跨所有制兼并重组，提高文化产业规模化、集约化、专业化水平。鼓励非公有制文化企业发展，降低社会资本进入门槛，允许参与对外出版、网络出版，允许以控股形式参与国有影视制作机构、文艺院团改制经营。支持各种形式小微文化企业发展。在坚持出版权、播出权特许经营前提下，允许制作和出版、制作和播出分开。建立多层次文化产品和要素市场，鼓励金融资本、社会资本、文化资源相结合。完善文化经济政策，扩大政府文化资助和文化采购，加强版权保护。健全文化产品评价体系，改革评奖制度，推出更多文化精品。

构建现代公共文化服务体系。建立公共文化服务体系建设协调机制，统筹服务设施网络建设，促进基本公共文化服务标准化、均等化。建立群众评价和反馈机制，推动文化惠民项目与群众文化需求有效对接。整合基层宣传文化、党员教育、科学普及、体育健身等设施，建设综合性文化服务中心。明确不同文化事业单位功能定位，建立法人治理结构，完善绩效考核机制。推动公共图书馆、博物馆、文化馆、科技馆等组建理事会，吸纳有关方面代表、专业人士、各界群众参与管理。引入竞争机制，推动公共文化服务社会化发展。鼓励社会力量、社会资本参与公共文化服务体系建设，培育文化非营利组织。

提高文化开放水平。坚持政府主导、企业主体、市场运作、社会参与，扩大对外文化交流，加强国际传播能力和对外话语体系建设，推动中华文化走向世界。理顺内宣外宣体制，支持重点媒体面向国内国际发展。培育外向型文化企业，支持文化企业到境外开拓市场。鼓励社会组织、中资机构等参与孔子学院和海外文化中心建设，承担人文交流项目。积极吸收借鉴国外一切优秀文化成果，引进有利于我国文化发展的人才、技术、经营管理经验。

三、党的十九大：坚定文化自信，推动社会主义文化繁荣兴盛

中国共产党第十九次全国代表大会（简称党的十九大）于2017年10月

18日至24日在北京召开。习近平代表第十八届中央委员会向大会作了题为《决胜全面建成小康社会 夺取新时代中国特色社会主义伟大胜利》的报告。这次大会的主题是不忘初心，牢记使命，高举中国特色社会主义伟大旗帜，决胜全面建成小康社会，夺取新时代中国特色社会主义伟大胜利，为实现中华民族伟大复兴的中国梦不懈奋斗。党的十九大，是在全面建成小康社会决胜阶段、中国特色社会主义发展关键时期召开的一次十分重要的大会。承担着谋划决胜全面建成小康社会、深入推进社会主义现代化建设的重大任务，事关党和国家事业继往开来，事关中国特色社会主义前途命运，事关最广大人民根本利益。

党的十九大对中国特色社会主义文化建设作出了重大部署。会议提出，文化是一个国家、一个民族的灵魂。文化兴国运兴，文化强民族强。没有高度的文化自信，没有文化的繁荣兴盛，就没有中华民族伟大复兴。要坚持中国特色社会主义文化发展道路，激发全民族文化创新创造活力，建设社会主义文化强国。中国特色社会主义文化，源自中华民族五千多年文明历史所孕育的中华优秀传统文化，熔铸于党领导人民在革命、建设、改革中创造的革命文化和社会主义先进文化，植根于中国特色社会主义伟大实践。发展中国特色社会主义文化，就是以马克思主义为指导，坚守中华文化立场，立足当代中国现实，结合当今时代条件，发展面向现代化、面向世界、面向未来的，民族的科学的大众的社会主义文化，推动社会主义精神文明和物质文明协调发展。要坚持为人民服务、为社会主义服务，坚持百花齐放、百家争鸣，坚持创造性转化、创新性发展，不断铸就中华文化新辉煌。

（一）牢牢掌握意识形态工作领导权

意识形态决定文化前进方向和发展道路。必须推进马克思主义中国化时代化大众化，建设具有强大凝聚力和引领力的社会主义意识形态，使全体人民在理想信念、价值理念、道德观念上紧紧团结在一起。要加强理论武装，推动新时代中国特色社会主义思想深入人心。深化马克思主义理论研究和建设，加快构建中国特色哲学社会科学，加强中国特色新型智库建设。坚持正确舆论导向，高度重视传播手段建设和创新，提高新闻舆论传播力、引导力、影响力、公信力。加强互联网内容建设，建立网络综合治理体系，营造清朗的网络空间。落实意识形态工作责任制，加强阵地建设和管理，注意区分政治原则问题、思想认识问题、学术观点问题，旗帜鲜明反对和抵制各种错误观点。

（二）培育和践行社会主义核心价值观

社会主义核心价值观是当代中国精神的集中体现，凝结着全体人民共同的价值追求。要以培养担当民族复兴大任的时代新人为着眼点，强化教育引导、实践养成、制度保障，发挥社会主义核心价值观对国民教育、精神文明创建、精神文化产品创作生产传播的引领作用，把社会主义核心价值观融入社会发展各方面，转化为人们的情感认同和行为习惯。坚持全民行动、干部带头，从家庭做起，从娃娃抓起。深入挖掘中华优秀传统文化蕴含的思想观念、人文精神、道德规范，结合时代要求继承创新，让中华文化展现出永久魅力和时代风采。

（三）加强思想道德建设

人民有信仰，国家有力量，民族有希望。要提高人民思想觉悟、道德水准、文明素养，提高全社会文明程度。广泛开展理想信念教育，深化中国特色社会主义和中国梦宣传教育，弘扬民族精神和时代精神，加强爱国主义、集体主义、社会主义教育，引导人们树立正确的历史观、民族观、国家观、文化观。深入实施公民道德建设工程，推进社会公德、职业道德、家庭美德、个人品德建设，激励人们向上向善、孝老爱亲，忠于祖国、忠于人民。加强和改进思想政治工作，深化群众性精神文明创建活动。弘扬科学精神，普及科学知识，开展移风易俗、弘扬时代新风行动，抵制腐朽落后文化侵蚀。推进诚信建设和志愿服务制度化，强化社会责任意识、规则意识、奉献意识。

（四）繁荣发展社会主义文艺

社会主义文艺是人民的文艺，必须坚持以人民为中心的创作导向，在深入生活、扎根人民中进行无愧于时代的文艺创造。要繁荣文艺创作，坚持思想精深、艺术精湛、制作精良相统一，加强现实题材创作，不断推出讴歌党、讴歌祖国、讴歌人民、讴歌英雄的精品力作。发扬学术民主、艺术民主，提升文艺原创力，推动文艺创新。倡导讲品位、讲格调、讲责任，抵制低俗、庸俗、媚俗。加强文艺队伍建设，造就一大批德艺双馨名家大师，培育一大批高水平创作人才。

（五）推动文化事业和文化产业发展

满足人民过上美好生活的新期待，必须提供丰富的精神食粮。要深化文化体制改革，完善文化管理体制，加快构建把社会效益放在首位、社会效益和经济效益相统一的体制机制。完善公共文化服务体系，深入实施文化惠民工程，丰富群众性文化活动。加强文物保护利用和文化遗产保护传承。健全现代文化产业体系和市场体系，创新生产经营机制，完善文化经济政策，培育新型文化业态。广泛开展全民健身活动，加快推进体育强国建设，筹办好北京冬奥会、冬残奥会。加强中外人文交流，以我为主、兼收并蓄。推进国际传播能力建设，讲好中国故事，展现真实、立体、全面的中国，提高国家文化软实力。

第二章 坚持中国特色社会主义文化发展道路

在5000多年文明发展中孕育的中华优秀传统文化，在党和人民伟大斗争中孕育的革命文化和社会主义先进文化，积淀着中华民族最深层的精神追求，代表着中华民族独特的精神标识。我们要弘扬社会主义核心价值观，弘扬以爱国主义为核心的民族精神和以改革创新为核心的时代精神，不断增强全党全国各族人民的精神力量。习近平总书记在建党95周年大会上的重要论述，深刻地阐明了中华优秀传统文化、革命文化与社会主义先进文化，三者共同构成了中国特色社会主义文化，中国特色社会主义文化是我们民族独特的精神标识。

习近平总书记在中共十九大报告中提出，要坚持中国特色社会主义文化发展道路，激发全民族文化创新创造活力，建设社会主义文化强国。中国特色社会主义文化发展道路的提出，是站在时代和全局的高度，深刻描绘了文化和文化建设的地位作用，深刻阐明了在新时代以什么样的立场和态度对待文化、用什么样的思路和举措发展文化、朝着什么样的方向和目标推进文化建设等重大问题，为推动文化体制机制改革创新发展指明了方向。

第一节 推动中华优秀传统文化创造性转化、创新性发展

习近平总书记关于实现中华民族伟大复兴中国梦的系列重要论述，展示了勤劳、勇敢的中国人民从历史中一路走来，创造了5000多年连绵不断的文明

历史，创造了博大精深的中华文化，为人类文明进步做出了不可磨灭的贡献。经过几千年的沧桑岁月，我国56个民族、13亿中国人紧紧凝聚在一起的，共同经历过非凡奋斗，共同创造了美好家园，共同培育了民族精神，更重要的是共同坚守着理想信念。中华儿女对美好愿景的不懈追求，揭示了中华民族内心深处的集体意识，道出了实现伟大复兴中国梦的核心内容和必由之路，传递出中国共产党人牢记使命、不忘责任、团结带领全国各族人民实现伟大中国梦想的坚定决心和历史担当。

中国是有着悠久文明的国家。在世界几大古代文明中，中华文明是没有中断、延续发展至今的文明，已经有5000多年历史了。我们的祖先在几千年前创造的文字至今仍在使用。2000多年前，中国就出现了诸子百家的盛况，老子、孔子、墨子等思想家上究天文、下穷地理，广泛探讨人与人、人与社会、人与自然关系的真谛，提出了博大精深的思想体系。他们提出的很多理念，如孝悌忠信、礼义廉耻、仁者爱人、与人为善、天人合一、道法自然、自强不息等，至今仍然深深影响着中国人的生活。中国人看待世界、看待社会、看待人生，有自己独特的价值体系。中国人独特而悠久的精神世界，让中国人具有很强的民族自信心，也培育了以爱国主义为核心的民族精神。优秀传统文化是指中华传统文化中历经沧桑而积淀传承下来的精华部分，是中华民族五千年文明智慧的基本元素和珍贵结晶。关于中华优秀传统文化的核心理念，我国学术界近几年来展开讨论，取得许多成果，基本形成以下共识：天人和谐、道法自然、居安思危、自强不息、厚德载物、诚实守信、以民为本、仁者爱人、尊师重道、和而不同、日新月异、天下大同等[①]。这些传统文化优秀思想，对于解决当前社会发展中出现的一些问题是具有重要意义的。

一、中华优秀传统文化传承的内涵和外延

（一）中华传统优秀文化的内涵

中华文明又称为华夏文明，是世界上现存的最古老的文明之一，而且中华文明绵延不绝，持续时间最为悠久。追溯到黄帝时代，中华文明有5000年左右的历史。中华民族是一个政治概念及国族概念，最早由梁启超提出，成为中

---

① 张岂之.中华优秀传统文化核心理念读本［M］.北京：学习出版社，2012.

国近代民族主义及建立国族的重要概念。中华民族有"30万年的民族根系、1万年的文明史、5000年的国家史"。历史学家们通常认为,中华文明的起源不止一个,在众多的源头中以黄河和长江流域为中心形成的文明较为集中。历经数千年时间的历史演变,中国各大古代文明长期相互影响、融合。由于是游牧民族和农耕民族相互争夺的主要区域,黄河与长江流域的中华文明也因此不断被北方游牧民族影响同化,时至今日,已经失去其自身许多特征。

中华文化传承及延续出现过断层,现在所呈现的文化和传统中华文化的原貌颇有出入。历史上中国人经历了长期的民族融合过程,以中原文化为主体并长期融入周边各民族的文化。总体来说,中华文明是多个文明交融、升华的结晶,这就是学术界所说的"多源一体"的文明形成模式。

中华文化的深层次内涵是什么?可以从以下几个方面进行理解。

地理性的意义。中国人人数众多,不光有祖国大陆的中国人,同时也涵盖了中国香港人、中国澳门人和中国台湾人以及生活在其他国家的华人。由于历史和现实的原因,中国香港、中国澳门、中国台湾和其他国家的华人所接受的国家管理方式和政治体制与祖国大陆的中国人所接受的方式各有差别,形成了中国文化所具有的地域特色。

种族性的意义。中国有56个民族,除了汉族这一主体民族外,还有蒙古、维吾尔、苗、彝、壮、布依、朝鲜、满等少数民族。这些少数民族虽然人数较少,但是在全国的分布十分广泛。同时,中国疆域辽阔,各个地域的人文环境各有差别,所以我们不能简单地以北京人、河北人、河南人、山西人、四川人、香港人等单一的地域人群来代表中国人,体现中国文化。

文化性的意义。由于中国人口众多,而且民族构成多样,中国境内的宗教也是多种多样的。总体来说,中国人普遍信仰的有传统的儒家思想、佛教、道教、伊斯兰教等,前三者在汉族中影响比较深远,而伊斯兰教一般为回族、维吾尔族等民族信仰。另外,在中国近现代的发展中,由于受西方列强入侵和中国改革开放的影响,西方文化也不断地渗透到了中国文化之中。

历史性的意义。在中国悠久的历史发展过程中,各个民族在朝代的变迁中经历数次的碰撞和融合。从春秋开始由孔子开创的儒家学派,以"仁"为学说核心,以中庸辩证为思想方法,重血亲人伦,重现世事功,重实践理性,重道德修养,得到了当世的尊崇。到汉代以后,儒学几经变化,礼教德治的精神始终一贯，成为中国传统文化的正宗。唐朝和宋朝之后，佛教逐渐发展为中国主流思想的重要组成部分。自明代以来吸收了西方古典文化。清末西方列强的入侵也同时引入了西方的资产阶级文化，其后的"洋务运动"等加深了对西方文化的学习。"五四运动"之后对马克思主义的学习和新中国成立后对马列主义和苏联制度的大范围引进，以及后来改革开放战略的实施，与西方资本主义国家频繁交流都导致了中国文化的历史性改变。

中国的传统文化基本由宗法文化、农业文化、血缘文化三种文化构成。以家族为本位的宗法集体主义文化的发展脉络，不是简单地以奴隶制国家代替氏族血缘纽带联系起来的宗法社会，而是由家族走向国家，以血缘纽带维系奴隶制度，形成一种"家国一体"的格局，因而氏族社会解体完成得很不充分，导致氏族社会的宗法制度大量积淀下来，社会组织主要是在父子、君臣、夫妇之间的宗法原则指导下建立起来的。

宗法制度在中国根深蒂固，不仅是氏族社会解体极不充分造成的，还由于此后自然经济长期延续，"鸡犬之声相闻，老死不相往来"的村社构成中国社会的细胞群，而这些村社中又包含家庭宗族与邻里乡党两大网络，由家庭到家族，再集合为宗族，组成社会单位，进而构成国家。

所谓农业文化，并非说构成这种文化的业态中没有其他产业，而是说整个文化的物质基础和支配力量是农业。黄河、长江流域哺育的这片肥沃土地，为从事精耕细作的农业生产提供了极为优越的条件。几千年来，中国人的主体——农民，"日出而作，日落而息，凿井而饮"，躬耕田畴，世世代代、年复一年地从事简单再生产，成为国家赋役的基本承担者。这就注定了中国古代文化的农业形态特征，并在此基础上形成重农、尚农的社会共识。

在以农业为生存基础的中国，农业生产的节奏早已与国民生活的节奏相通。我国的传统节日，包括最隆重的春节，均来源于农事，由农业节气演化而成，并不像其他民族那样，节日多源于宗教。在这样的文化氛围内，重农思想的产生便是顺理成章的事情。中国人很早就认识到农耕是财富的来源。务实精神就是"一分耕耘，一分收获"的农耕生活导致的一种群体趋向。中国人在农业劳作过程中领悟到一条朴实的真理：利无幸至，力不虚掷，即说空话于事无补，实心做事必有所获。这种务实作风也感染了官僚阶级，"大人不华，君子务实"是中国先哲们一向倡导的精神。作为农耕民族的中国人从小农业的简单再生产过程中形成的思维定式是注意切实领会，并不追求精密严谨的思辨体系，他们被西方人称为"最善于处理实际事务"的民族。农业社会中的人们满足于维持简单再生产，缺乏扩大再生产的能力，因而社会运行缓慢迟滞。在这样的生活环境中，很容易滋生永恒意识，认为世界是悠久的、静止的，中国人往往表现出中规中矩的惯性。反映在民间心态中，便是追求"经久耐用"的产品，能够满足基本的生存需求；对家族祈求延绵永远，安于统治阶级的统治，缺少反抗精神。

以家族为本位的社会关系的基本单元是"宗族"。在宗族内，每一个人都不被看作独立的个体，要和上下两代人（即父、子）发生关联，这样，父亲、自己、儿子就形成三代，这是一个以"自己"为核心的最基本的"宗族"。在宗法观念下，个人是被重重包围在群体之中的，因此，每个人首先要考虑的，是自己的责任和义务，如父慈、子孝、兄友、弟恭之类。

从"亲亲"的观念出发，可以引申出对君臣、夫妻、长幼、朋友等关系的一整套处理原则，这些处理原则是以"义务"观念为核心的。正是由于传统文化重家族轻个人、重群体轻个体，因而总是强调个人在群体中的义务和责任，而忽略了个人在社会中的权利，也就使得"人皆可以为尧舜"这种道德平等意识仅仅成为一种理想。

尊君重民相辅相成的政治文化长期存在于中国的农业自然经济，是一种少有商品交换、彼此孤立的经济。在这种土壤中成长起来的极度分散的社会，一方面，需要高高在上的集权政治加以统合，以抗御外敌和自然灾害的侵袭，而人格化的统合力量则来自君主专制；另一方面，农业宗法社会的正常运转，又要仰赖以农民为主体的民众的安居乐业，家国方得以保全，否则便有覆灭崩溃的危险。因此，"民为邦本"的思想传统也是农业宗法社会的必然产物。"尊君"和"重民"相辅相成，共同构成了中国传统政治文化的一体两翼。

在历史的发展和演变过程中，宗法文化、农业文化、血缘文化相互交融，并且联系越来越密切。在封建社会的大家庭里面，血缘关系十分重要，同时辈分和地位的等级也非常分明，所以对于家族家规的重视程度也很高，在一定程度上，家族家规的威慑力甚至超过了国家的法律和制度。

儒家文化在中国的传统文化中扮演着重要的角色，上至帝王将相、下至黎民百姓都深受其影响，封建统治者也将其放到了十分重要的位置。因此，儒家文化是中华文化的典型代表。儒家文化的精髓就是"平和中正，思无邪"。

近代以来，对待传统文化存在两种错误的倾向，要么把传统文化说得一无是处、一团漆黑，要么把传统文化说得应有尽有、至善至美。无论是前者的文化虚无主义，还是后者的文化复古主义，都是我们应该摒弃的。中华传统文化中存在很多优秀的宝贵精神财富，如"先天下之忧而忧，后天下之乐而乐"的责任意识，"苟利国家生死以，岂因祸福避趋之"的献身精神，"人生自古谁无死，留取丹心照汗青"的价值观念，"富贵不能淫，贫贱不能移，威武不能屈"的独立人格，"不以恶小而为之，不以善小而不为"的行为规范，"苟日新、又日新、日日新"的自强不息等，都体现了中华民族的优秀传统文化与民族精神，是应该得到继承和发扬的。但也存在一些糟粕性的东西，所以我们在弘扬传统文化的过程中必须做好鉴别，正如毛泽东所指出的那样："清理古代文化的发展过程，剔除其封建性的糟粕，吸收其民主性的精华，是发展新文化提高民族自信心的必要条件；但是绝不能无批判地兼收并蓄。"习近平在强调积极继承和发展中国传统文化的同时，也提醒我们在弘扬传统文化的过程中："对历史文化特别是先人传承下来的价值理念和道德规范，要坚持古为今用、推陈出新，有鉴别地加以选择，有扬弃地予以继承。"中华传统文化，既存在合理的内核，又存在旧时代要素的成分，需要在客观分析鉴别的基础之上，坚决剔除其过时落后的糟粕，以便更好地继承吸收其合理优秀的成分。

只有"始终把弘扬中华民族传统美德作为极为重要的战略任务来抓，为实现中华民族伟大复兴的中国梦提供强大精神力量和有力道德支撑""深入挖掘和阐发中华民族优秀传统文化讲仁爱、重民本、守诚信、崇正义、尚和合、求大同的时代价值，使中华优秀传统文化成为涵养社会足以核心价值观的重要源泉"，如是，才能够真正发挥中华优秀传统文化成为中国人民进行道德教育修养的"好教材"的作用。

（二）中华优秀传统文化的外延

中华优秀文化和中华传统文化在传统意义上讲主要指以孔子思想为代表的儒家思想文化，在实际生活中，还包括管子的哲学思想、老子的哲学思想、庄子的哲学思想、孔子的哲学思想、孟子的哲学思想、孙子的哲学思想、墨子的哲学思想等思想体系。

中华优秀传统文化是指居住在中国地域内的中华民族及其祖先所创造的、

为中华民族世世代代所继承发展的、具有鲜明民族特色的、历史悠久、内涵博大精深、传统优良的文化。中华民族在历史发展长河中形成了以爱国主义为核心的民族精神、以人文关怀为核心的价值观、以和谐生活为核心的社会实践观等，构成了中华优秀传统文化的庞大体系，包含着精神层面系统、价值层面系统、实践层面系统等丰富内涵。

中华优秀传统文化的民族精神。它是一种思想整合力量，一个民族赖以生存和发展的精神支撑，特别是在艰难困苦环境中繁衍、发展、壮大的精神血脉，是激励民族成员为美好目标而奋斗的精神动力，也是连接民族成员的精神纽带和激发民族认同感、自豪感、责任感的精神源泉。一个民族没有精神支柱和精神力量，不可能自立于世界民族之林。中华民族在长期的历史发展中形成了以爱国主义为核心的团结统一、爱好和平、勤劳勇敢、自强不息的伟大民族精神。

团结统一的精神。中华民族是由56个民族组成的大家庭。从遥远的古代起，我国各族人民建立了紧密的政治经济文化联系，共同开发了祖国的河山，2000多年前就形成了幅员广阔的统一的多民族国家。悠久的中华文化，成为维系民族团结和国家统一的牢固纽带。团结统一深深印在中国人民的民族意识中。中国历史上虽曾出现过暂时的分裂现象，但民族团结和国家统一始终是中华民族历史的主流，是中国发展进步的重要保障。

爱好和平的精神。我国先秦思想家就提出了"亲仁善邻，国之宝也"的思想，反映了自古以来中国人民就希望天下太平、同各国人民友好相处。中国人民从近代以后遭受战乱和贫穷的惨痛经历中，深感和平之珍贵、发展之迫切，深信只有和平才能实现人民安居乐业，只有发展才能实现人民丰衣足食。当今世界多极化和经济全球化趋势深入发展，科技进步日新月异。人类社会和平发展的崇高事业前景光明。同时，传统安全威胁和非传统安全威胁的因素相互交织，世界经济发展不平衡，南北差距继续扩大，人类社会需要认真对待种种矛盾的现实挑战。中国将力所能及地承担更多国际责任，并为世界和平做出贡献。中华民族，一直是一个世界性民族，是有着天下主义胸怀，对世界精神有担当的民族。历史上的欧洲，是一个宗教、多个国家，而历史上的中国，则是一个国家、多种宗教。中华优秀传统文化中有着丰富的与别的文明和平共处的经验。中华优秀传统文化，虽然以儒家为核心，但从不是儒家独纲，在大部历史时期,心灵秩序上是儒、道、佛三教并存,政治秩序上则是霸王道杂之。无论是处理人的精神信仰,还是建构政治共同体,中国文明都有自己"多元一体"的历史经验①。激活这些优秀传统文化的核心价值,将推动中国文明的崛起。

勤劳勇敢的精神。据古文献和考古发掘证明,从很早的古代起,中华民族的祖先就在这块广阔的土地上辛勤劳作,生息繁衍。在中华民族辛勤劳作的历史上,有素称发达的农业和手工业,有许多平凡而伟大的劳动人民和思想家、科学家、发明家、政治家、军事家、文学家和艺术家。中华民族的各族人民都反对外来民族的压迫,都用勇敢抗争的手段解除这种压迫。在中华民族的几千年历史中,产生了许多勇敢的"士兵"和民族的英雄。近代中国虽屡遭列强欺凌,国势衰败,但经过全民族的百年抗争,又以巨人的雄姿重新站立起来。中国人民勤劳勇敢的民族精神具有坚不可摧的力量。

自强不息的精神。我们的先哲通过观察宇宙万物的变动不居,提出了"天行健,君子以自强不息"的思想,成为激励中国人民变革创新、自强不息的精神力量。中国古代文明的发展,是中华民族艰苦奋斗、自强不息的结果。

二、中华优秀传统文化创造性转化、创新性发展的现实意义

第一,中华优秀传统文化创造性转化、创新性发展是保护中华民族赖以生存发展的文化根基的需要。任何一个国家的文化,都有其既有的传统、固有的根本。抛弃传统、丢掉根本,就等于割断了自己的精神命脉,就会丧失文化的特质。中华文化历史悠久、底蕴丰厚,天下兴亡、匹夫有责的爱国传统,天地之间、莫贵于民的民本理念,以和为贵、和而不同的和合思想,革故鼎新、因势而变的创新精神,富贵不淫、威武不屈的高尚气节,扶正扬善、恪守信义的社会美德,无不凝结着前人的心血、智慧和思想精华,无不包含着中华民族最根本的精神基因,无不积淀着中华民族最深层的精神追求,无不代表着中华民族独特的精神标识。这些优秀的传统文化精神,几千年始终延续发展,成为维系民族成员的心理纽带,成为振奋民族精神的力量源泉,成为中华民族延绵不绝的精神支柱,为中华民族生生不息、发展壮大提供了丰厚滋养,对中华民族

---

① 许纪霖.中国,何以文明[M].北京:中信出版社,2014.

自立于世界民族之林起到了巨大作用。对于当今中国来说，深厚的民族传统文化是我们文化安身立命的重要根基，必须以对民族、对历史、对后人高度负责的精神，把传承优秀传统文化作为义不容辞的责任，更好地用优秀传统文化滋养民族生命力、激发民族创造力、铸造民族凝聚力，建设好中华民族共有精神家园。

第二，中华优秀传统文化创造性转化、创新性发展是立足时代实践、顺应时代潮流不断进行新的文化创造的需要。文化的发展是一个历史的、连续的过程，是在既有传统基础上进行的文化传承、变革和创新。马克思曾经指出，人们自己创造自己的历史，但是他们并不是随心所欲地创造，并不是在他们自己选定的条件下创造，而是在直接碰到的、既定的、从过去承继下来的条件下创造。文化发展的历史也是如此。优秀传统文化是我们文化发展的母体，是进行文化创造的深厚土壤，不仅铸就了历史的辉煌，而且在今天仍然闪耀着时代的光芒。优秀传统文化是实现中华民族伟大复兴取之不尽、用之不竭的思想源泉，我们要在广征博采的基础上廓清历史文化发展脉络，认真挖掘提炼传统文化的有益思想价值，进行深入系统的研究阐发，做出通俗易懂的当代表达，并赋予新的时代内涵，使其与当代社会相适应、与现代文明相协调，在新的历史条件下继续发扬光大。当然，继承民族优秀传统文化，不是回到过去、守旧复古，而是按照取其精华、去其糟粕、古为今用、推陈出新的要求，进行科学梳理、精心萃取，从传统文化与时代精神结合上进行新的文化创造，用新的思想、新的精神丰富文化宝库，不断创造符合当代精神和时代潮流的新文化。

第三，中华优秀传统文化创造性转化、创新性发展是吸纳融汇外来优秀文化成果、在与世界文化对话交流中丰富发展中华文化的需要。任何一种文化都不可能与世隔绝，都需要从其他文化中汲取养分。在人类几千年的历史上，不同文化尽管有过摩擦、碰撞和冲突，但交流、借鉴和融合始终是发展的主流。一个民族要跟上时代，就必须善于同其他国家和民族进行广泛交流合作，学习和借鉴外来文明成果，取诸家之长，走自己的路。中华文化之所以生生不息、经久不衰，就在于它具有海纳百川、有容乃大的胸襟，具有博采众长、兼收并蓄的传统。虽然我们也有过封闭时期，有过闭关锁国、抱残守缺的教训，但在漫长的历史上，开放包容构成了中华文化发展的主体，中华文化在吸收借鉴中不断丰富壮大。当然，学习借鉴不是简单模仿、照抄照搬，不能生吞活剥、囫囵吞枣。要坚持以我为主、为我所用，始终保持自己民族文化的主体性和独立性，把有益外来文化同优秀传统文化结合起来，融入中国文化元素，打上中华文化烙印，形成中国气派、中国风格，使中华文化始终立于世界文化发展的潮头。

三、中华优秀传统文化创造性转化、创新性发展的基本构架和阶段性目标

（一）基本构架

建设优秀传统文化传承体系，必须使之与当代社会相适应、与现代文明相协调，保持民族性，体现时代性，必须以礼敬自豪的态度对待中华传统文化，从历史传承与现实价值相结合的维度，把握优秀传统文化传承的国民教育方式、价值优选方式和兼容并包方式等。

1.国民教育的方式

即"发挥国民教育在文化传承创新中的基础性作用，增加优秀传统文化课程内容，加强优秀传统文化教学研究基地建设"。对于国民教育，最早表述是"有教无类""修身养性"。意思是不论对哪一类人都给以教育，努力提高自己的本然之性。用现代语言表达方式就是教育以提高全民族基本素质为宗旨。但遗憾的是，人们往往只是把基础教育看作读书识字、谋生求职的阶梯，"应试教育"一直是其主渠道，且长盛不衰。纠正这种偏离，就要恢复"有教无类""修身养性"的初衷，让"素质教育"重归王位，使全民教育、终身教育成为社会共识和传承载体。素质教育的重点在做好中小学生的民族优秀传统文化教育，各学科课程都要结合学科特点融入中华优秀传统文化的内容，设置书法、绘画、传统工艺等课程，适当增加传统经典范文、诗词的比重，在全国中小学生中广泛开展典籍诵读活动；素质教育并非终止于儿童期和青年期，它应伴随人的一生而持续地进行，它应借助全员学习、终身学习理念与机制，把提高素质作为对全社会每个人的永恒要求。中国文化源远流长、博大精深，含有丰富的素质教育资料，包括思想、学术、哲学、宗教、典章制度、伦理道德、语言文字、文学艺术、天文地理、农学医药、图书博物、文化典籍、文物宝藏，以及衣食住行、价值观念、社会风尚等。

中国的汉字，形、声、义相结合，形成自己的独特体系。中国的文学艺术极其丰富多彩，诗词歌赋、散文小说、歌舞绘画，无所不有。在文学方面，最

早的作品有《诗经》《楚辞》及先秦散文,至汉代以后则有辞赋乐府、魏晋骈文、唐诗、宋词、元曲、明清小说等,各放异彩。在艺苑中,从最早的彩陶艺术、青铜艺术,至秦汉的兵马俑、石雕壁画帛画,魏晋南北朝的石窟艺术和书法,隋唐的雕塑和山水画,五代以来的山水鸟人物画等,争奇斗艳。歌舞伴随劳动而产生,形成悦耳动听和多彩多姿的音乐和舞蹈艺术,又与说唱艺术及武功锻炼相结合,形成具有唱念做打等形式的戏剧艺术。京剧和各地的地方剧及各种曲艺,各具特色,不断发展,为人们所喜闻乐见。古人的警句、格言、家训则比比皆是,至今广为流传的荀况之《劝学》、颜之推之《颜氏家训》、周敦颐之《爱莲说》、孔融之《临终诗》等"静以修身,俭以养德"的理想人格追求,亦是进行思想品德、情操教育的最佳教材。

中国的天文地理向称发达,农学、医学、药物学代有发展,物理、化学和冶炼技术也都有较高的成就,特别是指南针、造纸、雕版印刷及火药的发明,更走在世界的前面,为人类文明做出重大贡献。中国古代建筑艺术更形象地表明中国文化发展的成就。现存的中国古代建筑,无论是气度非凡的万里长城,还是金碧辉煌的明清故宫、天坛地坛,或是园林亭台、寺塔宫观,其独特的砖木结构体系,以及平面布局、环境陪衬、艺术造型、彩色装饰等,无不反映出高超的技术,也体现着一种对和谐美的追求。传承和弘扬这些优秀的民族文化,并使之成为"素质教育"的重要载体,将为我国现代化建设提供智力支持和精神动力。

在整个文化领域中,思想理论占主导地位,它影响并反映在文化形态的各个方面。但是,思想形态是很复杂的,不同时代有着不同的特点和风貌。如夏商时代强调"尊天命",西周时期主张"明德""以德配天",并制礼作乐,强调礼的规范。春秋战国时代出现"百家争鸣"的盛况,形成儒家、墨家、道家、阴阳家、法家、杂家等多种学派。后有两汉经学、魏晋玄学、隋唐佛学、宋明理学、清代汉学和朴学等,对哲学、伦理、学术等均有贡献。秦始皇"焚书坑儒",主张"以法为教",汉武帝"罢黜百家,独尊儒术",儒学在官方意识形态领域中开始占据主导或统治地位。但实际上统治者在政治上所实行的是"外儒内法",学术上则是"儒释道结合"。正是在这种长期的文化积淀中,文化的各个领域都有丰硕的成果,并且影响到周边诸国,形成了一个自成系统的文化圈。

2. 价值优选的方式

文化价值的优选，是指在某种文化背景下对社会发展可能的优选，它受某种文化的指导，在多种发展可能中确定向某个方向、某个目标发展。但是，一种文化只有当它是可发展的，它才是有生命力的。只有当它增长的成果不仅可以影响一国一民族的文化性格和精神世界的塑造，还给予人类社会的历史进程以巨大的影响，它才是有力量的，才具有资源和遗产的意义。因而，文化资源存量的增长是文化发展的真正独立性标志，主要有以下三大优选。

（1）优选生活价值。它包括物质生活存在、政治生活存在、精神生活存在等方面的价值选择。人类创造的任何文化都有价值，因为人类是按照自己需要去创造文化的，从这个意义上讲，人类创造的所有文化都具有生活意义。不过传统文化满足人类需求并不是千篇一律的，其中有些文化满足的主要是人类的基本需求，如服装、食物、房屋、诗歌、绘画、文学艺术、风俗习惯等，这些文化的功能是满足人类的基本需求，为人类提供生活养料、增添生活情趣，使人类生活丰富多彩。因此，所谓优选生活价值，是指传统文化能满足人和社会一般生活的属性。对传统文化的生活价值我们应有正确的态度，既不能因为它属于日用庸常而视之为庸俗，否定其存在的合理性，也不能因其属于"价值"范畴而对它有过高要求。

（2）优选认识价值。优选法是华罗庚运用黄金分割法发明的一种可以尽可能减少做试验次数、尽快地找到最优方案的方法。当把它运用到优选认识价值时，我们便会对中国优秀传统文化肃然起敬。比如，屈原写过《天问》，对天文、地理、历史、哲学等许多方面提出了170多个问题，这些问题有许多是在他那个时代尚未解决而他有怀疑的，也有明知故问的，对许多历史问题的提问，往往表现出作者的思想感情、政治见解和对历史的总结、褒贬；对自然所提的问题，表现的是作者对宇宙的探索精神，对传说的怀疑，从而也看出作者比同时代人进步的宇宙观和认识论。过了一千年才有柳宗元写的《天对》逐段作答。特别是在宇宙起源问题上，柳宗元从元气本体论出发，吸取了古代混沌中生成宇宙的思想，把天地的诞生完全看作自然界本身发展变化的结果。他认为，在天地未形成以前，宇宙间只存在着一种叫作"元气"的原始物质；宇宙是无限的；天地万物是由宇宙间阴阳两种元气的变化产生的。这个宇宙形成说，影响到了后来的朱熹。朱熹也认为，在太初，宇宙只是在运动中的一团混沌的物质，这种运动是旋涡式的。由于朱熹的观点早于康德"星云假说"六百多年，西方科学家深为叹服，称之为"敏锐观察和精湛思辨的结合"。后来的毛泽东对柳宗元特别偏爱，并成为他论述最多的古代人物。章士钊在写作《柳文指要》之初，毛泽东就主动提出要替他审稿。1965年6月，章士钊先后把100万字的初稿给毛泽东送去，毛泽东真的这样做了。在毛泽东的支持下，这本书1971年由中华书局出版。1972年尼克松访问我国时，周恩来送了他一部《柳文指要》作为纪念。

（3）优选精神价值。人类创造文化也可视为人类对自身的一种关怀。于是，古代出现了大量具有表征人类顽强不屈、进取豪迈精神的文化现象。如后羿射日、嫦娥奔月、愚公移山等，所有这些神话文化都寓有激励鼓励鞭策人奋发向上的精神。屈原"长太息以掩涕兮，哀民生之多艰"，爱国爱民、忧国忧民的思想情感溢于言表，"路漫漫其修远兮，吾将上下而求索"，这一深沉而高亢的千古绝唱，成为后世众多仁人志士激励自己不屈不挠、顽强奋斗的座右铭。文天祥"人生自古谁无死，留取丹心照汗青"的千古诗句，顾炎武"天下兴亡，匹夫有责"的呐喊，李清照"生当作人杰，死亦为鬼雄"的豪迈诗句，激励着一代又一代中华儿女奋斗不止、拼搏不息。于是也出现了许多伟大的观念与命题，这些观念与命题含有丰富的精神价值，如"厚德载物""宇宙乃吾心、吾心乃宇宙"等。"厚德载物"告诫人们，大自然，载物者也，大自然风雨博施没有偏爱，光大明正而富仁者情怀，故可载物也。对人而言，就是要积蓄德行，才能百行无忧。这就是一种文化的精神，人们只要读到它，就会不自觉地为之震动。"吾心乃宇宙、宇宙乃吾心"，则是说人与宇宙为一物，天人血气贯通，故人对宇宙、社会应有博大的担当精神，将个人生命提升为宇宙生命，从而提高个人的精神境界与道德水平。可见，历史上的很多观念、命题之所以被优选下来被人们延承和引用，就在于这些命题或观念中寓有鼓舞人、激励人或感化人、升华人的精神价值。

3. 兼容并包的方式

从历史上看，这是蔡元培先生担任北京大学校长时所主张的。容：容纳，包：包含，即把各个方面的文化精华全部容纳包含进来。从现实来看，要求"加强同香港、澳门的文化交流合作，加强同台湾的各种形式文化交流，共同弘扬中华优秀传统文化"。凡是炎黄子孙，不管穿什么衣服，不管其立场是什么，起码都对中华民族有自豪感，可以在中华文化的旗帜下团结起来，向全世界展示中华民族昂扬向上的精神风貌。当然，每一个国家和民族的文化都有自己的优势和长处，不同文化之间的相互学习和借鉴是文化发展的必要条件。中华民族以"海纳百川，有容乃大"的博大胸怀，因兼容并包而丰富多彩，因博采众长而永葆活力，接受着一切有益的外来文化，促进了中外文化融合，留下了不少对外文化交流的千古佳话。不过，学习借鉴并不是盲目模仿、照抄照搬，而要从我国文化发展的现实需要出发，对外来文化进行具体分析，以我为主、为我所用、择善而从，既大胆吸收借鉴一切有利于我国文化建设的有益经验和优秀成果，又始终坚持自己的理念、信念和原则，有效抵制腐朽思想文化的侵蚀，切实维护国家文化安全。中华文化既要"引进来"，又要"走出去"，让世界了解中华文化、喜欢中华文化、认同中华文化。现在，纪念孔子已经开始成为一项全球性的文化活动，孔子学院也已经成为传播中国文化、推广汉语教学的一个重要载体，这是对东方智慧、中华文化的认可。

（二）阶段性目标

1. 建立政府主导下的利益导向机制

建立文化管理制度，加强高层倡导优秀传统文化的传承，离不开政府部门大力支持和管理。政府要建立权威的文化管理制度，就要不断强化管理，进行有效的组织和有力领导，把相关工作落到实处，切实履行职责，突出文化建设的重要作用。各级各部门应该把这项工作纳入日常工作日程，做好协调和统筹工作，加大宣传力度，制定有利于文化发展的相关法律和规章制度，完善政策利益导向机制，千方百计保障文化建设的顺利展开。同时，要做好责任分工，明确责任，一定要确保各项文化建设工作落到实处，做到目标和责任的具体统一。另外，做好监督、检查和预警机制，强化奖惩措施和力度，要始终明确文化建设各项工作的进展情况，层层分解，层层把关，完善具体的奖惩方法业绩考核机制，把文化建设和发展纳入领导班子年终考核体系之中，并作为一项衡量领导班子成员相关业绩的主要内容来抓。使各级各部门的积极性能够最大限度地调动起来，共同投身到文化建设的大潮中。努力实现党的十八大关于文化建设和弘扬传统文化的各项要求、各项任务，实现文化建设的奋斗目标和具体任务，大力宣传文化战线涌现出的先进典型，形成全党全社会共同推进社会主义文化大发展大繁荣的浓厚氛围。同时，要不断强调建立健全党政统一管理、组织协调、分工负责的工作机制的重要性，争取形成全党、全社会齐抓共管、积极参与的良好工作局面，完善文化建设的相关目标责任管理制度，出台具体的工作细则和日常考评办法，加大对文化建设进程的监督和考核力度，迈出坚实的步伐，甩开膀子真抓实干，讲究实效，确保完成党的文化建设的各项工作目标。把握文化发展的新脉搏，研究文化宣传工作的新特点和新规律，并制定新的行之有效的工作办法，切实解决文化建设和发展过程中所面临的新问题、新困难。把加强文化建设、弘扬优秀传统文化与经济、政治、社会各领域工作一同研究部署、一同组织实施、一同督促检查。

2.健全文化建设工作机制

加强部门协作建立和完善相关文化工作机制，是实现文化兴国，推进文化大繁荣、大发展，传承优秀传统文化的重要保障。要从继承和创新相结合的角度，加强党和政府的统一部署和领导，各级各部门齐抓共管，互相协调分工，各尽其职、各负其责，从思想上重视文化建设，将全社会、全国的力量拧成一股绳、合成一股劲，形成全民参与的工作局面，激发各阶层参与文化建设的热情。要根据文化发展的具体内在要求来稳步推进文化建设工作机制的发展和完善，同心同德，齐心协力共同把我国的文化建设推向新高潮。

一要求我们的决策机制要完善。在现阶段，我国的各项事业都处在飞速发展的历史机遇期，这就必然要求我们党和政府在新的形势下不断加强和改进工作方式、增强领导和工作水平，进一步深化和加大对文化的体制改革工作力度，面对目前我国文化事业所遇到的各种困难和新危机，做出关键的、有力的、科学的决策，要以《中共中央关于深化文化体制改革、推动社会主义文化大发展大繁荣若干重大问题的决定》为工作指导，完善文化改革决策制度和程序，建立"决策风险"评估机制，面对关于文化建设的重大历史性决策时，要广泛听取民意，采取各种方式向社会敞开胸怀，如听证会、专家座谈等，要虚心接受各方面和各阶层的意见和建议，主动了解民间关于文化建设的各种有益声音，做出符合广大人民群众的决策和决定，切实保障人民群众对重大文化建设决策的参与权和知情权，同时要自觉接受党和人民群众的监督，及时反馈，以保证决策的正确性、科学性，促进文化体制改革的顺利进行。

二要严格落实责任制。各级各部门在领导文化建设的进程中要做到任务清楚、责任明确，深化认识，积极承担起来各自相关责任和任务；要进一步加强我党建设社会主义先进文化中的组织、领导、协调以及核心的作用，完善沟通协调机制，增强主动作为的主动性，形成由政府统一指挥、各部门协同分工、互相配合、全党全社会共同参与文化建设的工作局面和良好氛围。落实并完善好文化建设工作责任制，并将目标责任落实情况纳入干部政绩考核的内容。落实责任追究制度，对于没有按规定完成相关任务的单位和个人，要追究其相关责任。我们要以党的十八大提出的相关任务为中心，积极实践，敢为人先，坚决贯彻落实中央文化建设的各项措施和方案，为我国的文化建设多做贡献。

三要加强监督机制建设。我国文化建设目前存在的问题主要原因之一就是监督管理不够。要加强包括党内互相监督、群众监督和舆论监督在内的监督管理体制建设，为我国文化建设提供有力的法律保障和监管措施。人大积极立法，加强法制建设，同时发挥政协以及其他各部门和民主党派、个人、团体的能动性，重视这些个人和团体的批评和意见，鼓励其献言献策，听取他们的建议，尊重他们的监督权并自觉接受监督，确保监督相关部门工作的有效开展，保障各项法律、政策的顺利进行，并得到有效的落实。

四要完善社会参与机制。建设中国特色的社会主义文化事业离不开社会各阶层、各方面的参与和支持。充分调动广大人民群众和社会力量参与文化建设对我国的文化建设有着巨大的促进作用。文化建设仅仅靠国家和政府是远远不够的，没有社会因素的支持，这项工作很难进行，甚至是寸步难行。因此，我国要鼓励和引导社会资本、社会团体以各种形式参与进来，加强创新和制度化建设，参与文化体制改革，为文化大繁荣献计献策，共谋发展大计。健全文化建设工作机制、强化部门间的分工与协调是发展文化事业的重要组成部分。必须坚持党的领导，坚持马克思主义基本思想，自觉落实科学发展观，把持续深化文化体制改革与文化创新紧密结合起来，把文化建设与实现小康社会机密结合起来，增强使命感和荣誉感，时刻保持与党中央高度一致。以科学的手段、严谨的工作态度推动各项文化事业的进行，不断提高领导文化建设的本领和工作能力。始终坚持文化发展的成果由广大人民享受这一中心思想，牢固树立为人民服务的思想，为把我国建设成为人民生活幸福、文化事业高度繁荣的社会主义现代化国家做出积极贡献，从而实现优秀传统文化的复兴与繁荣。

四、推进优秀传统文化的现代化转换

推进优秀传统文化的现代化转换,是大力弘扬中华优秀传统文化的时代使命。大力弘扬中华优秀传统文化,绝不能照搬照抄、食古不化,关键要对其进行现代化转化。习近平同志谈到对待中华民族传统文化的态度时强调指出,要处理好继承和创造性发展的关系,重点做好创造性转化和创新性发展。要努力实现传统文化的创造性转化、创新性发展,使之与现实文化相融相通,共同服务以文化人的时代任务,真正实现中华优秀传统文化的现代使命,必须使中华民族最基本的文化基因与当代文化相适应、与现代社会相协调,以人们喜闻乐见、具有广泛参与性的方式推广开来。这就要求我们,在大力弘扬中华优秀传统文化的过程中,必须克服"惰性"思维,将传统的东西简单地拿来就用。任何文化形态都有其特定的社会历史背景,虽然今天我们的社会依然是一个追求民主、平等、公正、法治、自由、和谐的社会,但是今日中国所追求的民主、平等、公正、法治、自由、和谐与尚处封建社会形态下的民本、平等、公正、法治、自由、和谐有着本质性的差异。以自由为例,今日所追求的自由是立足于"每个人的自由发展是一切人自由发展的前提"这一社会主义理想的远大愿景,而不是传统理想中"小国寡民""民至老死不相往来"的彼此隔绝。因此,在大力弘扬中华优秀传统文化的过程中,一定要做到推陈出新、古为今用,有鉴别地加以对待,有扬弃地加以继承,做到对中华优秀传统文化的创造性转化与创新性发展。

推进中华优秀传统文化的创造性转换,是增进文化认同、坚定文化自信的重要条件。进行传统文化的创造性转换,有利于形成对本民族最有意义的事物的肯定性认知,有利于确立对本民族的基本价值认同,将传统文化凝聚为民族共同体的思想基础与精神纽带,并由于对传统文化价值的充分肯定与积极践行生成对本民族文化传统生命力的坚定信念。中华优秀传统文化的现代化转换过程,有利于形成建立在对中华优秀传统文化普遍而广泛的文化认同基础之上的文化自信。中华优秀传统文化是中华民族生生不息的丰厚滋养,是中华民族的文化血脉与精神基因,是中华民族在世界文化激荡中站稳脚跟的坚实根基。在党和人民的伟大斗争和实践中所孕育的革命文化与社会主义先进文化是对中华民族优秀传统文化的继承与发展,是将时代精神与历史使命融入中华民族优秀文化所孕育的新的文化。只有经历创造性的转化，传统才会变成现实；只有实现创新型的发展，历史才会走向未来。未来中华优秀传统文化的复兴与辉煌，需要以动态发展的维度定位传统文化，使其发挥引领时代的作用。

在推进中华优秀传统文化的现代化转换过程中，应坚持五项基本要求。

首先，要把大力弘扬中华优秀传统文化与当前社会主义先进文化建设紧密结合起来，使中华优秀传统文化与传统美德能够为社会主义先进文化建设服务，为提升当代中国文化的软实力贡献力量。

其次，要把大力弘扬中华优秀传统文化与现代社会的需求紧密结合起来，认真挖掘传统文化中积极有益的成分，使之赋予新的时代使命，为不断推进改革开放的深入进展提供精神动力和智力支撑。

再次，要把大力弘扬中华优秀传统文化与广大人民群众的接受能力紧密结合起来，以符合广大人民群众口味的方式对传统文化进行新的解释与再造，以广大人民群众喜闻乐见、富于参与性的方式进行推广。只有广大人民群众理解和接受了传统文化的现代性转化，中华优秀传统文化的积极价值才得以充分发挥。

又次，要把大力弘扬中华优秀传统文化与时代精神的呼唤紧密结合起来，赋予中华优秀传统文化以新的时代精神内涵，结合时代精神建设发展的需要，对传统文化进行创造性的发展。如将社会主义核心价值观所重视的爱国、友善、诚信、公正、和谐等理念注入"讲仁爱、重民本、守诚信、崇正义、尚和合、求大同"等传统价值理念中，实现传统文化精神理念的拓展与丰富。

最后，要把大力弘扬中华优秀传统文化与当前国际国内形势紧密结合起来。在当今经济全球化、世界一体化不断深入的背景下，任何文化的创新与发展都不可能在封闭的情况下进行。因此，在大力弘扬中华优秀传统文化的过程中，应从国内的具体国情出发，积极吸收与借鉴世界文明成果的精华，从而使中华优秀传统文化转换成面向世界、面向未来、面向现代化的社会主义先进文化，如社会主义核心价值观所强调的民主、自由、平等等理念就是在借鉴世界文明有益成果的基础上形成的。

推进中华优秀传统文化的现代性转化，需要确立"立足本来、吸收外来、面向未来"的要求，本着发展、理性、包容的态度，遵循文化发展的客观规律，对传统文化进行创造性的阐发，使其充分发挥培育品性、涵育精神、坚定理性、凝聚共识的作用，不断丰富中华优秀传统文化的现代价值。唐代名臣魏征在《谏太宗十思疏》中提到，"求木之长者，必固其根本；欲流之远者，必浚其泉源"，根深方能叶茂，源远才能流长。一个民族、一个国家，只有清楚自己是谁，明白自己来自哪里，才能够懂得自己要到哪里去，需要选择什么路径。只有正视并直面自身的历史，只有珍惜并发扬传统的文化，才能抱有自立与发展的希望。这就要求必须加强对中华优秀传统文化的学习，"各种文史知识，中国优秀传统文化，领导干部也要学习，以学益智，以学修身"，通过"博学、审问、慎思、明辨、笃行"的过程掌握中华优秀传统文化的精髓，将其融入贯彻到自己的工作实践与日常生活之中，自觉运用中华优秀传统文化提升自身的精神修养与道德境界。将中华优秀传统文化的现代性转化融入中国特色哲学和会科学的构建之中，善于挖掘与贯通中华优秀传统文化资源，善于继承和弘扬中华优秀传统文化精华。同时，也要做到兼容并蓄、博采众长，因为"只有不断发掘和利用人类创造的一切优秀思想文化和丰富知识，我们才能更好地认识世界、认识社会、认识自身，才能更好地开创人类社会的未来"，中华优秀传统文化也能"在比较、对照、批判、吸收、升华的基础上，使民族性更加符合当代中国和当今世界的发展要求"。

五、建立多层次的传统文化教育体系

建立多层次的传统文化教育体系，是大力弘扬中华优秀传统文化的根本途径。教育的最终产品不是论文专著，也不是课题项目，而是学生，是通过教育为社会提供具有独立思考能力、健全人格的学生。十年树木，百年树人，教育对于提升国民的基本素养是最为关键的。如果有适合不同年龄阶段孩子的性情教育与生命教育，帮助其树立基本的价值理念、思维模式与行为底线，对于社会的和谐稳定、国家的永续发展具有非常重要的意义。中华优秀传统文化是两千多年来中国人民思想的根源，支配着中国人民的思维模式与行为模式，有些意义深远的圣哲教诲已经成为全体民众的共同意识。以"仁、义、礼、智、信"等为核心的中华优秀传统文化的核心价值观念，是中国历代社会中各个阶层共同遵循的价值信念与生活准则。相对于重视理性推理的古希腊文明与重视神圣信仰的希伯来文明而言，中华传统文化更加重视将高深的价值理念与百姓的日用常行之道贯通起来，因此具有草根性与平民性的特征，其生命力就在于更容易成为改善世道人心的文化资源。因此，可以说，只有当中华优秀传统文化成为民众教育的文化资源，融入每个个体的日常行为之中时，才能得到最彻底的传播与弘扬。

中华优秀传统文化具有以日常生活为归宿的特征，这也有利于建立多层次的传统文化教育体系。冯友兰先生晚年曾亲笔撰写"阐旧邦以辅新命，极高明而道中庸"的对联以自勉，把"极高明而道中庸"视为自己所希望达到的境界：阐发传统文化中有价值的东西为新社会的发展做出贡献，把广博深厚的认识境界与精细微妙的实践意识结合起来，把高大光明的生存理想与不偏不倚的现实生活结合起来。中国优秀传统文化的基本精神常常是借助于蒙学读物、民间谚语、神话故事、戏文、祖训等方式渗透到世世代代的日常生活之中，最终成为"百姓日用而不知"的言行规范。如"勿以善小而不为，勿以恶小而为之""老吾老以及人之老，幼吾幼以及人之幼""积善之家必有余庆，积不善之家必有余殃"。即使是中华优秀传统文化最高深玄远的思想，最终也都会回归到日常生活之中，"不离日常行为内，直到先天未画前"，与日常生活的紧密相连有利于传统文化针对最大范围的受众进行教育。

建立多层次的传统文化教育体系，应加强各级领导干部对中华优秀传统文化的学习。中国共产党自成立之日起，就是中华优秀传统文化的继承者和发展者。各级领导干部也应正视优秀传统文化的价值，挖掘优秀传统文化所蕴含的内在精神力量，笃信与躬行中华优秀传统文化。习近平同志多次强调领导干部要学习中华传统文化，并以此作为领导干部建设的重要抓手。各级领导干部要刻苦学习中华传统优秀文化，带头弘扬和践行中华优秀传统文化，将传统文化的精神与智慧贯彻到自己的日常工作与生活之中，自觉用中华优秀传统文化丰富自己、提升自己，使自己成为具有中国传统文化精神的现代领导者。领导干部对传统文化的学习与践行，不但具有重要的示范作用，也有利于推动传统文化在家庭教育、学校教育与社会教育中的广泛深入开展。

建立多层次的传统文化教育体系，应加强中华优秀传统文化在家庭中的教育。首先，家庭教育是人所接受的最早的教育，对于未来的认知有深远的影响。家庭是社会的细胞，家庭教育是人的教育的发端，教育的内容与状况影响深远。13岁以下是人生记忆的黄金时期，也是人的性情形成的重要时期，在这个阶段引导孩子接触中华优秀传统文化，能够起到提升修养、健全知识的作用。南怀瑾先生、杨振宁先生助力推广少儿读经运动,目的即在于此。其次,家庭教育是人所接受的最切身的教育,对于未来的践行有重要的影响。家庭成员朝夕相处,彼此之间潜移默化的影响渗透到生活中的每个细节。这就要求在优秀传统文化的教育中,家长必须做到以身示范、言传身教,认真践行传统文化的基本精神,自然会起到"随风潜入夜,润物细无声"的效果。传统社会非常重视从家庭开始进行伦理教育,流传着众多的家训、家规,如《颜氏家训》《朱子治家格言》等,从"国有国法,家有家规"的俗语中可以看到家庭教育的重要性。

建立多层次的传统文化教育体系,应加强中华优秀传统文化在学校中的教育。学校教育是一个人所能够接受的最为系统的教育,在人的健康成长中起着至关重要的作用。中华优秀传统文化,是中华民族创造文化新辉煌的重要渊源。学校教育应自觉承担起把优秀传统"讲下去"、让优秀传统"活起来"的历史使命。虽然年轻人对于学习优秀传统文化有着巨大的热情,但就整体而言,他们对优秀传统文化的理解和掌握的远远不够[1]。这就要求各级学校以中华优秀传统文化为核心,开设专门的课程以及相应的实践活动,让年轻人真正能够走进中华文化原典,领略博大精深的中华文化。高等教育已经开展了对文化原典的研读实践,如北京大学元培学院、复旦大学复旦学院、中山大学博雅学院、人民大学国学院、重庆大学博雅学院,都在努力以常态化的方式引导学生亲近经典文本,以涵养性情品格、细查心术微妙。同时,中小学应在深入推进课程改革的同时,不断提高对中华优秀传统文化教育的重视程度,开设专门的传统文化教育课程,将传统文化教育纳入中小学教育体系之中,以规范化、制度化的方式动传统文化教育入脑入心,以建构完善的学校传统文化教育体系。建立多层次的传统文化教育体系,应加强中华优秀传统文化在社会中的教育。社会个体生活与工作的大环境,社会教育虽然未必能够像家庭教育、学校教育那样起到立竿见影的效果,但是社会对个体的熏染之力不可忽视。在社会中加强中华优秀传统文化教育,能为家庭教育、学校教育创造良好的外界环境,巩固家庭教育、学校教育的成果。在社会中开展中华优秀传统文化教育的途径是多种多样的。在社区以及乡村的建设过程中强化优秀传统文化的融入;

---

[1] 沈壮海.担负好涵养文化自信的教育使命[J].中国高等教育,2016(Z2).

开放具有教育意义的人文景观与历史遗址；经常性地开展以传统文化为主题的各种活动，使人们在活动中感悟传统文化的精神；借助清明节、端午节、中秋节等与传统文化联系紧密的节假日，营造传统文化教育的氛围。

六、探索全方位的传统文化传播体系

探索全方位的传统文化传播体系，是大力弘扬中华优秀传统文化的渠道保障。中华优秀传统文化能否继续传承下去，不仅在于其内在的精神与张力，还取决于传播的力度与幅度。尤其是随着国际化时代的发展，文化因素将在社会发展中的作用越来越突出，文化软实力的传播已经成为提高国家影响力不可或缺的重要因素。在走向世界的过程中，中华优秀传统文化不可避免地要在多元文化的竞争中站立脚跟，在国内与国外都要提升竞争力与影响力。因此，大力弘扬中华优秀传统文化，不仅仅要做到创造性转化与创新性发展，以拓展中华优秀传统文化的思想意蕴、提升精神境界、充实科学内涵、丰富崭新内容，推进中华优秀传统文化与社会主义现代实践相结合，赋予其新的时代内涵，激发其内在的生命力，还应探索全方位的中华优秀传统文化的传播体系，加强与现代媒体相结合的传播体系建设，加强对文化传播的载体、网络以及传播能力建设，精心构造中华优秀传统文化的话语体系，提升中华优秀传统文化的影响力、感召力、创造力、公信力。

探索全方位的文化传播体系，所有的媒体尤其是主流媒体要勇于旗帜鲜明地担负起传播中华优秀传统文化的责任。应意识到文化传播并非单纯的信息传播，而是文化思想、价值观念的传播，主流媒体作为现代社会传播体系中的骨干力量，应意识到其在大力弘扬中华优秀传统文化中的重要责任，积极发挥主流的平台优势，集中本系统内最优秀的人才、聚焦广大人民最关注的文化、开发最精彩的传播形式，让尽可能多的听众、观众与读者能够了解到优秀文化的精神，接受优秀文化的熏陶。中央电视台"百家讲坛"栏目贯彻让专家、学者为百姓服务的宗旨，利用央视强大的传播能力，通过栏目建构了一座让专家通向老百姓的桥梁，向亿万观众打开了优秀文化的一扇窗户，让无数的百姓一睹优秀文化的风采，以形象生动、通俗易懂的方式接受了优秀文化的熏陶，领略了传统文化的博大精深，达到普及中华优秀传统文化的目的，在全国产生了广泛的影响力。

探索全方位的文化传播体系，媒体应善于进行中华优秀传统文化的创新转化，通过寓教于乐、寓文于娱的形式将中华优秀传统文化充分地展现出来，使人们在轻松愉悦中受到优秀传统文化的感染。中央电视台推出的"中国汉字听写大会"，就是通过竞赛的方式将枯燥的汉字书写变成了广大观众都喜欢的节目，进而让广大观众领略到了传统文化的博大精深、丰富多彩，引发了广大观众对传统文化的关注和喜爱。《西游记》《红楼梦》《水浒传》《三国演义》等古典名著改编成电视剧进行传播，使其在短时间内有了更加广泛的传播和影响。在大力弘扬中华优秀传统文化的过程中，应注重通过各种各样的形式进行传统文化的转换，以更加多样化的路径获得更加广泛的传播。如小说、诗歌、绘画、音乐、电视、电影、话剧、游戏等，只要是现代人喜闻乐见的形式，只要能够将传统文化的精神融入其中，版面、画面、声音、文字都可以成为有效的文化传播手段。如2016年上映的国产动画《大鱼海棠》作为文化传播的有益尝试，提供了一条走进中华传统文化经典的途径，有利于引导民众亲近传统经典中所蕴含的深刻智慧。

探索全方位的文化传播体系，应在提升传统媒体传播能力的同时更加重视新媒体的作用。在中华优秀文化的传播过程中，传统媒体需要充分发挥自身的积极作用。与此同时，现代信息科学技术的发展带来了数字技术、移动通信技术、互联网信息技术，新媒体的出现丰富了传统文化的传播载体形式，其对文化传播的作用必须给予充分的重视。新媒体是主要借助于手机媒体、网络媒体等为主要传播手段的新形式，移动化的传播媒介成为主要的传播渠道。在新媒体传播的状况下，信息的传播形式、传播内容、传播对象、传播话语权、传播性质都发生了巨大的变化。在传播中华优秀传统文化的过程中，应重视对传播受众的认识和分析，了解新的信息传播模式所导致的接受心理的改变，遵循传播对象的行为习惯和思维模式进行传播。只有把新媒体传播的规律与传统文化传承的规律紧密结合，才能实现对传统文化的有效传播。手机、微信、微博、QQ这些得到广泛使用的传播工具，都应该而且可以成为传播文化的工具。传统主流媒体也要将传统传播的权威性与移动传播的便捷性紧密结合起来，利用网络平台进行优秀文化的传播。网络运营商可以在特定的节假日如春节、端午节、清明节推送关于传统文化的文字、声频、图片与视频，以此发挥传播文化的责任与使命①。游戏开发商可以通过娱乐化的手段对优秀传统文化进行创造性的开发，在生动逼真、乐趣横生的网络游戏中融入优秀的传统文化资源，甚至可以直接将传统文化经典中的神话故事资源直接作为游戏的主题，这样可以使广大青少年在娱乐中领会传统文化的精神，收到事半功倍的传播效果。

探索全方位的文化传播体系，应重视培养每一个中国人的文化传播意识，身体力行地践行中华优秀传统文化。无论是传统的传播手段，还是现代的传播手段，都只是将传统文化的博大精深呈现出来，最终必须落实到这一文化中每个个体的日常生活中。真正提升中华优秀传统文化的影响力，最终必须通过每个个体的实际行为才能达成。传播中华优秀传统化，是每一个中国人的责任。钱穆先生在其《国史新论》中讲述了丁龙的故事：一个目不识字的中国普通劳工，以其日常生活中的高尚品行，赢得美国将军的尊重，让美国将军感受到中华优秀传统文化的伟大，捐赠全部家产在哥伦比亚大学建立专门研究中华优秀传统文化的讲座②。中华文化的真正魅力，体现在对中华民族优秀精神品格的塑造上，体现在活生生的日常生活中。因此，传播中华优秀传统文化的使命，实际上每一个文化传统中的人都应承担，正是在每个个体日常生活中的一言一行中中华优秀传统文化的精神得到彰显的。因此，探索全方位的文化传播体系，应重视培养每个个体传播中华优秀传统文化的自觉意识。

七、加强立体化的政策制度保障建设

加强立体化的政策制度保障建设，是大力弘扬中华优秀传统文化的环境支撑。因为文化自信是"最基础、最广泛、最深厚的自信"，文化自信能够带来"更基本、更深沉、更持久的力量"，并且"历史和现实都表明，一个抛弃了或者背叛了自己历史文化的民族，不仅不可能发展起来，而且很可能上演一场历史悲剧"。全国人大常委会原副委员长许嘉璐曾经指出，优秀传统文化是培育民族灵魂的最好营养。加强中华优秀传统文化立体化的政策制度保障建设，也就具有了在社会主义文化强国中坚定文化自信的重大意义。

加强立体化的政策制度保障建设，是建设社会主义先进文化的客观要求。文化是国家的灵魂，文化自信是四个自信的基础，传统文化是文化自信的历史

---

① 刘彤，陈锦宣.新媒体为传统文化传播带来机遇和挑战[N].中国教育报，2014-09-24（006）.
② 钱穆.中国文化怎么走出去——从丁龙的故事说起[N].学习时报，2016-09-01（006）.

渊源，传统文化的传播是重要的历史任务和政治使命。在传统文化的传播过程中，应想方设法、千方百计为传统文化的传播打造良好的制度保障和政策支撑，既要保障传统文化的传播受到不良因素的影响，又要建立健全文化传播的激励机制与支撑机制。以此推动传统文化沿着最有利于建设社会主义文化自信的轨道前进，鼓励社会各界人士、各种组织投身到优秀传统文化的传播之中。

加强立体化的政策制度保障建设，必须深化文化体制改革。在弘扬中华优秀传统文化的过程中，需要不断提升全民族的文化创造活力，这就需要深化文化体制的改革，激发全民族的积极性、创造性，坚持文化传播过程中遵循社会主义先进文化方向。深入贯彻落实文化体制改革方案，推动相应的体制机制改革问题，以增强全民族的文化创造活力[1]。要把优秀传统文化的传播纳入各级党委的重要议事日程，贯彻好党的传统文化继承与发展政策，把握好传统文化传播的正确方向。选好配强传统文化传播的领导队伍建设，尊重传统文化传播工作者的创造性，积极营造有利于传统文化传播的良好环境。

加强立体化的政策制度保障建设，国内传统文化传播主要从以下途径入手。第一，将传统文化经典教育纳入全国教育规划之中。近年来，党中央国务院多次颁发相关文件，教育部将传统文化经典教育纳入课程教育体系之中，并对教材内容的修改与教学队伍的建设提出了具体的指导意见。中共中央党校为党政干部专门开设了传统文化专题讲座，显示了党的最高学府对传统文化的重视。第二，将弘扬传统文化纳入领导干部政绩考核的指标范围之内。为了将弘扬传统文化落实到位，提升各级领导对弘扬传统文化的重视程度，应将弘扬传统文化的效果作为重要的考核指标，以此推动各地各行深入开展弘扬传统文化的活动。第三，利用各种社会活动积极营造弘扬传统文化的社会支撑体系。建立中国传统文化资源数据库，促进传统文化资源的开发与推广[2]；引导现代文化产业将传统文化精神与流行文化相结合，通过对传统文化的形式创新提升受众的接受效果；加大对文化工程的建设力度，对卓有成效的传统文化传播践行个体与组织进行积极的鼓励与扶持。如作为美国著名的非营利性出版机构，美国文库（Library of America）通过对经典的长久印刷来保存美国的文化遗产，

---

[1] 沈壮海.文化强国建设中的中国逻辑[N].人民日报，2016-09-21（007）.
[2] 熊澄宇.文化生产力彰显文化自信[N].人民日报，2016-10-20（007）.

以非常低廉的价格提供权威校订的作品，有利于文化的传承。辽宁教育出版社的"新世纪万有文库"着眼于文化的普及和传播，提供关于传统文化价格低廉、编选精良的书籍，也有利于文化的传播。台湾商务印书馆出版的《文渊阁四库全书（电子版）》实现了古籍文本的电子化，受众可以随时网络阅读、下载打印，对于传统文化传播助益匪浅。从文化传播与教化的角度考虑，政府应加强投入，主动推动经典书籍的电子化工程。生活·读书·新知三联书店学习台湾诚品书店 24 小时经营模式，创造了文化传播的新途径，得到了国务院总理李克强的致信鼓励与北京市政府的拨款支持。

　　加强立体化的政策制度保障建设，国外传统文化传播主要从以下途径入手。第一，积极参与国际话语体系的建构，推动优秀传统文化走向世界的战略。如从 2004 年开始出现在世界各地的孔子学院与孔子课堂是中华优秀传统文化进行国际传播的重要举措。根据国家汉办的统计，截至 2015 年 12 月 1 日，我国已经在全球 134 个国家（地区）建立了 500 所孔子学院和 1000 个孔子课堂，各地的孔子学院（课堂）结合各地的具体需要，进行丰富多彩的教学活动与文化活动，业已成为世界各国学习中华优秀创文化、了解当代中国社会建设的重要场所。第二，以各种经济活动、政治活动、文化活动为载体，开展多种多样的文化交流互动，弘扬中华优秀传统文化。在与各国各地的经济贸易往来过程中，融入中华优秀传统文化的因素，将经济活动与弘扬文化结合起来。在与各国开展外交活动的过程中，进行文化的交流与宣传，如"中法文化年""中英文化年""中拉文化年""中卡文化年""中埃文化年""中印友好年"等，在国外重要的文化城市举办"中国文化节"。在国际文化活动中，加强中华传统文化的输出力度，以多样化的形式展现中华传统文化的魅力。第三，重视经典文本与重要著作的翻译活动，举办主动对外传播中华优秀文化的常规活动。中华文化最早传播到西方世界，是由传教士翻译成外文带到国外开始的。译本是国外民众了解中华古典文化的有效途径。因此，应组织专家学者以中华文化经典为素材编撰更多适合不同国家文化背景的人的文化丛书，促进中华文化向更大范围传播。开始于 1995 年的《大中华文库》是我国历史上首次系统地向世界推广中华优秀传统文化的国家重大出版工程，从我国先秦至近代以来在文化、哲学、历史、经济、军事、科技等领域最具有代表性的经典著作近百种翻译成英文，向全世界展现中华文化的主要内容。自 2010 年设立的中华学术外译项目则旨在从学术理论研究方面入手，推动我国哲学社会科学优秀成果走向世界，增加国外对中华优秀传统文化与中国当代哲学社会科学的了解，提高中国文化的国际影响力。

八、把中华优秀传统文化传承融入党的建设中

必须把握其本质要求和内在规律，着力创新融入理念、融入路径、融入方式方法，探求一条可行的融入路径。进而真正实现人心见行动，使党员和各级党组织成为忠实继承和弘扬中华优秀传统文化的先锋模范和坚强堡垒。

（一）积极探索中华优秀传统文化融入规律

着眼于保持和发展党的先进性和执政能力，把中华优秀传统文化传承融入党的建设全过程，必须坚持以党的执政能力建设和先进性建设为主线。这是由中国共产党的性质、宗旨决定的。离开党的执政能力建设和先进性建设，人民和时代赋予党的庄严使命的完成便无从谈起，党的执政成效便无法得以检验。加强党的执政能力建设和先进性建设，既是中华优秀传统文化传承的基本要求，又是中华优秀传统文化得以传承的根本保证，更是使广大党员干部成为中华优秀传统文化传承典范的内在需要。重视对党自身的文化研究、总结、概括、提炼，纯洁党的文化环境，形成系统完备的文化先进性体系，进一步发扬光大党的革命文化传统，加快党内文化社会化进程，发挥党的文化体系科学性、先进性的引领、引导作用。

坚持马克思主义意识形态领域的指导地位。坚持以马克思主义为指导，是事关文化发展全局的根本问题，只有这样，才能打牢中国特色社会主义文化发展的根基。尤其在当今社会思想更加多样、社会价值更加多元、社会思潮更加多变的历史条件下，其重要性和紧迫性更加凸显。在中华优秀传统文化传承融入党的建设全过程中，离不开马克思主义这个有力的理论指导，但这并不否定马克思主义与中国文化优良传统相结合。妥善处理好马克思主义中国化与中国传统文化的关系，是中华优秀传统文化传承融入党的建设全过程必须深入思考且回答好的重要问题。解决好这个问题，必须扫除观念上的障碍。当前，对待中国传统文化有两种错误观点：一种观点认为，中国共产党是中国传统文化的破坏者；一种观点认为，马克思主义中国化实际就是马克思主义封建化、儒家化。要对上述两种观点进行批判，必须予以澄清，必须以马克思主义审视中国

文化系统，把中国传统文化的自身的、本有的价值意义凸显出来，必须以马克思主义的科学性、现实性补充中国传统文化，使中国传统文化本身更为充实，使马克思主义在和中国传统文化的结合中生命力更为长久。

把握弘扬中华文化重点促其向现代性转化。党的建设是一个长期的系统工程，这需要不断地开发和利用中国优秀传统文化资源，不断地对其进行现代性转化，使其满足不断变化着的党的建设的新形势、新要求。然而，由于中国传统文化是一个包含着诸多因素的思想体系，表现其精神的思想观念异彩纷呈、多种多样，甚至有一些是阻碍社会进步的落后的、反动的传统文化。为此，要依据新情况，区别对待，有重点地把握我们所弘扬的优秀传统文化的精神要义。当前，要把中华文化中爱国主义、团结统一、热爱和平、独立自主、自强不息、英勇奋斗、天下为公、知行合一、自我修养、恪守信义、勇于创新等精髓、内核和那些内涵科学、民主、法治、德治等与时代吻合的基本精神融入党的建设中，并根据变化着的世情、国情、党情新的实践的需要，对其进行现代性改造和转化，使之具有时代品格，使之实现与世界文明对话，与外来文化综合创新，成为适应中国当代社会发展需要的现代新文化。

（二）健全共同弘扬中华传统文化工作机制

健全领导机制，改进党对文化工作的领导方法。加强和改进党对文化工作的领导，是建设共有精神家园、推进文化创新发展的根本保证和必然要求。要营造弘扬中华传统文化的良好氛围，把中华优秀传统文化传承融入党的建设。作为各级党委和政府的重要责任，把中华优秀传统文化传承成效纳入党的建设考核评价体系，作为衡量领导班子和领导干部文化建设业绩的重要依据；制定弘扬中华文化，建设中华民族共有精神家园实施纲要；要为中华优秀传统文化传承提供坚强的政治、思想、组织人才保证；进一步提高领导文化建设历史使命的责任意识与本领；在发展目标、发展动力、发展举措上进行科学的顶层设计；加强文化领域的基层党组织建设和党员队伍建设，重视并发挥文化领域非公有制经济组织、新社会组织党组织的建设作用。

着力整合资源，形成弘扬中华优秀文化的强大合力。弘扬中华文化，是中华民族、全党和全社会的共同事业。要进一步建立健全党委统一领导、党政齐抓共管、宣传部门组织协调、有关部门分工负责、社会力量积极参与的工作体制。要不断健全任务责任、监督管理、服务协调、社会参与机制，调动各方面力量，让蕴藏于人民的文化创造激情得以持续迸发，让一切文化创造的源泉竞相涌流，让一切文化创造的成果得到充分运用。要支持人大、政协履行职能，调动各部门积极性，支持民主党派、无党派人士和人民团体发挥作用。特别是要推动文联、作协、记协等文化领域人民团体的创新管理、组织形式和活动方式，履行好联络协调服务职能，以共同弘扬中华文化。要增强协调力，形成整体联动互相配合的良好局面；要增强执行力，真正把各项工作落到实处。

尊重人民主体地位，发挥人民群众文化创造的积极性。中国共产党在90多年长期的革命、建设、改革实践中，对中华文化的发展、融入现代化的伟大贡献之一，就是逐步深化完善了"人民当家做主"和"文化主体属于人民"的思想。尊重人民主体地位，把顺应人民的道义作为主流文化的历史使命。

党的十七届六中全会从战略和全局出发，旗帜鲜明地提出"发挥人民群众文化创造积极性"这一重要思想。其是马克思主义群众观在文化领域的具体运用，是社会主义先进文化本质特征的生动体现。遵循人民主体原则，把人民群众的积极性、主动性、创造性引导好、保护好、发挥好，要在热爱群众、深入群众、了解群众的基础上，广泛开展群众性文化活动，既要为广大群众弘扬中华传统文化提供广阔舞台，把中华优秀传统文化传承与提高社区文化、村镇文化、企业文化、校园文化等建设水平有机结合，又要精心培育植根群众、服务群众的文化载体和文化样式，健全鼓励人民群众文化创造的制度机制，及时总结、推广来自群众、生动鲜活的文化创新经验和好做法，大力宣传涌现的先进典型。

（三）建设党内中华优秀传统文化传承体系

提高党员干部文化保护、利用与弘扬并重的意识。党员干部在传统文化素养上存在着传统文化历史知识结构不完善，理解不到位、不够准确，个体传统文化素养差异大，保护、利用与弘扬并重意识缺失等短板。因此，应强化传统文化载体，开展以"提升传统文化素养"为主题的传统文化养成活动，为提高党员干部传统文化修养搭建平台；把党员干部传统文化修养水平纳入干部综合素质的考核；大力推动中华优秀传统文化研究，加强文化典籍整理和出版工作，抓好非物质文化遗产保护传承。开展好少数民族特色文化保护工作，着力部署推进中华文化走向世界实施规划；加快发展文化产业，建构现代文化产业体系，进一步推进文化科技创新。增加文化消费总量，提高文化消费水平，推

· 51 ·

动文化产业跨越式发展。

　　深入开展党员干部中华优秀传统文化教育的普及活动。以提高党员干部思想道德修养和人文素质为主要目标，不断探索党内中华优秀文化教育实践。发挥党校、行政学院、社会主义学院等各类党员干部教育在文化传承创新中的基础性作用，切实提高担当干部教育培训任务教师的"国学"修养和中华文化与学术的功底，开设优秀传统文化专门课程，增加干部教育优秀传统文化课程内容，建设一批党员干部优秀传统文化教育教学研究基地；充分利用文化馆、博物馆、图书馆、美术馆、科技馆、纪念馆等公共服务设施，利用好民族传统节日文化、红色资源和国庆节、"七一"建党、"八一"建军等重要节日、纪念日，广泛开展热爱党、热爱祖国、热爱人民、热爱社会主义的主题宣传教育活动。拓展党员干部中华优秀传统文化教育阵地，普及革命传统文化教育；积极推动优秀传统文化"进机关""进社区（村组）""进家庭""进学校""进企业""进两新组织""进头脑"，让党员干部浸润在浓厚的传统文化氛围中。

　　提高党员干部利用现代科学技术传播中华文化的能力。文化的影响力不仅取决于内容是否具有独特魅力，而且取决于是否具有先进的传播手段和强大的传播能力。信息时代，现代科学技术的蓬勃发展，为实现文化融合、创造新文明提供了有利条件，而创造新文明为中华民族文化的伟大复兴提供了新契机。爱因斯坦曾说，事物的这种真理必须一次又一次地为强有力的人物重新加以刻勒，而且总是使之适应于雕塑家为之工作的那个时代的需要，如果这种真理不能被不断地重新创造出来，它就会被我们遗忘掉。我们既要看到信息时代和现代科学技术拓展了中国传统文化传播渠道，带来全新的手段，又要看到所带来的新挑战。

　　党员干部必须利用现代科学技术优势，自觉地提升运用现代技术特别是网络媒体的能力，必须促进技术先进、传输快捷、覆盖广泛的现代传播体系的构建，大力推进电信网、广电网、互联网三网融合，加快传统文化的数字化数据库建设、数字化出版、网络化应用、通俗化传播步伐，大力推进中华优秀传统文化瑰宝的网络传播，发挥各类信息网络设施的文化传播作用，促进传统文化有序、有效地传播。

　　（四）形成有机融入和有效融入的体制机制

　　健全中华优秀传统文化的党内全覆盖融入机制是顺应国际国内形势变化和

加强党的自身建设的需要。由于党员的先进性客观上存在着不平衡性，党员干部在利益诉求和对思想文化成果的接受途径和接受方式等方面表现出多样性，在融入的进程中，必须增强针对性，否则，达不到理想的融入效果。所谓党内全覆盖融入机制，就是指中华优秀传统文化对党的各级组织、党的建设阵地的覆盖和有效控制系统。以提高党的建设科学化水平、实现党的核心价值目标、发挥党员干部的先锋模范作用、维护党的形象、增强党的执政能力为立足点，把中华优秀传统文化传承融入党的建设总体布局、以改革创新精神加强党的建设的全过程，全心全意为人民服务，践行党的根本宗旨的全过程，创先争优活动保持党的纯洁性的全过程，党的作风建设的全过程，建设学习型党员、学习型党组织、学习型政党的全过程中。通过体制建设和机制建构，使中华优秀传统文化传承融入党的建设全过程，贯穿到媒体传播、精神文化产品生产、党员日常工作生活、党内法规制定和党务管理之中，使中华优秀传统文化的精髓要义贯穿到党的思想、组织、制度、作风、反腐倡廉、先进性建设中去。同时。针对新时期党员和干部的思想需求和行为特征，以行之有效的科学融入方法，以先进的科学技术手段，建立一整套适应不同层次、不同传播渠道、贴近生活、贴近党员群众、贴近实际的，为党员群众所喜闻乐见的表现形式，使中华优秀传统文化真正入心、进脑、见行动。

　　健全中华优秀传统文化自我发展的舆论引导机制。思想的地位最终取决于思想本身的力量。中华优秀传统文化能否为中华民族发展壮大提供强大精神力量，能否教育人民、服务社会、推动发展，其关键是靠自身的魅力，而无穷魅力的增强则需要自我发展，向现代化转化。在全球化宏大语境下，当今中国社会思潮呈现出古今交汇、中外碰撞、异同争鸣、演变加速、纷繁复杂的发展态势。当下的中国社会生活和实践，是中国传统文化转化的立足点，以能够回答和解决当下社会的现实问题，是其转化的重要尺度和标准。中国传统文化的现代转化要坚持现代化、全球化的视角，必须朝着理性、科学、人道主义的方向努力，必须克服"文化部落（原教旨）主义"和"文化帝国（霸权）主义"这两种不良倾向，其关键是汲取传统文化的精义，培育其现代性价值。促进其现代转型，为现代文化建设服务。中国传统文化的现代转化，是一个充满了反抗、调适、整合和重建的过程，这当中需要正确看待中国传统文化的变化。当前，正如有关专家所说，"近年来，文化发展的一个基本特点就是传统文化的复兴"。面对中国传统文化的复兴，要进行冷思考，防止其商业化，对中国传统文化与现代中国人的价值观念之间的联系不能夸大，把握好分寸；要利用各种有效舆论宣传载体对各种社会思潮开展深入的解读和辨析，对各种思潮产生的社会根源和发生作用的制度背景进行客观揭示，使人民群众了解各种社会思潮的本质，引导公众对社会思潮树立正确的态度。

　　健全融入动力激励、政策保障与经费保障机制。加快建立健全党委领导、政府管理、行业自律、社会监督、企事业党委依法运行的文化管理体制，建立动力激励机制，保证党对文化建设的决策落到实处；加强中华优秀传统文化传承队伍建设，努力培养出一大批传承中华优秀传统文化的大师、泰斗、巨匠和领衔人物；加快文化立法，制定和完善文化公共服务保障、文化遗产保护、文化开发利用、文化市场管理等方面的法律法规。依法保护文化改革成果；进一步落实好支持中华优秀传统文化保护、开发、利用、研究、创新的经济政策，加大财政、税收、交融、用地等方面对中华优秀传统文化传承的政策扶持力度；切实增加对国家重大文化和自然遗产地、重点文物保护单位、非物质文化遗产的投入，加大对革命文物、红色旅游和少数民族特色文化保护开发、宣传传播力度；设立弘扬中华文化专项基金，逐步扩大规模，对中华优秀传统文化传承做出贡献的予以表彰，对中华优秀传统文化传承不力的要予以惩处，并责令整改。多渠道融资，支持社会组织、机构、个人捐赠弘扬中华文化事业。

第二节　继承和发扬革命文化

　　习近平总书记在建党九十五周年讲话中指出，今天，我们回顾历史，不是为了从成功中寻求慰藉，更不是为了躺在功劳簿上、为回避今天面临的困难和问题寻找借口，而是为了总结历史经验、把握历史规律，增强开拓前进的勇气和力量。从总书记的讲话中，我们体会到革命文化是我党在长期的革命斗争实践中形成的宝贵精神财富，是我们的立国、传家之宝。是凝聚着共产党人和革命群众独特思想和精神风貌的文化。革命文化蕴含着丰富的革命精神和厚重的历史文化内涵，它既植根于中华优秀传统文化，又成为社会主义先进文化发展的直接来源。我们学习和继承革命文化重在总结历史经验,重在把握历史规律,重在汲取勇气和力量。

一、中国革命斗争实践的结晶

革命文化就是在革命战争年代发展形成的以高度的文化自觉、文化认同、文化引领为标志的马克思主义中国化的新文化。是唤醒亿万民众的文化、是激发革命热情的文化、是引领革命方向的文化、是克服艰难险阻的文化。表现为首创文化、为民文化、斗争文化、奋斗文化以及奉献文化等。革命文化是马克思列宁主义文化的题中应有之意。1883年3月17日,恩格斯在悼念马克思的演说中指出,正像达尔文发现有机界的发展规律一样,马克思发现了人类历史的发展规律。马克思首先是一个革命家。他毕生的真正使命,就是以这种或那种方式参加推翻资本主义社会及其所建立的国家设施的事业,参加现代无产阶级的解放事业,正是他第一次使现代无产阶级意识到自身的地位和需要,意识到自身解放的条件。列宁是马克思主义最伟大也是最成功的实践者,在小农经济为主的俄罗斯率先夺取了政权,建立了第一个无产阶级专政的社会主义国家。十月革命的一声炮响给我们送来了马克思列宁主义。于是苦难深重的中国从洋务运动、维新变法到辛亥革命再到军阀混战的苦难之中,看到了希望和光明!新中国成立前夕,毛泽东同志曾将革命文化称为"中国人民学会了的马克思列宁主义的新文化"。他深刻地指出,自从中国人学会了马克思列宁主义以后,中国人在精神上就由被动转入主动。

近代中国,国家积贫积弱,人民饱受磨难。在旧民主主义革命时期,为了拯救国家和民族,无数仁人志士进行了长期的探索和斗争,但都无法从根本上改变中国人民的悲惨命运。中国共产党勇敢地担负起历史重任,为了民族独立和国家解放,为了中国人民摆脱被奴役的命运不懈奋斗并付出重大牺牲,最终建立了新中国。革命文化是中国共产党与中国人民革命斗争实践的文化结晶,它彰显了中国革命的光辉和伟大。

早在1940年1月,毛泽东在陕甘宁边区文化协会第一次代表大会上发表演讲时,就指出了革命文化的内涵、作用与特点:革命文化,对于人民大众,是革命的有力武器。革命文化,在革命前,是革命的思想准备;在革命中,是革命总战线中的一条必要和重要的战线。而革命的文化工作者,就是这个文化战线上的各级指挥员。毛泽东在这里所讲的革命文化，指的是"新民主主义的文化"，当时这篇演讲的题目是《新民主主义的政治与新民主主义的文化》，后来在延安出版的《解放》上登载时，题目改为《新民主主义论》。这部著作是马克思主义中国化的经典之作。毛泽东总结了鸦片战争特别是中国共产党成立以来中国革命的经验教训，全面论述了我们党领导的新民主主义革命的理论。毛泽东强调，"所谓新民主主义的文化，一句话，就是无产阶级领导的人民大众的反帝反封建的文化"，其特点就是"民族的科学的大众的文化"。这个特点也表明了革命文化与中华优秀传统文化之间的关系。毛泽东强调，中国现时的新文化也是从古代的旧文化发展而来，因此，我们必须尊重自己的历史，决不能割断历史，清理古代文化的发展过程，剔除其封建性的糟粕，吸收其民主性的精华，是发展民族新文化、提高民族自信心的必要条件。

革命文化植根于中华优秀传统文化，传承并弘扬了中华优秀传统文化。中国是有着5000多年悠久历史的文明古国，曾经出现过许多很有影响力的思想和文化成果。2000多年前，中国就出现了诸子百家的盛况，老子、孔子、墨子等思想家上究天文、下穷地理，广泛探讨人与人、人与社会、人与自然关系的真谛，提出了博大精深的思想体系。一系列的中华优秀传统文化，历经一代代中国人的传承与发展，积淀成悠久而深厚的文化资源，如孝悌忠信、礼义廉耻、仁者爱人、与人为善、天人合一、道法自然、自强不息等。回顾我们党的历史，中国共产党在革命斗争年代所形成的"井冈山精神""长征精神""延安精神""西柏坡精神"，以及遍及全国各个角落的各具地方特色的红色文化、先进集体与英雄人物等，正是中华优秀传统文化与中国共产党革命斗争实践相结合的时代产物。在纪念红军长征胜利80周年大会上，习近平总书记指出，伟大长征精神，就是把全国人民和中华民族的根本利益看得高于一切，坚定革命的理想和信念，坚信正义事业必然胜利的精神；就是为了救国救民，不怕任何艰难险阻，不惜付出一切牺牲的精神；就是坚持独立自主、实事求是，一切从实际出发的精神；就是顾全大局、严守纪律、紧密团结的精神；就是紧紧依靠人民群众，同人民群众生死相依、患难与共、艰苦奋斗的精神。他强调，伟大长征精神，是中国共产党人及其领导的人民军队革命风范的生动反映，是中华民族自强不息的民族品格的集中展示，是以爱国主义为核心的民族精神的最高体现。其他革命精神与文化，与长征精神一样，都是对中华优秀传统文化的传承与升华,它们一起汇聚成中国共产党与中国人民的优良精神传统。

二、社会主义先进文化的重要基因

革命文化在社会主义革命和建设中发挥了重大作用。中国共产党把马克思主义与中国社会主义实践相结合,在毛泽东思想的基础上,形成了邓小平理论、"三个代表"重要思想、科学发展观,科学回答了什么是社会主义、怎样建设社会主义,建设什么样的党、怎样建设党等重大问题。党的十八大以来,以习近平同志为核心的党中央形成了一系列治国理政新理念新思想新战略,创造出中国特色社会主义理论体系的最新成果,成为中华民族伟大复兴的科学理论指导和行动指南。在几十年的社会主义实践中,中国共产党领导中国人民取得了举世瞩目的伟大成就,其中所孕育的社会主义先进文化体现了人类文明发展的进步方向,具有强大的生命力。革命文化是社会主义先进文化的重要基因和直接来源,在当代社会主义建设中不断焕发出勃勃生机,为坚定不移走中国特色社会主义道路提供了重要的精神支持。

1980年12月25日,邓小平在中共中央工作会议上指出,在长期革命战争中,我们在正确的政治方向指导下,从分析实际情况出发,发扬革命和拼命精神,严守纪律和自我牺牲精神,大公无私和先人后己精神,压倒一切敌人、压倒一切困难的精神,坚持革命乐观主义、排除万难去争取胜利的精神,取得了伟大的胜利。搞社会主义建设,实现四个现代化,同样要在党中央的正确领导下,大大发扬这些精神。如果一个共产党员没有这些精神,就决不能算是一个合格的共产党员。不但如此,我们还要大声疾呼和以身作则把这些精神推广到全体人民、全体青少年中间去,使之成为中华人民共和国的精神文明的主要支柱,为世界上一切要求革命、要求进步的人们所向往,也为世界上许多精神空虚、思想苦闷的人们所羡慕。邓小平所倡导的这"五种精神",为革命文化在社会主义建设时期的时代价值做了十分精辟的阐释,也显示了中国共产党人对革命文化的高度自信。

2005年6月21日,时任浙江省委书记的习近平同志在《光明日报》上刊发署名文章《弘扬"红船精神"走在时代前列》,系统阐述了"红船精神",认为"红船精神"是中国革命精神之源。他将"红船精神"的内涵高度提炼为:开天辟地、敢为人先的首创精神,坚定理想、百折不挠的奋斗精神,立党为公、忠诚为民的奉献精神。开天辟地、敢为人先是一种气魄，更是一种大无畏的追求！在中国共产党的革命历程中又相继诞生了井冈山精神、长征精神、抗战精神、延安精神、西柏坡精神等，正是这种革命精神构成了中国革命波澜壮阔的历史画卷，中国共产党才创造了世界瞩目的东方奇迹！

今天，我们发展社会主义先进文化，必须继承和发扬党和人民从五四运动以来形成的革命文化传统，倍加珍惜革命文化，积极坚守与弘扬革命文化传统。

在社会主义建设时期所形成的雷锋精神、大庆精神、两弹一星精神、载人航天精神、北京奥运精神、抗震救灾精神，以及涌现出来的一批批先进群体与英雄模范，正是新时代传承革命文化的集中体现。革命文化的优良传统与新的时代结合，使社会主义先进文化呈现出更加鲜明的中国特色。传承革命文化，重温革命斗争年代的革命精神，并将其融入社会主义先进文化的发展过程中，可以增强社会主义先进文化的凝聚力，增强人们的精神文化底蕴，使我们更加从容地应对外来文化的挑战。

三、实现中国梦必须弘扬革命文化

新的历史条件下，革命文化依旧是激励中国人民矢志不渝、开拓进取的强大精神支柱，也是我们建立文化自信的一种重要的精神资源。我们需要深入挖掘与弘扬革命文化的意义和价值。革命文化倡导崇高的思想境界和高尚的道德情操，广泛传播革命文化有利于革命精神深入人心。革命文化也是学校与社会开展思想政治教育工作的有效载体。在祖国的大江南北，革命文化资源生动丰富，极富感染力，一处处革命旧址、一件件红色文物、一个个革命英雄人物，都折射出崇高理想、坚定信念、爱国情操的光芒。2016年2月，习近平总书记在瞻仰井冈山革命烈士陵园时动情地说，每次来缅怀革命先烈，思想都受到洗礼，心灵都产生触动。回想过去那段峥嵘岁月，我们要向革命先烈表示崇高的敬意，我们永远怀念他们、牢记他们，传承好他们的红色基因。

革命文化彰显了中国共产党人对理想信念的无比忠诚，凝聚了中国人民深沉的爱国情怀。弘扬革命文化，能够坚定我们的共产主义信念，增强爱国主义热情。相反，否定革命文化传统，割断历史，必然会使人民思想混乱，最终丧失前进的动力。要实现中华民族伟大复兴的中国梦，必须坚守与弘扬革命文化,传承红色基因,培育一代又一代的革命接班人。正如习近平总书记所指出的,我们要沿着革命前辈的足迹继续前行,把红色江山世世代代传下去。革命传统教育要从娃娃抓起,既注重知识灌输,又加强情感培育,使红色基因渗进血液、浸入心扉,引导广大青少年树立正确的世界观、人生观、价值观。

具体地讲,革命文化首先是马克思主义与中国实际相结合的文化,是一种求索文化、首创文化。中华民族有着辉煌的过去。然而,自1840年鸦片战争以后,中华民族便逐渐陷入苦难的深渊,中国的文化软实力也随之跌到谷底,这是富有进取心和自尊心的中华民族所不能接受的。于是,实现中华民族伟大复兴便成为近代以来中国人民梦寐以求、舍身奋斗的理想。为此,中国的仁人志士选择了以西方资本主义为师。先有洋务派对于资本主义"长技"的仿效,再有维新派对于君主立宪制的追求,后有革命派对于民主共和制的探索。一直到陈独秀、李大钊,起初也是主张以美国独立战争、法国大革命和俄国二月革命为"吾民之师资""以厚我共和政治之势力"。但是,这些探索无一不以铩羽饮恨而告终。俄国十月革命的胜利,给中国送来了马克思列宁主义,从而启示中国人民:在资本主义已经形成世界体系的历史条件下,必须跳到资本主义的体系和制度之外去寻求民族独立、人民解放的道路,必须在科学社会主义的指导下解决中华民族伟大复兴的问题,从而开启了马克思主义与中国实践相结合的新的征程。

其次,革命文化是一种唤醒文化,其唤醒民众、启迪思想。1840年鸦片战争以来的中国近代史可以说是一部屈辱的历史,中国由天朝上国一步步沦为半殖民半封建社会,饱受列强欺凌,民不聊生。在文化上也出现了前所未有的自卑甚至全盘否定思潮。可以说胡适的论调最为典型,我们必须承认我们自己百事不如人,不但物质机械上不如人,不但政治制度不如人,并且道德不如人,知识不如人,文学不如人,音乐不如人,艺术不如人,身体不如人。北洋军阀统治前期,在中国满布阴霾的天空中,响起一声春雷,爆发了一场崇尚科学、反对封建迷信、猛烈抨击几千年封建思想的文化启蒙运动——新文化运动。新文化运动的影响一直及于1949年前后,它在文化氛围上,打破了封建旧文化的统治地位,以改良过的欧美新文化替代了旧文化,启迪了民智,沟通了东西方文化交流,使中国对西方的理解深入了一个层次;在思想上,进一步打击了封建专制思想,传播了西方民主、自由精神;在政治上,为中华民族培养了一大批关心国事、图存图强的现代人才。新文化运动是一次前所未有的思想解放和启蒙运动，为马克思主义在中国的传播开辟了道路。2014年习近平总书记访问法国时说，拿破仑说过，中国是一头沉睡的狮子，当这头睡狮醒来时，世界都会为之发抖。中国这头狮子已经醒了，但这是一只和平的、可亲的、文明的狮子。拿破仑用"睡狮"来形容五四运动以前的中国，这是对那时国人精神的被动状态的形象描画。然而，自从中国有了共产党，激活了中国革命文化的基因以后，这头"睡狮"便一跃而起，把懵懂、委顿远远抛到了历史的垃圾堆！

最后，革命文化是一种引领文化，激励文化，是一种精神的寄托和追求。土地革命战争时期的井冈山精神充分体现了在大革命失败后的极端白色恐怖下，中国共产党人的情操和信念、理想和追求，它突出体现在：胸怀理想、坚定信念，这是井冈山精神的精髓。实事求是、勇闯新路，这应该是井冈山精神的核心。艰苦奋斗、敢于胜利，这是井冈山精神的重要内容。依靠群众、无私奉献，这是井冈山精神在人生观价值观和道德情操上的具体体现。西柏坡精神则是在如火如荼的革命高潮中产生的，那时面临的情况更复杂、更具体，作为我党夺取政权前最后一个农村指挥部，西柏坡精神的实质主要体现在：两个"敢于"（敢于斗争，敢于胜利）的革命精神；两个"善于"（善于破坏旧世界，善于建设新世界）的科学精神；两个"坚持"（坚持依靠群众，坚持团结统一）的民主精神；两个"务必"（务必保持谦虚谨慎的作风，务必保持艰苦奋斗的作风）的创业精神等。党中央入住西柏坡后，为了解决西柏坡电力问题，从1947年6月20日动工，到1948年1月20日竣工，7个月的时间，设计人员仅凭一本日文版技术书籍，自行设计了水轮机，靠着军民肩挑背扛，在极其艰苦的条件下，就建成了水电站。朱德同志亲自为水电站剪彩并按下电钮启动了我党首个发电站。据说这个水力发电站现在还在使用中，只不过换上了现代化的设备，原址上建成了博物馆供后人参观景仰。

诚然，革命文化也要与时俱进。从开天辟地的"红船精神"到创立第一个农村根据地的井冈山首创精神，从"万水千山只等闲"的长征精神再到凝聚着抗大精神、整风精神、南泥湾精神、白求恩精神、张思德精神、愚公移山精神的延安精神。这些都是中国精神的重要组成部分，也是中国传统文化的凝聚和发扬，每一步都是探索，每一步都在进步。毛泽东同志的两首词，可以深切地感受到长征文化：一是《忆秦娥·娄山关》："西风烈，长空雁叫霜晨月。霜晨月，马蹄声碎，喇叭声咽。雄关漫道真如铁，而今迈步从头越。从头越，苍山如海，残阳如血。"二是《七律·长征》："红军不怕远征难，万水千山只等闲。五岭逶迤腾细浪，乌蒙磅礴走泥丸。金沙水拍云崖暖，大渡桥横铁索寒。更喜岷山千里雪，三军过后尽开颜。"前一首创作于关乎红军生死存亡的娄山关战役之后，后一首写于红军长征即将结束之时。前者表现了作者面对失利和困难从容不迫的气度和博大胸怀，后者体现了一代伟人气吞山河的豪迈气概！因此，学习发扬革命文化，必须将革命文化放到具体的历史空间来全面把握和理解，不能机械地、形式主义地学习模仿。

第三节　发展社会主义先进文化

先进文化的内涵是指面向现代化、面向世界、面向未来的，民族的科学的大众的社会主义文化。其价值取向是有利于个人、家庭、国家、全人类的和谐与全面协调可持续发展，使人们在心灵自由、身体健康、财富自由等方面获得最大满足，全球一体，最终实现多民族、多文化相互尊重、竞争和并存而共荣，统一在唯一宇宙之下的共产主义。

社会主义先进文化是以马克思列宁主义、毛泽东思想、邓小平理论、"三个代表"、科学发展观、习近平新时代中国特色社会主义思想为指导，牢牢把握社会主义先进文化的前进方向，紧紧围绕实现全面建设小康社会宏伟目标和构建社会主义和谐社会的要求，弘扬以爱国主义为核心的民族精神和以改革创新为核心的时代精神，树立新的文化发展观，解放思想、实事求是、与时俱进、开拓创新，发展面向现代化、面向世界、面向未来的民族的科学的大众的社会主义文化，不断满足人民群众日益增长的精神文化需求，努力培育有理想、有道德、有文化、有纪律的社会主义公民，提高全民族的思想道德和科学文化素质，促进人的全面发展和社会全面进步的文化；是服从和服务于党在社会主义初级阶段的基本路线、为改革开放和社会主义现代化建设提供精神动力的文化；是弘扬民族精神、凝聚各族人民的意志和力量，积极、健康、向上的文化。在这个问题上，就要旗帜鲜明地讲清楚先进和落后问题。社会主义先进文化不是天然的，也不是一下子形成的，是在社会主义建设特别是改革开放的伟大实践中，经过人民群众的实践检验不断修正形成的，经历了实践认识再实践再认识的过程。

1978年党的十一届三中全会后，邓小平同志认真总结了中国社会主义道路探索中的问题，结合马克思主义普遍真理，提出建设中国特色的社会主义的伟大理论，是马克思主义普遍真理与中国的国情相结合的伟大产物，是当代中国的马克思主义。邓小平理论第一次比较系统地初步回答了中国社会主义的发展道路、发展阶段、根本任务、发展动力、外部条件、政治保证、战略步骤、党的领导和依靠力量等一系列基本问题，指导制定了在社会主义初级阶段的基本路线。贯通哲学、政治经济学、科学社会主义等领域，涵盖经济、政治、科技、教育、文化、民族、军事、外交、统一战线、党建等方面的完备的科学体系，是符合中国国情的先进文化，代表了党和人民的根本利益。因此，中国先进文化的核心和根本内涵，即是以马克思主义和以邓小平理论为指导核心，结合中国国情，进行有中国特色的社会主义建设，可以称之为社会主义先进文化。

习近平总书记指出，文艺是时代前进的号角，最能代表一个时代的风貌，最能引领一个时代的风气。"文变染乎世情，兴废系乎时序。"在欧洲文艺复兴运动中，但丁、彼特拉克、薄伽丘、达·芬奇、拉斐尔、米开朗琪罗、蒙田、塞万提斯、莎士比亚等文艺巨人，发出了新时代的啼声，开启了人们的心灵。在谈到文艺复兴运动时，恩格斯说，这是一个需要巨人而且产生了巨人——在思维能力、热情和性格方面，在多才多艺和学识渊博方面的巨人的时代。在我国发展史上，包括文艺在内的文化发展同样与中华民族发展紧紧联系在一起。先秦时期，我国出现了百家争鸣的兴盛局面，开创了我国古代文化的一个鼎盛期。20世纪初，在五四新文化运动中，发端于文艺领域的创新风潮对社会变革产生了重大影响，成为全民族思想解放运动的重要引擎。

社会主义先进文化必须是时代前进的号角，是最能代表一个时代的风貌，最能引领一个时代风气的文化。纪录片《路遥》的制片人吴建荣这样评价《平凡的世界》：这是路遥给中国文学创造的神话，不仅是一个呈现在眼前的小说世界，以及他笔下的人物栩栩如生地活在我们中间，还打开了一扇精神世界的大门，人生格局就此改变：空阔、宽容、坚硬、柔软、写实，这是一部集大成的作品。

在抗战作品充斥荧屏的大背景下，为什么《亮剑》能够脱颖而出？因为它体现了一种精神、一种信仰，即亮剑精神。用《亮剑》电视剧中主人公李云龙的话讲：古代剑客们在与对手狭路相逢时，无论对手有多么的强大，就算对手是天下第一的剑客，明知不敌，也要亮出自己的宝剑。即使是倒在对手的剑下，也虽败犹荣，这就是亮剑精神。任何一支部队都有着它自己的传统。传统是什么？传统是一种性格、是一种气质！这种传统与性格，是由这种部队组建时首任军事首长的性格与气质决定的。他给这支部队注入了灵魂。从此不管岁月流逝、人员更迭，这支部队灵魂永在。这是什么？这就是我们的军魂，我们国家进行了22年的武装斗争，从弱小逐渐走向强大，我们靠的是什么，我们靠的就是这种军魂，靠的就是我们的军队广大指战员的战斗意志。纵然是敌众我寡，纵然是身陷重围，但是我们敢于亮剑，我们敢于战斗到最后一人。一句话，狭路相逢勇者胜。亮剑精神，是我们国家军队的军魂。剑锋所指，所向披靡！

社会主义先进文化必须是为人民服务、为社会主义服务的文化，这是社会主义文化与西方文化和其他一切文化的本质区别。总书记指出，人民既是历史的创造者、也是历史的见证者，既是历史的"剧中人"，也是历史的"剧作者"。文艺要反映好人民心声，就要坚持为人民服务、为社会主义服务这个根本方向。所谓"三洋"文化，即"以洋为尊""以洋为美""唯洋是从"，从根本上偏离或违背了文艺的根本方向。还有所谓的"五去"文化，即"去思想化""去价值化""去历史化""去中国化""去主流化"文化。毛泽东在延安文艺座谈会总结讲话中指出，在现在世界上，一切文化或文学艺术都是属于一定的阶级，属于一定的政治路线的。为艺术的艺术，超阶级的艺术，和政治并行或互相独立的艺术，实际上是不存在的。无产阶级的文学艺术是无产阶级整个革命事业的一部分，如同列宁所说，是整个革命机器中的"齿轮和螺丝钉"。因此，党的文艺工作，在党的整个革命工作中的位置，是确定了的，摆好了的；是服从党在一定革命时期内所规定的革命任务的。改革开放的实践证明，所谓"三洋""五去"与社会主义建设事业，与改革开放的伟大实践，与人民群众的不断增长的文化需求是格格不入的，只能喧嚣一时，是不可能持久的。

文化具有多样性和历史性。在当代社会，有先进的文化，有落后的文化，也有腐朽反动的文化。反映和适应先进生产力的发展要求，代表和维护最广大人民的根本利益的文化，才是先进文化。

一、先进文化的基本特征

文化是一定社会的经济和政治在观念形态上的反映，是人类社会历史发展的积淀和产物，它既是一种社会生活方式，又是一种精神价值体系。先进文化是人类文明进步的结晶，是能够顺应人类社会发展规律，揭示人类社会未来发展方向，为人类社会文明进步提供强有力的思想保证、精神动力和智力支持的文化。在当代中国，发展先进文化，就是发展有中国特色社会主义的文化，就是建设社会主义精神文明。

一是先进文化的发展在通常情况下，离不开先进生产力的发展。先进的生产力是先进文化发展的物质基础。物质决定精神，存在决定意识。人类的文化是不会脱离人类的物质生产而孤立地存在和发展的。物质生产的发展状况，往往对文化有其直接影响。恩格斯曾指出，不论哪个国家，哲学和那个时代的文学的普遍繁荣一样，都是经济高涨的结果。经济的发展对这些领域的最终支配作用在我看来是无疑的。毛泽东同志也曾讲过，经济发展的高潮必然带来文化发展的高潮。由此，我们也可以说，判断中国先进文化的首要标准主要是看它是否适应和推进中国社会生产力的发展，凡是适应和推动社会生产力发展的文化，就是先进文化；凡是阻碍社会进步和社会生产力发展的文化就是腐朽的甚至反动的文化。

二是具有科学性和实践性的特征。任何先进文化都是科学的文化，都有其严格的科学精神、科学内涵、科学方法，都能经得起历史的沉淀和实践的检验。封建迷信、愚昧落后、坑蒙拐骗都是非科学的、落后的文化，与先进文化的科学性是水火不相容的、也有人认为，先进文化的科学性就是高科技，这是机械的、片面的认识。诚然，高科技的发展对先进文化的发展有一定的推动和促进作用，甚至有时成为文化的一种载体，但两者是不能画等号的。因为高科技只是一种硬件，而文化是一种意识形态，先进的文化能促进高科技的发展。文化作为观念形态和精神灵魂的东西在特定情况下是可以相对超越经济、政治而发展前进的。应把弘扬科学理性精神与倡导人文精神统一起来。科学的文化能高屋建瓴地站在时代的前沿阵地，指导和统帅人类历史的前进。科学的文化必须接受实践的检验，也经得起实践的检验。所以说先进文化一定具有科学性和实践性的特征。

三是具有鲜明时代性和前瞻性的特征。先进文化不应当受固有的文化糟粕和外来消极因素的影响，它在发展的过程中不断地修正自己，不断更新和完善自身，以宏大的气魄，把人们引向光辉灿烂的未来。先进文化是现代文化，不是古代文化和外来文化的简单重复，而是现代人集古今中外之大成并且面向未来的创造。任何先进文化都是与时俱进的文化，都注入着时代的精神、时代的活力、时代的内容、时代的审美要求和审美情趣，都有其鲜明的时代特征。倾听一首乐曲，欣赏一幅书画，阅读一部小说，就能把我们带进一个历史时代。先进文化直接反映先进的经济、政治，任何经济、政治都有鲜明的时代性。先进文化是一种面向世界、面向未来、面向现代的文化。要面向世界，就要开放；要面向未来，就要有相对的前瞻性、导向性和方向性。

四是具有与广大人民群众利益紧密联系的特征。人民群众是历史的创造者，是物质财富与精神财富的创造者。广大群众的文化素质是其他领域进步的基础，也是国家未来发展的保证。人民群众创造文化，也必须享受与之相应的文化。先进文化必须反映人民群众的理想愿望和审美要求，必须代表人民群众的根本利益，必须满足广大人民群众的不断增长的精神生活需求，必须对人民群众有陶冶、教育和愉悦作用。如果脱离了人民群众的文化而成为少数人的贵族文化，那就不是保障人民群众利益的先进文化，就不能形成民族的科学的大众的社会主义文化。所以，先进文化具有与广大人民群众利益紧密联系的特征，是凝聚和鼓励各族人民的重要力量，是综合国力的重要标志。

五是具有博采古今中外的容纳性特征。先进文化有其博大的胸怀，是一种海纳百川、博采古今中外、广集世间百家的文化。先进文化有着对其他文化慷慨吸收、鉴别采纳的特点。先进文化的宽容特征在历史上曾多次出现。中国唐代的文化、古希腊罗马的文化都具有这种特征，古罗马文明源于欧洲、北非及小亚细亚文化，后来向世界敞开大门，以至罗马人后来强大到把地中海称为"我们的海"。中国唐朝具备对域外文化取舍由之的从容，使得长安城成了世界文化博物馆，造就了人类历史上光辉的一页。无论是中国优秀的传统文化还是有益的外来文化，都是中国先进文化建设的"流"而不是"源"。中国先进文化植根于有中国特色社会主义实践，它反映我国社会主义经济和政治的基本特征，又对经济和政治的发展起巨大促进作用。中国先进文化建设的源泉，是亿万人民群众的伟大实践，人民群众不仅是创造物质财富的主体，也是创造精神财富的主体。

二、社会主义先进文化的根本任务

人是文化的创造者，是文化的享有者、传承者。建设中国特色社会主义文化，归根到底是为了满足人民群众日益增长的精神文化需要，不断丰富人们的精神世界，增强人们的精神力量，促进人的全面发展。

早在新中国成立之初，毛泽东就对广大青年提出了"身体好、学习好、工作好"的希望，要求青年坚持走"又红又专"的道路，并提出德、智、体全面发展的教育方针，把德、智、体全面发展作为培养社会主义事业接班人的重要标准。党的十一届三中全会以后，邓小平把新时期社会主义事业接班人的基本要求概括为"四有"，即有理想、有道德、有文化、有纪律。在推进中国特色社会主义事业的实践中，结合发展了的实际，江泽民指出，要着力提高全民族的思想道德素质和科学文化素质，为经济发展和社会全面进步提供强大的精神动力和智力支持，培育适应社会主义现代化要求的一代又一代有理想、有道德、有文化、有纪律的公民，并强调这是我国文化建设长期而艰巨的任务。培育"四有"公民，提高全体公民的素质，是促进人的全面发展的需要。促进人的全面发展，是马克思主义关于建设社会主义新社会的本质要求，是建设社会主义各项事业包括文化建设在内所追求的根本目标。

培育"四有"公民，是一个复杂的系统工程，是我国文化建设面临的一项长期而艰巨的任务。要坚持以理想信念教育为核心，引导人们正确认识共产主义远大理想和现阶段共同理想的关系，更加坚定对中国特色社会主义的信念，以高尚的思想道德鞭策自己，脚踏实地地为实现党在现阶段的基本纲领而不懈努力，扎扎实实地做好自己的本职工作。青少年是祖国的未来、民族的希望。要引导青少年正确认识国家的前途命运，认清自己的社会责任，确立在党的领导下走中国特色社会主义道路、为实现中华民族伟大复兴而奋斗的远大理想和坚定信念，把个人的成长进步同祖国的繁荣富强紧密联系在一起，担负起建设祖国、振兴中华的光荣使命。

有人说，先进文化前进的方向就是大国文明的方向。这是一种似是而非的认识，因大国在当今世界并非只有一个或一种，按"三个世界"理论划分，每个世界都有自己的大国，这些不同大国之间的文明方向并不是一致的。那么能否说超级大国的文明方向就是先进文化的前进方向呢？同样不妥，因为超级大国所说的文明与我们理解的文明有天壤之别。如果以制度而论，不同制度国家的文明方向根本上不同。所以，准确地说，人类文明的方向才是先进文化前进的方向，而人类文明的方向就是社会发展规律指出的方向。

牢牢把握先进文化的前进方向，必须坚持和巩固马克思列宁主义、毛泽东思想、邓小平理论、"三个代表"重要思想、科学发展观、习近平新时代中国特色社会主义思想在意识形态领域的指导地位。马克思主义深刻揭示了人类社会历史发展的客观规律，是当代最科学、最先进、最革命的理论，它既以先进文化为基础，又是一切先进文化的旗帜。毛泽东思想、邓小平理论、"三个代表"重要思想、科学发展观、习近平新时代中国特色社会主义思想是当代中国的马克思主义，是中国人民进行社会主义革命和建设的指导思想，也是当代中国先进文化的宝贵结晶和伟大代表。

牢牢把握先进文化的前进方向，当前最根本的就是用近平新时代中国特色社会主义思想去统领。习近平新时代中国特色社会主义思想中，包含有"新时代""新目标""新矛盾""新方略"和"新要求"等多方面新的内容。这些理论创新，其一，具有主题性，是围绕着回答新时代坚持和发展什么样的中国特色社会主义、怎样坚持和发展中国特色社会主义这一鲜明主题展开的。"新时代"阐明了中国特色社会主义的历史方位，"新目标"阐明了新时代中国特色社会主义的奋斗目标，"新矛盾"阐明了中国特色社会主义进入新时代的客观依据之一，"新方略"阐明了新时代中国特色社会主义的行动纲领，"新要求"则阐明了新时代中国特色社会主义在党的建设方面的总要求。其二，具有实践性，习近平新时代中国特色社会主义思想是以习近平同志为主要代表的中国共产党人立足于中国特色社会主义的实践，回答现实实践提出的问题，深化对共产党执政规律、社会主义建设规律、人类社会发展规律的认识，进行艰辛理论探索的结果，是党和人民实践经验和集体智慧的结晶，必须长期坚持并不断在实践中发展。其三，具有人民性，如"新矛盾"的提出，就是为了着力解决好发展不平衡不充分问题，大力提升发展质量和效益，更好满足人民在经济、政治、文化、社会、生态等方面日益增长的需要，更好推动社会的全面进步和人的全面发展。

牢牢把握先进文化的前进方向，必须全面贯彻党的文化发展方针。坚持为人民服务、为社会主义服务的方向和百花齐放、百家争鸣的方针，坚持贴近实际、贴近生活、贴近群众，创新内容、创新形式、创新手段，弘扬主旋律、提倡多样化。坚持用科学态度对待民族传统文化和外来文化，既继承发扬民族优秀文化传统，又充分体现时代精神，既立足本国又大胆吸收世界一切优秀文化成果，反对民族虚无主义和全盘西化。坚持重在建设，正确处理文化领域的矛盾和问题，保护和发挥广大文化工作者的积极性、创造性。坚持把社会效益放在首位，实现社会效益和经济效益的有机统一，把文化发展的着力点放在满足人民群众精神文化需求和促进人的全面发展上。坚持抓好队伍建设，引导文化工作者深入实际、深入生活、深入群众，为人民奉献更多无愧于时代的精神文化产品。

坚持先进文化的前进方向，必须在大力发展先进文化、支持健康有益文化的同时，努力改造落后文化，坚决抵制腐朽文化。要通过完善政策和制度，加强教育和管理，努力改造落后文化，坚决抵制腐朽文化对人们的侵蚀，逐步缩小和剔除它们借以滋生的土壤。

党的十九大报告指出，中国特色社会主义进入新时代，我国社会主要矛盾已经转化为人民日益增长的美好生活需要和不平衡不充分的发展之间的矛盾。这个战略判断，不仅给我国社会主义建设事业各个方面的工作，指明了前进的方向，而且给包括文艺工作在内的整个文化建设事业，提出了新的任务与要求。新时代要有新气象，新时代应有新作为。对于文艺工作乃至整个文化建设来说，不断满足人民群众的精神文化需求，为此精准破解影响文艺繁荣和文化兴盛的各种困难与问题，便成为我们的神圣职责与光荣使命。

三、坚持社会主义先进文化的重要意义

先进文化对弘扬民族精神，形成民族凝聚力，有着极大的激励和促进作用。世界上每一个成熟的民族都有属于自己的特有的文化形态和文化个性，而这特有的文化就成为民族亲和力和凝聚力的重要源泉。中国优秀的传统文化培养了刻苦耐劳、勤俭持家、不畏强暴等民族性格和爱国主义精神，在历史上对于中华民族的发展、进步、稳定和统一起了重要的作用。今天，要实现社会主

义现代化，同样离不开先进文化的凝聚和激励作用。

先进文化为中国经济发展和社会全面进步提供精神动力。先进文化可以使全社会形成共同的理想和精神支柱，激励人们团结一致，克服困难，争取各项事业取得更大胜利。

先进文化是中国综合国力和国际竞争力的深层支撑，也是中国共产党夯实执政基础、巩固执政地位的核心内容。只有准确把握先进文化的发展规律，不断在执政实践中提高发展先进文化的本领和能力，才能增强综合国力，提高国际竞争力，才能满足人民群众对先进文化的需求，夯实执政的文化基础。

中国特色社会主义的文化，为现代化建设提供精神动力。文化对现代化建设的巨大作用，表现在能够提高劳动者的思想道德素质，激发劳动者的生产热情，从而为物质文明建设提供精神动力。邓小平同志指出，在我们的社会里，广大劳动者有高度的政治觉悟，他们自觉地刻苦钻研，提高科学文化水平，从而必将在生产中创造出比资本主义更高的劳动生产率。文化已经成为综合国力的重要部分，加强思想道德建设，提高人民群众的思想觉悟，可以激发他们建设社会主义的劳动热情和创造精神，形成推动物质文明建设的强大精神力量。

中国特色社会主义的文化，为现代化事业提供智力支持。建设有中国特色社会主义的文化，能够提高劳动者的科学文化素质，开发人的智力资源。先进的教育、科学、文化，给人以知识武器，成为一种智慧的力量，推动人们有效地建设现代化事业。智力文化水平的高低，集中反映着一个国家公民素质的总体水平。其发达程度同社会物质生产和经济生活的发展程度直接相关，并常常反作用于生产力的发展。现代生产的发展，主要表现为智力水平的提高。而人的智力的提高，又要受到科学文化知识的制约，受到自然科学、哲学社会科学发展水平的影响。社会主义要创造比资本主义更高的劳动生产率，就要有科学文化的高度发展。

中国特色社会主义的文化，保证现代化建设朝着正确方向发展。有中国特色社会主义的文化作为正确的思想价值导向，从思想上保证现代化建设沿着正确方向发展。邓小平同志曾说过，不加强精神文明建设，物质文明的建设也要受破坏，走弯路。人类创造物质文明的过程，并不只是人和自然简单的物质交换过程，而且是在人与人结成一定生产关系的条件下进行的社会交往过程。在这个过程中，人的行为要以科学的思想为先导，保证物质文明建设的方向。

中国特色社会主义的文化,为建设现代化事业创造安定的社会环境。邓小平同志在《目前的形势和任务》中,阐述了实现四个现代化所必须解决的四个问题,其中第二个问题,就是"要有一个安定团结的政治局面"。他认为,社会主义精神文明建设可以通过创造安定团结的社会环境,保证物质文明建设的顺利进行。历史经验证明:没有一个安定团结的政治局面,就不能安下心来搞建设。"文革"期间,社会动荡不安,国无宁日,人民遭受了空前的灾难,国民经济到了崩溃的边缘,这个极其深刻的教训必须汲取。在创造安定的社会环境方面,文化具有不容忽视、不可替代的巨大作用。

第三章　培育和践行社会主义核心价值观

社会主义核心价值观是社会主义核心价值体系的内核，体现社会主义核心价值体系的根本性质和基本特征，反映社会主义核心价值体系的丰富内涵和实践要求，是社会主义核心价值体系的高度凝练和集中表达。党的十八大以来，中央高度重视培育和践行社会主义核心价值观。习近平总书记多次作出重要论述、提出明确要求。十八届中央政治局专门围绕培育和弘扬社会主义核心价值观、弘扬中华传统美德进行集体学习，中央办公厅也专门下发了《关于培育和践行社会主义核心价值观的意见》的中央文件。党中央的高度重视和有力部署，为加强社会主义核心价值观建设指明了基本方向，提供了重要遵循。

第一节　社会主义核心价值观是当代中国精神的集中体现

一、社会主义核心价值观的基本内涵

党的十八大提出，倡导富强、民主、文明、和谐，倡导自由、平等、公正、法治，倡导爱国、敬业、诚信、友善，积极培育和践行社会主义核心价值观。富强、民主、文明、和谐是国家层面的价值目标，自由、平等、公正、法治是社会层面的价值取向，爱国、敬业、诚信、友善是公民个人层面的价值准则，这24个字是社会主义核心价值观的基本内容。

"富强、民主、文明、和谐"，是我国社会主义现代化国家的建设目标，也是从价值目标层面对社会主义核心价值观基本理念的凝练，在社会主义核心

价值观中居于最高层次，对其他层次的价值理念具有统领作用。富强即国富民强，是社会主义现代化国家经济建设的应然状态，是中华民族梦寐以求的美好夙愿，也是国家繁荣昌盛、人民幸福安康的物质基础。民主是人类社会的美好诉求。我们追求的民主是人民民主，其实质和核心是人民当家做主。它是社会主义的生命，也是创造人民美好幸福生活的政治保障。文明是社会进步的重要标志，也是社会主义现代化国家的重要特征。它是社会主义现代化国家文化建设的应有状态，是对面向现代化、面向世界、面向未来的，民族的科学的大众的社会主义文化的概括，是实现中华民族伟大复兴的重要支撑。和谐是中国传统文化的基本理念，集中体现了学有所教、劳有所得、病有所医、老有所养、住有所居的生动局面。它是社会主义现代化国家在社会建设领域的价值诉求，是经济社会和谐稳定、持续健康发展的重要保证。

"自由、平等、公正、法治"，是对美好社会的生动表述，也是从社会层面对社会主义核心价值观基本理念的凝练。它反映了中国特色社会主义的基本属性，是我们党矢志不渝、长期实践的核心价值理念。自由是指人的意志自由、存在和发展的自由，是人类社会的美好向往，也是马克思主义追求的社会价值目标。平等指的是公民在法律面前的一律平等，其价值取向是不断实现实质平等。它要求尊重和保障人权，人人依法享有平等参与、平等发展的权利。公正即社会公平和正义，它以人的解放、人的自由平等权利的获得为前提，是国家、社会应然的根本价值理念。法治是治国理政的基本方式，依法治国是社会主义民主政治的基本要求。它通过法治建设来维护和保障公民的根本利益，是实现自由平等、公平正义的制度保证。

"爱国、敬业、诚信、友善"，是公民基本道德规范，是从个人行为层面对社会主义核心价值观基本理念的凝练。它覆盖社会道德生活的各个领域，是公民必须恪守的基本道德准则，也是评价公民道德行为选择的基本价值标准。爱国是基于个人对自己祖国依赖关系的深厚情感，也是调节个人与祖国关系的行为准则。它同社会主义紧密结合在一起，要求人们以振兴中华为己任，促进民族团结、维护祖国统一、自觉报效祖国。敬业是对公民职业行为准则的价值评价，要求公民忠于职守、克己奉公、服务人民、服务社会，充分体现了社会主义职业精神。诚信即诚实守信，是人类社会千百年传承下来的道德传统，也是社会主义道德建设的重点内容，它强调诚实劳动、信守承诺、诚恳待人。友善强调公民之间应互相尊重、互相关心、互相帮助,和睦友好,努力形成社会主义的新型人际关系。

2013年9月26日,习近平总书记在会见第四届全国道德模范及提名奖获得者时讲话指出,伟大时代呼唤伟大精神,崇高事业需要榜样引领。当前,全国各族人民正在为实现中华民族伟大复兴而奋斗。我们要按照党的十八大提出的培育和践行社会主义核心价值观的要求,高度重视和切实加强道德建设,推进社会公德、职业道德、家庭美德、个人品德教育,倡导爱国、敬业、诚信、友善等基本道德规范,培育知荣辱、讲正气、作奉献、促和谐的良好风尚。

2014年2月17日,习近平总书记在省部级主要领导干部学习贯彻十八届三中全会精神全面深化改革专题研讨班上讲话指出,我们要大力培育和弘扬社会主义核心价值体系和核心价值观,加快构建充分反映中国特色、民族特性、时代特征的价值体系,努力抢占价值体系的制高点。而在核心价值体系和核心价值观中,道德价值具有十分重要的作用。国无德不兴,人无德不立。一个民族、一个人能不能把握自己,很大程度上取决于道德价值。如果我们的人民不能坚持在我国大地上形成和发展起来的道德价值,而不加区分、盲目地成为西方道德价值的应声虫,那就真正要提出我们的国家和民族会不会失去自己的精神独立性的问题了。如果没有自己的精神独立性,那政治、思想、文化、制度等方面的独立性就会被釜底抽薪。

2014年2月24日,在十八届中央政治局第十三次集体学习时讲话强调,历史和现实都表明,核心价值观是一个国家的重要稳定器,能否构建具有强大感召力的核心价值观,关系社会和谐稳定,关系国家长治久安。教育引导是培育和弘扬社会主义核心价值观的基础性工作。要区分层次、突出重点,在全社会广泛开展社会主义核心价值观宣传教育。第一,要注重发挥榜样的力量。榜样的力量是无穷的。党员、干部的一言一行、一举一动,对社会有着很强的示范作用,很大程度上影响着人民群众对核心价值观的认同。我们党是执政党,执政党在培养和弘扬社会主义核心价值观上做得如何,对全社会是有决定性作用的。广大党员、干部必须带头学习和弘扬社会主义核心价值观,用自己的模范行为和高尚人格感召群众、带动群众。第二,要从娃娃抓起。"少成若天性,习惯之为常。"培育和弘扬社会主义核心价值观必须从小抓起、从学校抓起。要把社会主义核心价值观的基本内容和要求渗透到学校教育教学之中,体现在学校日常管理之中,做到进教材、进课堂、进头脑。第三,要润物细无声。精神文化产品潜移默化地影响着人们的思想观念、价值判断、道德情操,对培育和弘扬社会主义核心价值观具有不可替代的作用。要运用各类文化形式,生动具体地表现社会主义核心价值观,用高质量、高水平的作品形象地告诉人们什么是真善美,什么是假恶丑,什么是值得肯定和赞扬的。

2014年5月23日至24日,习近平总书记在上海考察时讲话指出,培育和践行社会主义核心价值观,贵在坚持知行合一、坚持行胜于言,在落细、落小、落实上下功夫。要注意把社会主义核心价值观日常化、具体化、形象化、生活化,使每个人都能感知它、领悟它,内化为精神追求,外化为实际行动,做到明大德、守公德、严私德。要面向全社会做好这项工作,特别要抓好领导干部、公众人物、青少年、先进模范等重点人群。

习近平总书记专门强调,培育和践行社会主义核心价值观,要使核心价值观的影响像空气一样无所不在、无时不有,要与人们日常生活紧密联系起来,使人们在实践中感知它、领悟它,达到"百姓日用而不知"的程度,使之成为人们日常工作生活的基本遵循。因此,培育和践行社会主义核心价值观要在落细、落小、落实上下功夫,建立和规范礼仪制度,组织开展形式多样的纪念庆典活动,传播主流价值,增强人们的认同感和归属感。把社会主义核心价值观的要求融入各种精神文明创建活动之中,利用各种时机和场合,形成有利于培育和弘扬社会主义核心价值观的生活情景和社会氛围。

二、社会主义核心价值观的发展历程

社会主义核心价值观是兴国之魂、立国之基,是社会主义先进文化的精髓,决定着中国特色社会主义发展方向。在弘扬和践行社会主义核心价值观时,必须强化教育引导,增进社会共识,创新方式方法,健全制度保障,把社会主义核心价值观融入国民教育、精神文明建设和党的建设全过程,贯穿改革开放和社会主义现代化建设各领域,体现到精神文化产品创作生产传播各方面,坚持用社会主义核心价值观引领社会思潮,在全党全社会形成统一指导思想、共同理想信念、强大精神力量、基本道德规范。

从历史上看,我们党一直重视价值观的引领作用。新中国的成立,确立了以社会主义基本政治制度、基本经济制度的确立和以马克思主义为指导思想的社会主义意识形态，为社会主义核心价值观建设奠定了政治前提、物质基础和文化条件。改革开放以来，我国社会主义意识形态建设不断进行新的探索，提出了从建设社会主义核心价值体系到以"三个倡导"为内容，积极培育和践行社会主义核心价值观的重要论断和战略任务。

1978年12月，党的十一届三中全会重新恢复和确立了实事求是的思想路线，坚持把马克思主义与改革开放和我国社会主义建设伟大实践相结合，科学继承了毛泽东思想，创立了邓小平理论、"三个代表"重要思想、科学发展观等马克思主义中国化最新成果，马克思主义在意识形态领域的指导地位不断巩固。

2006年3月，我党提出了"八荣八耻"的社会主义荣辱观，继承和发展了我们党关于社会主义思想道德建设褒荣贬耻、我国古代的"知耻"文化传统，同时又赋予了新的时代内涵，深化了我们党对社会主义道德建设规律的认识。

2006年10月，党的十六届六中全会第一次明确提出了"建设社会主义核心价值体系"的重大命题和战略任务，明确提出了社会主义核心价值体系的内容，并指出社会主义核心价值观是社会主义核心价值体系的内核。学界对社会主义核心价值观的概括开始深入探讨。

2007年10月，党的十七大进一步指出了社会主义核心价值体系是社会主义意识形态的本质体现。

2011年10月，党的十七届六中全会强调，社会主义核心价值体系是"兴国之魂"，建设社会主义核心价值体系是推动文化大发展大繁荣的根本任务。提炼和概括出简明扼要、便于传播践行的社会主义核心价值观，对于建设社会主义核心价值体系具有重要意义。

2012年11月，中共十八大报告明确提出社会主义核心价值体系是兴国之魂，决定着中国特色社会主义发展方向。要深入开展社会主义核心价值体系学习教育，用社会主义核心价值体系引领社会思潮、凝聚社会共识。推进马克思主义中国化时代化大众化，坚持不懈用中国特色社会主义理论体系武装全党、教育人民，深入实施马克思主义理论研究和建设工程，建设哲学社会科学创新体系，推动中国特色社会主义理论体系进教材进课堂进头脑。广泛开展理想信念教育，把广大人民团结凝聚在中国特色社会主义伟大旗帜之下。大力弘扬民族精神和时代精神，深入开展爱国主义、集体主义、社会主义教育，丰富人民精神世界，增强人民精神力量。倡导富强、民主、文明、和谐，倡导自由、平等、公正、法治，倡导爱国、敬业、诚信、友善，积极培育社会主义核心价值观。牢牢掌握意识形态工作领导权和主导权，坚持正确导向，提高引导能力，壮大主流思想舆论。

2013年12月，中共中央办公厅印发《关于培育和践行社会主义核心价值观的意见》，明确提出，以"三个倡导"为基本内容的社会主义核心价值观，与中国特色社会主义发展要求相契合，与中华优秀传统文化和人类文明优秀成果相承接，是我们党凝聚全党全社会价值共识作出的重要论断。

2017年10月18日，习近平同志在十九大报告中指出，社会主义核心价值观是当代中国精神的集中体现，凝结着全体人民共同的价值追求。要培育和践行社会主义核心价值观。要以培养担当民族复兴大任的时代新人为着眼点，强化教育引导、实践养成、制度保障，发挥社会主义核心价值观对国民教育、精神文明创建、精神文化产品创作生产传播的引领作用，把社会主义核心价值观融入社会发展各方面，转化为人们的情感认同和行为习惯。坚持全民行动、干部带头，从家庭做起，从娃娃抓起。深入挖掘中华优秀传统文化蕴含的思想观念、人文精神、道德规范，结合时代要求继承创新，让中华文化展现出永久魅力和时代风采。

2018年3月11日，第十三届全国人民代表大会第一次会议通过中华人民共和国宪法修正案，将"国家提倡爱祖国、爱人民、爱劳动、爱科学、爱社会主义的公德"修改为"国家倡导社会主义核心价值观，提倡爱祖国、爱人民、爱劳动、爱科学、爱社会主义的公德"。因为，社会主义核心价值观是当代中国精神的集中体现，凝结着全体人民共同的价值追求。进行这样的修改，贯彻了党的十九大精神，有利于在全社会树立和践行社会主义核心价值观，巩固全党全国各族人民团结奋斗的共同思想道德基础。在宪法中确认一国的核心价值和根本信条，是各国的普遍做法。确立社会主义核心价值观的宪法地位，是这次宪法修改的重要内容。社会主义核心价值观是当代中国精神的集中体现，凝结着全体人民共同的价值追求。宪法进行这样的修改，贯彻了党的十九大精神，有利于在全社会树立和践行社会主义核心价值观，巩固全国各族人民团结奋斗的共同思想道德基础。宪法是我国的根本法，是我国法律体系的核心和基础，在一国法律体系中具有最鲜明、最权威的引领、规范和教育、保障作用。

用法律来推动社会主义核心价值观建设，首要的是将其融入宪法。要严格依照宪法的规定和精神立法，充分体现社会主义核心价值观的要求，使每一项法律法规更好体现国家的价值目标、社会的价值取向、公民的价值准则。

三、社会主义核心价值观的价值意义

在2018年8月21日召开的全国宣传思想工作会议上，习近平总书记强调，做好新形势下宣传思想工作，必须自觉承担起举旗帜、聚民心、育新人、兴文化、展形象的使命任务。其中育新人的使命任务，就是要坚持立德树人、以文化人，建设社会主义精神文明、培育和践行社会主义核心价值观，提高人民思想觉悟、道德水准、文明素养，培养能够担当民族复兴大任的时代新人。而要培养担当民族复兴大任的民族新人，就要强化教育引导、实践养成、制度保障，把社会主义核心价值观融入社会发展各方面，引导全体人民自觉践行，抓住青少年价值观形成和确定的关键时期，引导青少年扣好人生第一粒扣子。面对世界范围思想文化交流交融交锋形势下价值观较量的新态势，面对改革开放和发展社会主义市场经济条件下思想意识多元多样多变的新特点，积极培育和践行社会主义核心价值观，对于巩固马克思主义在意识形态领域的指导地位、巩固全党全国人民团结奋斗的共同思想基础，对于促进人的全面发展、引领社会全面进步，对于集聚全面建成小康社会、实现中华民族伟大复兴中国梦的强大正能量，具有重要现实意义和深远历史意义。

第一，从适应国内国际大局深刻变化看，我国正处在大发展大变革大调整时期，在前所未有的改革、发展和开放进程中，各种价值观念和社会思潮纷繁复杂。国际敌对势力正在加紧对我实施西化分化战略图谋，思想文化领域是他们长期渗透的重点领域。面对世界范围思想文化交流交融交锋形势下价值观较量的新态势，面对改革开放和发展社会主义市场经济条件下思想意识多元多样多变的新特点，迫切需要我们积极培育和践行社会主义核心价值观，扩大主流价值观念的影响力，提高国家文化软实力。

第二，从推进国家治理体系和治理能力现代化要求看，培育和弘扬核心价值观，有效整合社会意识，是国家治理体系和治理能力的重要方面。全面深化改革，完善和发展中国特色社会主义制度，推进国家治理体系和治理能力现代化，必须解决好价值体系问题，加快构建充分反映中国特色、民族特性、时代特征的价值体系，在全社会大力培育和弘扬社会主义核心价值观，提高整合社会思想文化和价值观念的能力，掌握价值观念领域的主动权、主导权、话语权，引导人们坚定不移地走中国道路。

第三，从提升民族和人民的精神境界看，核心价值观是精神支柱，是行动向导，对丰富人们的精神世界、建设民族精神家园，具有基础性、决定性作用。一个人、一个民族能不能把握好自己，很大程度上取决于核心价值观的引领。发展起来的当代中国，更加向往美好的精神生活，更加需要强大的价值支撑。要振奋起人们的精气神、增强全民族的精神纽带，必须积极培育和践行社会主义核心价值观，铸就自立于世界民族之林的中国精神。

第四，从实现民族复兴中国梦的宏伟目标看，核心价值观是一个国家的重要稳定器，构建具有强大凝聚力感召力的核心价值观，关系社会和谐稳定，关系国家长治久安。实现"两个一百年"的奋斗目标，实现中华民族伟大复兴的中国梦，必须有广泛的价值共识和共同的价值追求。这就要求我们持续加强社会主义核心价值体系和核心价值观建设，巩固全党全国各族人民团结奋斗的共同思想基础，凝聚起实现中华民族伟大复兴的中国力量。

因此，社会主义核心价值观是当代中国精神的集中体现，弘扬和践行社会主义核心价值观就是弘扬以爱国主义为核心的民族精神和以改革创新为核心的时代精神。爱国主义是中华民族最深厚的思想传统，最能感召中华儿女团结奋斗；改革创新是当代中国最鲜明的时代特征，最能激励中华儿女锐意进取。要想实现这个目标，一是广泛开展民族精神教育，大力弘扬爱国主义、集体主义、社会主义思想，增强民族自尊心、自信心、自豪感，激励人民把爱国热情化作振兴中华的实际行动，以热爱祖国和贡献自己全部力量建设祖国为最大光荣、以损害祖国利益和尊严为最大耻辱；二是广泛开展时代精神教育，引导干部群众始终保持与时俱进、开拓创新的精神状态，永不自满、永不僵化、永不停滞，以思想不断解放推动事业持续发展；三是大力弘扬一切有利于国家富强、民族振兴、人民幸福、社会和谐的思想和精神，大力发扬艰苦奋斗、劳动光荣、勤俭节约的优良传统；四是加强民族团结进步教育，增进对伟大祖国和中华民族的认同，促进各民族共同团结奋斗、共同繁荣发展；五是加强爱国主义教育基地建设，用好红色旅游资源，使之成为弘扬培育民族精神和时代精神的重要课堂。

第二节 把社会主义核心价值观融入社会发展各方面

培育和践行社会主义核心价值观不能依靠空泛的道德说教和空洞的口头宣讲，必须有实实在在的抓手，切实把社会主义核心价值观融入国民教育、经济社会发展和法治建设全过程、各方面。

一、把培育和践行社会主义核心价值观融入国民教育全过程

培育和践行社会主义核心价值观要从娃娃抓起、从小抓起、从学校抓起。教育工作要坚持育人为本、德育为先，围绕立德树人的根本任务，把社会主义核心价值观纳入国民教育总体规划，贯穿于基础教育、高等教育、职业技术教育、成人教育各领域，落实到教育教学和管理服务各环节，覆盖到所有学校和受教育者，形成课堂教学、社会实践、校园文化多位一体的育人平台，不断完善中华优秀传统文化教育，形成爱学习、爱劳动、爱祖国活动的有效形式和长效机制，努力培养德智体美全面发展的社会主义建设者和接班人。社会主义核心价值观教育要适应青少年身心特点和成长规律，深化未成年人思想道德建设和大学生思想政治教育，构建大中小学有效衔接的德育课程体系和教材体系，创新中小学德育课和高校思想政治理论课教育教学，推动社会主义核心价值观进教材、进课堂、进学生头脑。同时还要完善学校、家庭、社会三结合的教育网络，引导广大家庭和社会各方面主动配合学校教育，以良好的家庭氛围和社会风气巩固学校教育成果，形成家庭、社会与学校携手育人的强大合力。

在培育和践行社会主义核心价值观的过程中，应该积极拓展青少年培育和践行社会主义核心价值观的有效途径。特别是要注重发挥社会实践的养成作用，完善实践教育教学体系，开发实践课程和活动课程，加强实践育人基地建设，打造大学生校外实践教育基地、高职实训基地、青少年社会实践活动基地，组织青少年参加力所能及的生产劳动和爱心公益活动、益德益智的科研发明和创新创造活动、形式多样的志愿服务和勤工俭学活动。同时，注重发挥校园文化的熏陶作用，加强学校报刊、广播电视、网络建设，完善校园文化活动设施，重视校园人文环境培育和周边环境整治，建设体现社会主义特点、时代

特征、学校特色的校园文化。

"师者，所以传道授业解惑也"，建设一支师德高尚、业务精湛的高素质教师队伍是做好培育担当民族复兴大任的时代新人的重要前提，也是将社会主义核心价值观融入国民教育的根本要求。在教育工作中，必须大力实施师德师风建设工程，坚持师德为上，完善教师职业道德规范，健全教师任职资格准入制度，将师德表现作为教师考核、聘任和评价的首要内容，形成师德师风建设长效机制，着重抓好学校党政干部和共青团干部，思想品德课、思想政治理论课和哲学社会科学课教师，辅导员和班主任队伍建设。通过这些积极有效的手段，引导广大教师自觉增强教书育人的荣誉感和责任感，学为人师、行为世范，做学生健康成长的指导者和引路人，帮助学习扣好人生第一粒扣子。

二、把培育和践行社会主义核心价值观落实到经济发展实践和社会治理中

社会主义核心价值观不仅仅是国家、社会和公民必须实现和遵守的价值目标、价值准则和价值要求，同时还是经济社会良性有序发展的价值支撑和道德保障。在这个要求之下，我们确立经济发展目标和发展规划，出台经济社会政策和重大改革措施，开展各项生产经营活动，都要遵循社会主义核心价值观要求，做到讲社会责任、讲社会效益、讲守法经营、讲公平竞争、讲诚信守约，形成有利于弘扬社会主义核心价值观的良好政策导向、利益机制和社会环境。与人们生产生活和现实利益密切相关的具体政策措施，在发展经济的时候，要注重经济行为和价值导向有机统一，经济效益和社会效益有机统一，实现市场经济和道德建设良性互动，同时建立完善相应的政策评估和纠偏机制，防止出现具体政策措施与社会主义核心价值观相背离的现象。

法律和道德都是社会治理的基本机制。在社会治理中，要把践行社会主义核心价值观作为社会治理的重要内容，融入制度建设和治理工作中，形成科学有效的诉求表达机制、利益协调机制、矛盾调处机制、权益保障机制，最大限度增进社会和谐。一方面，要创新社会治理，完善激励机制，褒奖善行义举，实现治理效能与道德提升相互促进，形成好人好报、恩将德报的正向效应。另一方面，要完善市民公约、村规民约、学生守则、行业规范，强化规章制度实施力度，在日常治理中鲜明彰显社会主流价值，使正确行为得到鼓励、错误行

为受到谴责。

三、把社会主义核心价值观融入法治建设

法治是治国理政的基本方式。在全面依法治国背景下，社会主义核心价值观建设也应当纳入法治建设的内容，在法治轨道上运行。法律法规是推广社会主流价值的重要保证，要把社会主义核心价值观贯彻到依法治国、依法执政、依法行政实践中，落实到立法、执法、司法、普法和依法治理各个方面，用法律的权威来增强人们培育和践行社会主义核心价值观的自觉性。"徒法不足以自行"，在法治建设中，要切实做到厉行法治、严格执法、公正司法，捍卫宪法和法律尊严，维护社会公平正义。同时，加强法制宣传教育，培育社会主义法治文化，弘扬社会主义法治精神，增强全社会学法、尊法、守法、用法意识。通过多措并举、多管齐下，努力把社会主义核心价值观相关要求上升为具体法律规定，充分发挥法律的规范、引导、保障、促进作用，形成有利于培育和践行社会主义核心价值观的良好法治环境。

法安天下，德润人心。中国特色社会主义法治道路最鲜明的特点就是，坚持依法治国和以德治国相结合，坚持法治和德治两手抓、两手都要硬。这既是对治国理政规律的深刻把握，也是历史经验的深刻总结。社会主义核心价值观是全国各族人民在价值观念上的"最大公约数"，是社会主义法治建设的灵魂。法律法规体现鲜明的价值导向，直接影响人们对社会主义核心价值观的认知认同和自觉践行。把社会主义核心价值观要求融入法律规范、贯穿法治实践，法律才能契合全体人民道德意愿、符合社会公序良俗，才能真正为人们所信仰、所遵守，实现良法善治。

党的十八大以来，在以习近平同志为核心的党中央坚强领导下，我国立法机关高度重视在立法中体现与社会主义社会相适应的道德观念和价值取向，推动社会主义核心价值观入法入规，为改革发展稳定提供了坚实制度保障。同时也要看到，同全面依法治国、推进国家治理体系和治理能力现代化的需要相比，把社会主义核心价值观融入法治建设还存在不小差距：一些领域存在立法空白，一些立法相对滞后等。研究和解决这些问题，十分必要而紧迫。

2018年5月7日，中共中央正式印发了《社会主义核心价值观融入法治建设立法修法规划》（以下简称《规划》）。《规划》强调，要以习近平新时代

中国特色社会主义思想为指导,坚持全面依法治国,坚持社会主义核心价值体系,着力把社会主义核心价值观融入法律法规的立改废释全过程,确保各项立法导向更加鲜明、要求更加明确、措施更加有力,力争经过5年到10年时间,推动社会主义核心价值观全面融入中国特色社会主义法律体系,筑牢全国各族人民团结奋斗的共同思想道德基础,为决胜全面建成小康社会、夺取新时代中国特色社会主义伟大胜利、实现中华民族伟大复兴的中国梦、实现人民对美好生活的向往,提供坚实制度保障。

《规划》明确了六个方面的主要任务。一是以保护产权、维护契约、统一市场、平等交换、公平竞争等为基本导向,完善社会主义市场经济法律制度。健全以公平为核心原则的产权保护制度,推进产权保护法治化。加快推进民法典各分编的编纂工作,用社会主义核心价值观塑造民法典的精神灵魂,推动民事主体自觉践行社会主义核心价值观。二是坚持和巩固人民主体地位,推进社会主义民主政治法治化。充分发挥宪法在中国特色社会主义法律体系中的统帅作用,在宪法中体现社会主义核心价值观要求。把社会主义核心价值观融入立法体制,从源头上确保鲜明的价值导向。全面推进以司法责任制为核心的司法体制改革,完善司法管理体制和司法权力运行机制,努力让人民群众在每一个司法案件中感受到公平正义。三是发挥先进文化育人化人作用,建立健全文化法律制度。完善公共文化服务和文化产业法律体系,建立健全有利于中华优秀传统文化传承发展的法律制度,完善互联网信息领域立法。四是着眼人民最关心最直接最现实的利益问题,加快完善民生法律制度。以保障和改善民生为重点,健全社会建设方面的法律制度,推动基本公共服务标准化、均等化、法定化。制定基本医疗卫生方面的法律,建立公平、可及、高效的基本医疗卫生服务体系。完善社会组织立法,积极规范和引导各类社会组织健康发展。五是促进人与自然和谐发展,建立严格严密的生态文明法律制度。加快建立绿色生产和消费的法律制度,把生态文明建设纳入制度化、法治化轨道。制定完善粮食安全等方面的法律法规,推动厉行勤俭节约,倡导珍惜粮食、节俭消费理念。六是加强道德领域突出问题专项立法,把一些基本道德要求及时上升为法律规范。制定英雄烈士保护方面的法律,形成崇尚、捍卫、学习、关爱英雄烈士的良好社会风尚。探索完善社会信用体系相关法律制度,研究制定信用方面的法律,健全守法诚信褒奖机制和违法失信行为联合惩戒机制。探索制定公民文明行为促进方面法律制度，引导和推动全民树立文明观念，推进移风易俗，倡导文明新风。制定《规划》，对今后一个时期社会主义核心价值观入法入规工作进行安排部署，既是深入贯彻党的十九大精神，贯彻落实习近平总书记关于社会主义核心价值观融入法治建设重要指示精神的具体举措，也是切实发挥法治的引领、规范和保障作用，推动社会主义核心价值观更加深入人心的必然要求，将产生广泛而深远的影响。

推动社会主义核心价值观入法入规应当遵循的原则：一是坚持党的领导。坚持党对一切工作的领导，切实加强对社会主义法治建设的政治领导，使党的主张通过法定程序成为国家意志，确保立法活动政治方向正确，符合人民意愿，反映时代要求。二是坚持价值引领。法律法规要树立鲜明的价值导向，充分体现社会主义核心价值观要求，把实践中广泛认同、较为成熟、操作性强的道德要求上升为法律规范，以良法促进发展、保障善治，以德治促进法治，更好构筑中国精神、中国价值、中国力量。三是坚持立法为民。坚持以人民为中心，始终以保障人民根本利益为出发点和落脚点，保证人民依法享有广泛的权利和自由、承担应尽的义务，从法律制度上更好体现发展为了人民、发展依靠人民、发展成果由人民共享。四是坚持问题导向。一切从实际出发，尊重立法规律，回应社会关切，从人民最关心最直接最现实的利益问题入手，找准思想的共鸣点、利益的交汇点，增强立法的针对性和实效性。五是坚持统筹推进。按照轻重缓急，加快推进重点领域相关立法，以重点突破带动整体推进；同时按照社会主义核心价值观要求，推动各类制度、章程、守则、规约等规范的制定完善。

推动社会主义核心价值观入法入规的主要任务有：一是以保护产权、维护契约、统一市场、平等交换、公平竞争等为基本导向，完善社会主义市场经济法律制度；二是坚持和巩固人民主体地位，推进社会主义民主政治法治化；三是发挥先进文化育人化人作用，建立健全文化法律制度；四是着眼人民最关心最直接最现实的利益问题，加快完善民生法律制度；五是促进人与自然和谐发展，建立严格严密的生态文明法律制度；六是加强道德领域突出问题专项立法，把一些基本道德要求及时上升为法律规范。

推动社会主义核心价值观入法入规，是一项艰巨繁重的任务。一要加强组织领导，采取有效措施，认真组织实施，支持立法机关把社会主义核心价值观融入法律法规。要统筹各方力量,加强督促检查,推动本规划的贯彻落实。承担法律法规起草任务的有关部门,要制订工作方案,主要负责同志牵头负责,确保完成立法任务。二要完善工作机制,深入分析社会主义核心价值观的立法需求,完善立法项目征集和论证制度,制订好立法规划计划,加快重点领域立法修法步伐。建立常态工作机制,使社会主义核心价值观融入法治建设的立法修法规划与国家立法规划计划更好衔接,把社会主义核心价值观作为立法起草、论证、协调、审议的重要内容,注重立法目标和价值导向、法律规范和道德规范的有机统一。三要加强宣传教育,对社会主义核心价值观融入法治建设立法修法工作进展情况进行宣传报道,及时对出台的法律法规进行宣讲阐释。要加强舆论引导,报道典型案例,弘扬法治精神,树立社会正气,鞭挞丑恶行为,把推动社会主义核心价值观入法入规作为法治宣传教育的重要内容,引导人们自觉践行社会主义核心价值观。

第三节　社会主义核心价值观的文化本质与实践要求

一、社会主义核心价值观的文化本质

以"倡导富强、民主、文明、和谐,倡导自由、平等、公正、法治,倡导爱国、敬业、诚信、友善"为内容的社会主义核心价值观,扎根于人类文明优秀成果,立足于中国传统优秀文化,集中反映了新时代社会主义核心价值体系的根本性质和基本要求。作为一种新型的价值体系,社会主义核心价值观从国家、社会、个人三个层面对人类发展史中凝结而成的价值共识进行了全面深刻的提升整合,形成了既反映民族文化传统又展现时代精神的中国特色社会主义价值体系。这既是社会主义核心价值观的重大理论创新之处,同时也是社会主义核心价值观与西方核心价值观的文化本质差异之所在。

(一)不同于以对抗文化为本质特征的西方文化,社会主义核心价值观确立的是以和谐文化为本质特征的新型文化,开创了人类文化类型研究的新范式

从文化形态上看,西方文化的本质是一种对抗文化,对抗与征服构成了西方文化的基本结构和根本特征。这种对抗文化在不同领域具有不同的表现形

式,在自然领域表现为人类对抗自然的科学文化,在宗教领域表现为神圣对抗世俗的宗教文化,在政治领域表现为公民对抗国家的政治文化,在经济领域表现为自由对抗管制的经济文化……西方的对抗文化源于主体与客体的二元分立思维模式,认为作为主体的人与作为客体的自然之间是一种对抗与征服的关系。作为万物的尺度,人能够为自然界立法,人的理性可以征服和改变整个世界。基于这种对抗主义的文化传统和思维模式,西方核心价值观也呈现出鲜明的对抗主义色彩,如在自由问题上,刻意强调自由与国家管制之间的矛盾冲突,认为自由就是免予权力干预的自由,而忽视权力对自由的促进、保障作用;在平等问题上,片面夸大特定社会中的不平等因素,鼓吹平等价值的实现需要通过街头政治甚至剧烈革命的抗争方式才能获得实现;在博爱问题上,更是无视人群、种族、国家的历史差别和发展差异,自我构建一套超国家、超民族、超文化的价值标准作为文明社会的唯一评判标准,强加于其他国家和地区。在西方核心价值观侵蚀和影响下,这些国家和地区不同程度上出现了文化割裂、传统消解、价值紊乱局面,进一步加剧了不同价值、文化之间的冲突和对抗。

与西方文化的主体与客体分离、人与自然分立的思维模式不同的是,中国传统文化崇尚"天人合一",认为主体与客体是统一的,人与自然也是合一的,人与自然之间不是单纯的认识征服关系,而是一种尊重自然、敬畏自然、善用自然的和谐共存关系。中华文化的本质特征是一种和谐文化,人与自然之间是和谐统一的关系,客观世界与思维主体也是和谐统一的关系。西方文化中那种由于理性与感性的割裂、灵魂与肉体的撕扯所产生的赎罪意识、征服意识、霸权意识在中国文化中很少出现。天人合一、万物一体,进而实现真善美价值的和谐统一是中国文化的最高追求境界。正如习近平总书记所言,中华文化崇尚和谐,中国"和"文化源远流长,蕴含着天人合一的宇宙观、协和万邦的国际观、和而不同的社会观、人心和善的道德观。基于这种和谐取向的文化传统和思维模式,社会主义核心价值观首次将"和谐"作为价值观的重要内容纳入国家核心价值体系的范畴,确立了和谐文化观,在人类思想文化史上具有里程碑式的开创意义:首先,和谐价值观的提出顺应了当今世界的文化多元发展趋势,有效地解决了亨廷顿所预言的"文明的冲突"而导致的政治冲突和世界战争,使得各个不同甚至对立的文明之间也有可能形成"竞争性共处"的理想政治格局。其次，和谐价值观的提出改变了西方以竞争文化、征服文化为本质特征的发展模式，可以有效地消解理性中心主义、科学万能主义所带来的理性僭越与理性狂妄，重新审视处理人与人之间、人与自然之间的紧张关系，构建新型的包容型人际关系与和谐型发展理念。

（二）不同于近代西方的"二元对峙"国家结构形态，社会主义核心价值观确立的是"三维互动"国家结构形态，开创了国家结构研究的新形式

西方近代意义上的国家观念起源于自然权利说和社会契约论，即自然状态中的人为了改变自然状态带来的种种不便而自愿达成契约，在保留反抗权的基础上让渡出自己的部分自然权利组建了国家。当国家违背契约侵害公民权利时，人们有权起来反抗。对于公民来说，国家就是霍布斯笔下的庞然巨兽"利维坦"，力大无比、破坏无穷，必须时刻防御来自公权力的侵害。公民与国家的二元对峙结构根源于西方的对抗文化，在表现形态上主要表现为公民权利与国家权力的紧张关系，西方政治文化中的自由与秩序的冲突、个人与集体的对立、公共领域与私人空间的划分等都是公民与国家二元对峙结构的具体体现。在这种政治文化熏陶下，西方核心价值观充斥着对国家权力的不信任，"控制国家"是西方核心价值观的基本态度，对国家权力的防御、抵抗和制约构成了西方核心价值观的逻辑主线。

与西方的这种二元对峙结构截然不同的是，中国自古以来各个政治参与主体之间就是一种分工合作、协同互动的关系，如封建时代中的皇权与相权之间、朝廷与地方之间、国家官吏与民间乡绅之间，尽管有立场差异和利益区别，但都不是西方意义上的对峙关系。在这种关系下，各参与方都有自己的价值主张、利益诉求和群体支持，形成了多元化、多层次、多维度的包容型政治架构。基于这种特殊的政治结构，中国在漫长的历史演进中形成了独具特色的个人、社会和国家三者之间协同发展、共同进步的"家国同构"政治格局，个人、社会和国家在价值取向、利益诉求、结构形态和前途命运上具有高度的一致性和相通性，形成一个密不可分的利益结合体。

基于这种特殊的政治架构，社会主义核心价值观确立了公民、社会和国家"三维互动"的新型结构，以区别于西方的公民与国家"二元对峙"结构。社会主义核心价值观分别从国家制度、社会集体、公民个人三个层面规定了不同类别的核心价值观及其基本要求，既体现了新型政治架构下核心价值体系的整

体要求，又反映了不同群体对核心价值观的不同追求，具有重大的理论创新价值和实践指导意义。首先，社会主义核心价值观将传统西方文化中的公民、社会与国家之间的对峙关系转变为新型的有机联系、融通互动关系，体现了社会主义语境下国家、社会和公民在价值目标上的统一。其次，社会主义核心价值观根据不同层面、不同群体所追求价值观的不同，从国家制度、社会集体、公民个人三个层面对不同层面的价值观做了具体性规定，具有很强的针对性和可操作性，有利于整体核心价值观的培育和践行。

（三）不同于西方古典的依法治国模式，社会主义核心价值观确立的是依法治国与以德化民相结合的治理模式，开创了社会治理研究的新模式

法治是人类政治文明的重要成果，依法治国是社会治理的基本方式。西方的法治主义传统源远流长，从古希腊时期亚里士多德"法治＝良好＋守法"公式的提出，到中世纪晚期"罗马法的继受"运动的兴起，再到近现代以来的"法律至上"地位的确立和"法律帝国"的崛起，西方社会治理模式的主流始终是法治主义，受其影响，西方核心价值观整体上也深深烙下了法治文化的印记，带有浓重的法治主义色彩。需要强调的是，法治虽然是社会治理的主要方式，但并不是唯一方式。以分析实证法学为基础建立起来的现代法治理论虚构了一个"法律万能"的神话，刻意夸大法律在治国理政中的唯一作用，忽视道德、宗教、传统、习惯等的重要补充作用，导致出现"法律越多、秩序越少"的尴尬境地。为了改变这种困境，社会主义核心价值观在充分借鉴吸收中国传统优秀文化和人类文明先进成果的基础上，将西方古典的单一化法治模式，发展为依法治国与以德化民相统一的复合化模式，将现代法治理念与传统德治文化有机结合，开创了社会治理研究的新模式。

这种复合化治理模式主张，法治是治国理政的基本方式，必须将法治作为社会治理的主导方式放到首要地位。在加强法治建设的同时，积极发挥道德建设的巨大力量，突出道德的教化感召作用，提升个人道德修养，提高民众道德素质，形成良好的社会风气和舆论环境，以德化民、以文育人，推动社会治理方式的制度化、道德化、文明化。社会主义核心价值观有效整合了现代社会的多种治理方式，实现了依法治国与以德化民的有机统一，是推进国家治理体系和治理能力现代化的重要体现。

二、以社会主义核心价值观建设对冲"文化滞后"与"道德阵痛"

在社会生活中，经常会看到以下现象：外出旅游的人多了，但乱刻乱画、乱扔垃圾等不文明现象也多了；乘坐飞机的人多了，但霸机闹事、任性乱为等不文明乘客也多了；开车自驾的人多了，但野蛮驾驶、强行插队等不文明行为也多了……很多人把这些不文明现象归结于当事人的道德缺失、素质低下、修养不够。其实，从社会学角度来看，这些现象并不仅仅是个人的道德素质问题，在其背后，是社会变迁中必然产生的文化滞后现象。

文化滞后是指社会变迁过程中，文化集丛中的一部分落后于其他部分而呈现脱节、滞后的一种社会现象。文化滞后理论认为，社会文化分为物质文化和非物质文化两种，在社会文化的发展过程中，物质文化的变迁必然要引起非物质文化的变迁，但二者变迁速度并不一样，物质文化发展较快，非物质文化发展较慢。社会文化的变迁总是先从科技、经济等器物层面开始，然后是法律、规则等制度层面，最后才是风俗、习惯等精神层面。如果社会各种文化之间存在着长时间、大规模、高速率的脱节和滞后时，就会导致很多社会问题的产生，严重时甚至会引起社会解体。

如果以文化滞后理论来审视当前社会中急剧涌现的不文明行为，我们就会发现这其实是社会变迁过程中，经济科技层面的物质文化与观念道德层面的非物质文化之间不相适应所产生的一个必然现象。例如，汽车的发明是科学技术的重大进步，但是汽车发明后，也导致了车祸、酒驾、拥堵、污染等许多社会问题。为了解决这些问题，人们在长期社会实践中逐渐形成了一套与汽车文化相适应的汽车文明，如各种交通规则、尾气排放标准等，以尽可能地消解汽车带来的诸多社会问题。但是，由于中国改革开放以来的跨越式、爆发式发展，科学技术突飞猛进，物质经济飞速发展，社会文化急剧变迁，西方社会几百年的物质文化发展成果我们在几十年内就已经迎头赶上甚至开始超越。但是，由于非物质文化的滞后性，我们在引入接受西方物质文化的同时，与这套物质文化相辅相成的非物质文化并没有相应地建立起来，导致现在虽然汽车遍地，但是由于缺乏汽车文化背后的驾驶观念、行车习惯做支撑，汽车文明并没有真正形成，强行插队、不打转向灯随意变更车道、随意进紧急车道、乱开远光灯、随手开车窗扔垃圾、酒后驾驶、乱停车等不文明行车行为比比皆是、屡见不鲜。因此，当前社会的很多不文明行为，其实是变迁社会中文化滞后的具体体现，是转型时期无法避免的道德阵痛，是跨越式发展必须承受的社会代价。

因此，文化滞后不是道德堕落，它和个人道德修养密切有关，但又不完全等同于道德修养。有德之人会自觉地意识到这种文化滞后的存在，并会主动地缩减这种差距，但即使这样，也并不能完全避免因为文化发展差异而导致的文化脱节问题。费孝通先生在《乡土中国》中曾经深刻地描述过这种因为社会变迁而导致的文化脱节现象：乡下人初到城里不知道如何躲闪汽车，于是便有司机朝农民吐唾沫，骂他们"笨蛋"。费孝通认为，乡下人不知如何给汽车让道，就像城里人到了乡下连狗都不会赶一样，一切只不过是个知识问题，而不关乎一个人的人格。这种文化差异本质上并不是道德问题，而是一个文化多元和知识多样性的问题。

尽管文化滞后是社会变迁中的必然现象，对此我们只能接受而无法抗拒，但是，我们可以通过制度建设尽快地缩减文化滞后的进程，使得非物质文化的发展尽可能地适应和跟上物质文化的步伐。当前社会屡屡发生的不文明行为，一方面固然与个人的道德修养有很大关联，另一方面也与我们在制度建设上的无法可依、有法不依、执法不严密切相关。长期以来，不文明旅游、不文明乘机、不文明驾驶等行为，虽然备受非议，但是由于立法欠缺、执法偏软，在实践中，这些不文明行为并没有得到严厉而应有的制裁，相反，遵法守礼者权益屡遭侵犯，而野蛮违法者责任无从追究，长此以往，"劣币驱逐良币"，必然会导致"中国式旅游""机怒族""车怒症"等不文明现象的不断爆发和涌现。因此，要想从根本上消除这些不文明现象，尽快建立与现代文明社会相适应的行为规范，需要完善相关立法，加大执法力度，严惩不文明违法行为，以制度建设消解变迁社会中的文化滞后。

与文化滞后相关的另一个社会问题是转型时期的道德阵痛现象。提起当前中国的道德形象，很多人首先想到的就是层出不穷的"毒奶粉""瘦肉精""地沟油"等问题，以及屡屡发生的"彭宇案""范跑跑""小悦悦"等事件，再加上饱受诟厉的"中国式过马路""中国式出游"等不文明行为，一时之间，拜金享乐、自私功利、诚信缺失、素质低下似乎成了中国道德的第一印象。造成这种"集体无道德"的原因有很多，除了老生常谈的公民素质修养、经济发展程度、社会风气熏陶、舆论环境评价等因素外，其实还有一个常被忽视的重要原因，那就是中国处于社会转型时期的特殊历史背景。

从 1978 年十一届三中全会开始，我国就进入了革故鼎新的社会转型时期。在转型社会中，原有道德控制体系已经开始崩溃解体，新型道德控制体系还在建构形成之中，处于转型时期的社会民众在新旧两套道德体系之间无所适从，不得不忍受着二者之间的冲突撕扯所带来的阵阵剧痛，容易产生焦虑、功利、浮躁、极端的社会心态，导致不同程度地出现权力失控、规范失灵、道德失范、社会失序问题。我国当前出现的唯利是图、金钱至上、人心冷漠、互不信任、坑蒙拐骗、贪赃枉法等现象，其实都是社会转型时期必然出现的道德阵痛，是转型变革带来的必然代价。

从历史上看，道德滑坡不仅是我国改革开放时期特有的社会现象，而且是始终贯穿于人类社会改革发展史上的普遍现象，每逢重大的社会转型时期，不同时期的各个国家或地区都不可避免地会出现这种道德阵痛。例如，春秋战国时期，在奴隶制向封建制的转型中，孔子就曾经感慨当时的礼崩乐坏、世风日下、人心不古，痛斥"三代之政"之不存，对新的道德体系提出强烈的不满和控诉。清朝末年，在晚清王朝的近代转型过程中，当时最具历史深邃眼光的首辅李鸿章也不禁感叹这种转型是"中国三千年未有之大变局"，对人心、民风、制度和道德的冲击与破坏无法想象。在 20 世纪六七十年代，我国香港地区在从转口贸易港向商业大都市的转型中，伴随着经济高速发展，也是官商勾结、行贿受贿现象比比皆是，以至于涉嫌贪腐的九龙总警司葛柏在被调查期间居然携带 430 万港元巨额不明财产潜逃到英国，引起社会强烈愤慨，最终促成了香港廉政公署的成立。

国外的历史同样如此。盛极一时的古罗马帝国在由城邦共和国向世界性帝国的转变中，以诚信节俭、清贫爱国为核心的道德体系逐渐解体，开始变得骄奢淫逸、腐化堕落，最终导致帝国的终结。即使是号称"现代国家楷模"的美国，在 19 世纪末 20 世纪初从传统农业社会向现代工业社会转变的大转折时期，也产生了诸多严重的社会道德问题，从早期的种族歧视、官员腐败等问题，到后期的社会犯罪、贫富分化等问题，美国整个社会都充满着不满情绪，引发了大规模工人运动和所谓"进步主义"运动，最终促成了相关法律和制度的出台与完善。

因此，如果将我国当前出现的道德阵痛现象，放到改革开放的大背景下，就会发现这其实是转型阵痛、改革阵痛的重要组成部分和具体表现形式，是转型时期道德标准混乱、道德控制弱化、道德评价失效的必然结果。如果能够认识到这种道德滑坡现象实际上是转型时期带来的必然阵痛，就会客观理性地看待当前所谓的"道德危机"，不会刻意夸大这些道德失范现象的程度和危害，也不会把这种必然出现的转型阵痛归结于社会制度本身，更不会因此而对社会改革的发展前景丧失信心。

所以，要想解决转型时期道德困境问题，首先要分清原因，找对思路，要按照习近平总书记的要求"把制度建设摆在突出位置"，坚持道德建设的制度取向，坚持法治建设与道德建设的紧密结合，把违法乱纪的权力关进制度和道德的双重牢笼，用制度规范的稳定性、统一性、权威性和可预期性来改变转型道德的破碎性、模糊性、不确定性和非规范性，重构道德体系标准，重塑道德约束力量。

文化是制度之母。在加强制度建设的同时，还要注重发挥文化在制度建设中的宏观指引和丰厚滋养作用。任何一种制度的形成，都需要有相应的文化为其提供指导基础和内在涵养。当前我国的道德建设，不仅需要从中国优秀传统文化中汲取营养，还要从世界优秀文明成果中吸收借鉴，在多元多变多样格局中确立主流道德标准和核心价值体系，在制度上建构起一整套适应新文化、新价值、新观念健康发展的道德体系，积极引导转型道德的良性发展，尽早消解转型时期的道德阵痛。

三、培育担当民族复兴大任的时代新人

2018年8月21日，习近平总书记在全国宣传思想工作会议上强调，宣传思想工作是做人的工作的，要把培养担当民族复兴大任的时代新人作为重要职责。重中之重是要以坚定的理想信念筑牢精神之基，坚定对马克思主义的信仰，对社会主义和共产主义的信念，对中国特色社会主义道路、理论、制度、文化的自信。要强化教育引导、实践养成、制度保障，把社会主义核心价值观融入社会发展各方面，引导全体人民自觉践行。要抓住青少年价值观形成和确定的关键时期，引导青少年扣好人生第一粒扣子。要广泛开展先进模范学习宣传活动，营造崇尚英雄、学习英雄、捍卫英雄、关爱英雄的浓厚氛围。要大力弘扬时代新风，加强思想道德建设，深入实施公民道德建设工程，加强和改进

思想政治工作，推进新时代文明实践中心建设，不断提升人民思想觉悟、道德水准、文明素养和全社会文明程度。要弘扬新风正气，推进移风易俗，培育文明乡风、良好家风、淳朴民风，焕发乡村文明新气象。

人民有信仰，民族有希望，国家有力量。培养时代新人，重中之重是要以坚定的理想信念筑牢精神之基。这个理想信念，就是对马克思主义的信仰，对社会主义和共产主义的信念，对中国特色社会主义道路、理论、制度、文化的自信。反之，倘若理想信念动摇，世界观、人生观、价值观就会全面蜕变，本事再大也担当不起民族复兴大任。只有在全体人民特别是青少年中加强理想信念教育，深化社会主义和共产主义宣传教育，深化中国特色社会主义和中国梦宣传教育，弘扬以爱国主义为核心的民族精神和以改革创新为核心的时代精神，才能让理想信念的明灯永远在全国各族人民心中闪亮。

培养时代新人，关键是发挥社会主义核心价值观的引领作用。党的十八大以来，培育和践行社会主义核心价值观取得明显成效，但立物易、立心难，做好这项工作关键在"长""常"二字。现在，社会上有一些消极的东西，有的传递不思进取、颓废悲观等不良情绪，有的把财富标准同成功标准简单画等号，这些情绪观念同时代新人应有的精神风貌格格不入。强化教育引导、实践养成、制度保障，把社会主义核心价值观融入社会发展各方面，引导全体人民自觉践行；抓住青少年价值观形成和确定的关键时期，引导青少年扣好人生第一粒扣子；广泛开展先进模范学习宣传活动，营造崇尚英雄、学习英雄、捍卫英雄、关爱英雄的浓厚氛围，才能激浊扬清、扶正祛邪，使核心价值观像空气一样无处不在、无时不有，成为百姓日用而不觉的行为准则。

培养时代新人，还要大力弘扬时代新风，在推动社会文明进步中实现群众的自我教育、自我提高。进入新时代，在"站起来""富起来"的基础上，中华民族进入"强起来"的历史新阶段。"强起来"不仅意味着物质技术层面的进步，还包括社会文明程度的提升。习近平总书记指出，历史是人民创造的，文明也是人民创造的。加强思想道德建设，深入实施公民道德建设工程，加强和改进思想政治工作，推进新时代文明实践中心建设，才能不断提升人民思想觉悟、道德水准、文明素养和全社会文明程度。弘扬新风正气，推进移风易俗，培育文明乡风、良好家风、淳朴民风，才能既塑形又铸魂，焕发乡村文明新气象。

第四章 坚定文化自信

习近平总书记在庆祝中国共产党成立 95 周年纪念大会上的讲话中强调，坚持不忘初心、继续前进，就要坚持中国特色社会主义道路自信、理论自信、制度自信、文化自信，坚持党的基本路线不动摇，不断把中国特色社会主义伟大事业推向前进。将文化自信与道路自信、理论自信和制度自信并列，并将文化自信作为"更基础、更广泛、更深厚的自信"，是党在社会历史发展新时期，特别是在中国于全球范围内不断崛起的时代背景下，所提出的新的思想体系。这就进一步阐明了道路自信、理论自信和制度自信的深刻内涵，充分地厘清了文化自信与道路自信、理论自信、制度自信之间的辩证关系，更为重要的是，实现了以"三个自信"——道路自信、理论自信和制度自信——为代表的意识形态命题向更为深刻、更为广泛、更具全球性意义的宏观元命题的转变。

有没有文化自信，关涉到一个国家、一个民族的强盛或衰落。党的十八大以来，党和国家高度重视文化发展，站在中华民族伟大复兴的战略高度，着眼于五位一体总体布局和四个全面战略布局，提出了一系列新思想、新论断、新要求，把文化自信作为中国特色社会主义道路自信、理论自信、制度自信最基础、最深厚、最持久的自信。

第一节 文化自信的内涵与外延

习近平总书记在参观《复兴之路》展览时指出，经过鸦片战争以来170多年的持续奋斗，中华民族伟大复兴展现出光明的前景。现在，我们比历史上任何时期都更接近中华民族伟大复兴的目标，比历史上任何时期都更有信心、有能力实现这个目标。一个国家、一个民族的强盛，总是以文化兴盛为支撑的，中华民族伟大复兴需要以中华文化发展繁荣为条件。党的十八大以来，习近平同志站在中华民族伟大复兴的战略高度，着眼于"五位一体"总体布局和"四个全面"战略布局，多次就文化建设发表重要讲话，深刻回答了中国特色社会主义发展新时期一系列重大理论和现实问题及其与文化发展繁荣的内在关系，提出了一系列新思想、新论断、新要求，从而形成了中国共产党治国理政的最新理论成果，从而构成了增强文化自信、实现中华民族伟大复兴中国梦的强大精神力量。

党的十八大以来，习近平同志在思想文化宣传领域提出或深化了若干重要思想，主要包括"中国梦""中国精神""社会主义核心价值体系""继承发扬中华民族优秀文化""国家文化软实力""国家治理体系及治理能力现代化"六个方面。这些新思想、新论断、新要求从某一次讲话来看好像是各自独立的，但是把它们放到一起看就会发现，这是对当代中国发展的重大命题与中国历史文化继承发扬的重要关系做出的体系性创新。这些新思想、新论断、新要求是以习近平同志为核心的党中央对完善和发展中国特色社会主义提出的治国理政"关键词"，同时构成了基于中国文化发展的中国特色社会主义治国理政之路，即以实现中华民族伟大复兴"中国梦"为目标，要实现这一目标必须要有"中国精神"，要树立"中国精神"必须坚持以践行培育"社会主义核心价值体系"为前提，弘扬"社会主义核心价值观"必须"继承和弘扬中华优秀传统文化"。"中华优秀传统文化"是我们最深厚的"文化软实力"。"国家治理体系和治理能力"与一个国家的历史传承和文化传统密切相关。

一、树立"中国梦"伟大目标

"中国梦"和"两个一百年"奋斗目标是提振中国人民文化自信的目标指引。习近平总书记在参观《复兴之路》展览时的讲话中对"中国梦"具体做出阐释，为中国共产党在新形势下治国理政提出愿景。中华民族伟大复兴是中华民族和中国人民对 100 多年来中国沦为所谓"东亚病夫""睡狮"之后对国家富强、民族振兴、人民幸福的长久的期待，可谓千年的回响、百年的渴望。这个梦想，凝聚了几代中国人的夙愿，体现了中华民族和中国人民的整体利益，是每一个中华儿女的共同期盼。走过"雄关漫道真如铁"的昨天，跨越"人间正道是沧桑"的今天，"中国梦"正指引当代中国向着"长风破浪会有时"的明天迈进。特别需要强调的是，习近平总书记在十八届中央政治局常委中外记者见面会上指出，我们的人民热爱生活，期盼有更好的教育、更稳定的工作、更满意的收入、更可靠的社会保障、更高水平的医疗卫生服务、更舒适的居住条件、更优美的环境，期盼着孩子们能成长得更好、工作得更好、生活得更好。人民对美好生活的向往，就是我们的奋斗目标。这应该说是党对领导全国各族人民实现"中国梦"，对中华民族负责、对人民负责、对党负责的庄严承诺。

二、坚持中国精神独立性

实现中华民族伟大复兴"中国梦"必须要有"中国精神"独立性的高度自信。首先，中华民族几千年繁衍生息，在不同文明和不同历史时期经历种种磨难、危机乃至"亡国灭种"的最危险的时刻，依然能够自救、生存和发展，依靠的就是坚忍不拔、自强不息的民族精神。其次，"中国精神"在中华民族发展历史长河中形成了中国道德价值表征的"中国精神独立性"。习近平总书记说，如果我们的人民不能坚持在我国大地上形成和发展起来的道德价值，而不加区分、盲目地成为西方道德价值的应声虫，那就真正要提出我们国家和民族会不会失去自己的精神独立性的问题了。如果我没有自己的精神独立性，那政治、思想、文化、制度等方面的独立性就会被釜底抽薪。他在北京大学师生座谈会上讲话中指出，中华文明绵延数千年，有其独特的价值体系。我们生而为中国人，最根本的是我们有中国人的独特精神世界，有百姓日用不觉的价值观。这一精神世界和价值观正是我们的文化基因和发展基础。实现中国梦必须弘扬中国精神。今天我们的中国精神是什么？那就是以爱国主义为核心的民族精神，以改革创新为核心的时代精神。这种精神是凝心聚力的兴国之魂、强国之魄。爱国主义始终是把中华民族坚强团结在一起的精神力量，改革创新始终是鞭策我们在改革开放中与时俱进的精神力量。中国精神、中国的思想道德是中华民族在发展过程中本民族创造的，是内在于中华民族血液之中的，是百分之百原创的。中华文化具有开放、包容、兼收并蓄的鲜明特征，但中华民族从来没有把民族发展、国家振兴的希望寄托在对任何别的民族、国家的亦步亦趋上。独立自主既是中国处理国际关系的基本准则，更是中国精神的内在精髓。

三、培育弘扬社会主义核心价值观

弘扬"中国精神"必须坚持以弘扬社会主义核心价值观为前提。2014年2月24日，十八届中央政治局就培育和弘扬社会主义核心价值观、弘扬中华传统美德进行集体学习，习近平总书记对社会主义核心价值观与中国传统文化的内在联系及培育弘扬社会主义核心价值观的路径做出了精辟论述。他认为，中华优秀传统文化是中华民族的精神命脉，是涵养社会主义核心价值观的重要源泉，也是我们在世界文化激荡中站稳脚跟的坚实根基。中华民族在长期实践中培育和形成了独特的思想理念和道德规范，有崇仁爱、重民本、守诚信、讲辩证、尚和合、求大同等思想，有自强不息、敬业乐群、扶正扬善、扶危济困、见义勇为、孝老爱亲等传统美德。中华优秀传统中很多思想理念和道德规范，不论过去还是现在，都有其永不褪色的价值。习近平总书记在北京大学师生座谈会上说，每个时代都有每个时代的精神，每个时代都有每个时代的价值观念。国有四维，礼义廉耻，四维不张，国乃灭亡。这是中国先人对当时核心价值观的认识。在当代中国，我们的民族、我们的国家应该坚守什么样的核心价值观？或者说我们所提倡的"富强民族文明和谐、自由平等公正法治、爱国敬业诚信友善"的社会主义核心价值观的来源何自？习近平总书记强调指出，一是继承自中华优秀传统文化，中国古代历来讲格物致知、诚意正心、修身齐家、治国平天下。我们提出的社会主义核心价值观，把涉及国家、社会、公民的价值要求融为一体，既继承了中华优秀传统文化，又体现了社会主义本质要求。二是吸收了世界文明有益成果，体现了时代精神。著名文物学家谢辰生先生说,我们的传统文化有那么多有利因素,社会主义核心价值观把这些因素吸纳进来,就更加丰富了,就有中国特色了,而且这是真正的中国特色。我们的传统文化包含了认识自然、认识世界的许多内容,而这些都是客观的东西、规律性的东西,我们的传统文化本身,反映了科学的东西,而科学的东西,就是马克思主义的东西[①]。那么,弘扬"中国精神"为什么必须坚持以弘扬社会主义核心价值观为前提呢?习近平总书记指出,核心价值观是文化软实力的灵魂、文化软实力建设的重点。这是决定文化性质和方向的最深层次要素。一个国家的文化软实力,从根本上说,取决于其核心价值观的生命力、凝聚力、感召力。培育和弘扬核心价值观,有效整合社会意识,是社会系统得以正常运转、社会秩序得以有效维护的重要途径,也是国家治理体系和治理能力的重要方面。历史和现实都表明,构建具有强大感召力的核心价值观,关系社会和谐稳定,关系国家长治久安。

四、弘扬中华优秀传统文化

文化要自信并且能够自信,但是自信不是裹足不前、故步自封,更不可能有了文化自信就可以坐享其成。天下没有不劳而获的好事,我们需要以文化自信为动力,自觉承担起传播中华优秀传统文化、创新中华优秀传统文化的责任与使命,推动中华优秀传统文化的发展与繁荣,为建设中国特色社会主义先进文化提供深厚的精神滋养与资源支撑。习近平同志指出,我们走自己的路,具有无比广阔的舞台,具有无比深厚的历史底蕴,具有无比强大的前进定力。中国人民应该有这个信心,每一个中国人都应该有这个信心。这种自信就来自文化自信的凝聚,来自我们对中华优秀传统文化的继承与发展。

中华优秀传统文化支撑着中华民族薪火相传、生生不息,历尽种种劫难而浴火重生,其深厚的文化传统、独特的思想体系是几千年来中华民族知识智慧与理性思辨的结晶,是我们建设社会主义强国的独特优势,理应得到更为广泛的弘扬与更为彻底的践行。随着我国经济社会的不断发展,中华文化也必将迎接时代的挑战焕发更加蓬勃的生命力。我们确信,当高楼大厦在我国遍地林立时,中华优秀传统文化的大厦也必将巍然耸立。因此,我们对中华优秀传统文

---

① 谢辰生. 文化自信的历史源流 [J]. 瞭望, 2014 (3).

化应该有足够的自信，以高度的文化自觉奋力开拓大力弘扬中华优秀传统文化新道路、新境界。

五、增强国家文化软实力

把继承传统优秀文化与弘扬时代精神相结合，提出了增强国家文化软实力的意义和战略路径。习近平总书记高屋建瓴地指出，体现一个国家综合实力最核心的、最高层的，还是文化软实力，这事关一个民族精气神的凝聚。我们要坚持道路自信、理论自信、制度自信，最根本的还有一个文化自信。习近平总书记在第十八届中央政治局第十二次集体学习的讲话中，从"夯实根基""传播当代中国价值观念""展示中华文化独特魅力""提高国际话语权"等方面专门论述了提高国家文化软实力的战略路径和举措。无疑，习近平总书记对文化软实力的论述是对社会主义文化强国建设理论和实践的进一步深化。首先，他强调了文化软实力的核心在于价值观，中国文化软实力建设的核心在培育弘扬社会主义核心价值观。结合他对核心价值观的中华优秀传统文化来源、社会主义本质要求及吸收世界文明成果的论述，这就更全面更深刻地讲透了中国文化软实力建设的核心及其坚实的文化基因、根基和基础。其次，他强调了文化软实力及核心价值观建设对内对外的不同路径、功能和作用。对内要夯实国内文化建设根基，一个很重要的工作就是从思想道德抓起，从社会风气抓起，从每个人抓起，让十三亿人的每一分子都成为传播中华美德、中华文化的主体。对外要努力提高国际话语权。国际话语权与本国核心价值观的传播密切相关，是软实力的重要内容。总书记强调，要加强国际传播能力建设，精心构建对外话语体系，增强对外话语的创造力、感召力、公信力，讲好中国故事，传播好中国声音，阐释好中国特色。最后，他强调要努力展示中华文化独特魅力，要求系统梳理传统文化资源，让收藏在禁宫里的文物、陈列在广阔大地上的遗产、书写在古籍里的文字都活起来。

六、推进国家治理体系和治理能力现代化

强调国家治理体系和治理能力与历史传承和文化传统密切相关的关系。推进国家治理体系和治理能力现代化是党的十八届三中全会作出的重大战略部署，其本质是完善和发展中国特色社会主义国家制度体系，属于治国理政的

理论体系。对于国家治理、国家制度，我们长期以来习惯于从政治意识形态角度来看待，其实更为深层的是文化在起着根本性的作用。习近平总书记站在人类文明发展的高度，超越了仅仅从政治意识形态看待治国理政的层次，更多地从中国治国理政的历史传统、文化积淀、基本国情及现实条件出发来认识和阐发推进国家治理体系和治理能力现代化问题。这就把他的治国理政思想与中国梦、中国精神、中华优秀传统文化、社会主义核心价值观、文化软实力等方面的系列重要论述统一起来，一以贯之地体现出他的宏观文化观及其治国理政思想，同时也体现出他治国理政高度的文化自信和政治勇气。

第二节 文化自信的历史与逻辑

一、文化自信的历史

恩格斯指出，世界不是既成事物的集合体，而是过程的集合体，其中各个似乎稳定的事物同它们在我们头脑中的思想映像都处在生成和灭亡的不断变化中，在这种变化中，尽管有种种表面的偶然性，尽管有种种暂时的倒退，前进的发展终究会实现。对于文化，我们亦可如此理解——生活在一定文化中的人会不断地对自身文化进行再认识，会出现一个自负、自卑、自觉、自信再至自强的上升螺旋，而这个过程可能是痛苦的、迷茫的，却又一定是必要的、必然的，而且最终是建设性的、是面向未来的。当我们今天在谈论文化自信的内涵时，我们谈论的其实是与这一概念相关的一系列的历史与现实，只有在过程的"河流"中，我们才能更好地把握这些历史与现实，进而才能更全面地把握文化自信的复杂意蕴。

（一）从文化自负到文化自卑

曾几何时，在国人心目中，中华文明乃是世界上唯一的文明，这导致我们的文化心理甚至近乎自负——当然这种"自负"，是以中华民族一度长期领先的制度文明、独一无二的国际地位以及无出其右的经济水平为基础的，是由中华文明在人类历史上悠久而显赫的地位决定的——从公元前3世纪持续到19世纪末期才逐渐衰败解体的朝贡体系中，中国始终处于核心地位，这让国人有了一种"傲视群雄""唯我独尊"的文化优越感和民族自豪感。甚至,意大利传教士利玛窦为了迎合明朝统治者"天朝上国""中央之国"的文化心理,在给万历皇帝呈献《坤舆万国全图》的时候,刻意地将中国标在了中心位置。到了18世纪末的乾隆时期,面对要求通商的英国马戛尔尼使团,清王朝仍然不屑一顾,要求使团以"贡使"的身份觐见,在出现礼节之争时,乾隆皇帝说出"天朝物产丰盈,无所不有,原不借外夷货物以通有无",一方面反映出清王朝统治者"现代"理念的缺乏,另一方面也显示了清王朝对于自身文明的骄矜自负,暴露出一种夜郎自大式的"文化优越感"。

然而随着鸦片战争的爆发,在船坚炮利重击之下,妄自尊大的清王朝在与英国这一"蕞尔岛夷"的较量中,遭遇了全然未预料到的失败。随着19世纪以来历次反侵略战争的失败,藩属各国一个接一个地脱离"朝贡体系",中国失去的不仅是宗主国地位,自身也逐渐沦为西方国家的殖民地——中华民族的文化心理出现了剧烈的变化,不仅有了亡国灭种的民族危机感,更有睁眼看世界后因差距而生的焦虑感、失败感甚至是自卑感——曾经的"天朝上国"低下了高昂的头颅,丧失了"文化优越感"的国人,随着殖民化程度的加深以及民族危机的加重而陷入深层次的文化危机之中。

尽管此前中国历史上也曾经多次遭遇过外族入侵,但往往在经过一段时间的民族危机与政治动乱后,最终结果不过是王朝更替、江山易主,从文化层面看则都是入侵者的文化逐渐被先进的中华文明所同化——虽有政权丧失和生灵涂炭,然而国人对于中华文明的自信并未丧失。直至鸦片战争一役,我们遭遇到了"数千年未有之强敌",这种"强"不仅体现为技术层面的船坚炮利,而且体现在制度与精神方面,体现在工业文明相较于农业文明的历史进步性上。西方工业文明由于比封建农业文明更加先进而显示出其强势地位,中华文明在其冲击之下失去了对于自身的评判标准,国人文化心理从一个极端走向另外一个极端,从妄自尊大转为了妄自菲薄,从文化自负变为了文化自卑,这种转变及其影响既是深远的,也是本质的。

(二)从文化自省到文化自觉

鸦片战争后,面对中国逐渐沦为半殖民地半封建社会的悲惨境地,许多人自怨自艾、自暴自弃,但也有很多昂扬奋进、以天下为己任的仁人志士已经开始逐步走出自卑、深刻自省、进而自觉——他们开始对中华传统文化特别是儒家文化存在的合理性与权威性产生怀疑,并试图通过挑战、批评、改造,通过引进西方文明成果,找到摆脱困境、回应现实、振兴中华的"新路"。从洋务运动,到百日维新、辛亥革命、"五四"新文化运动,再到新民主主义革命,面对中华民族的内忧外患,有识之士纷纷把救亡图存的政治问题与文化问题关联在一起,自觉促进中华文化的创新发展,涌现出了一大批对于中华文化做过深入思考和研究的思想家、政治家、革命家。比如,中国近代史上"睁眼看世界"的第一人林则徐,面对中国当时封闭、僵化、落后的封建文化严重禁锢人们头脑、束缚人们思想、阻碍社会发展的状况,他心急如焚,委托魏源编写了一本全面介绍西方经济、政治、文化和思想观念的《海国图志》。然而令人遗憾的是,这样一本振聋发聩的书,却并未引起国人的高度关注,反倒是日本人对它如获至宝,连续翻印多次——这一事件大大促进日本人思想的空前解放,为日本迅速崛起为东方强国奠定了思想基础。无论是林则徐、魏源的"师夷长技以制夷",曾国藩、左宗棠、李鸿章、张之洞等洋务官员的"中学为体,西学为用",康有为、梁启超等维新志士"倡西学,兴民权,废科举,建学堂,发展资本主义工商业,实行君主立宪",还是孙中山为代表的资产阶级革命派建立"具有资产阶级共和国性质的中华民国",乃至20世纪20年代诞生的"现代新儒家"兴起的儒学现代化运动,都由于文化自省的不彻底性,最终在无情的现实面前"破产"了[①]。

  中国共产党作为一个有着崇高追求、肩负着历史使命的革命政党,有着强烈的文化使命与文化担当意识,面对是崇尚西方文化、"全盘西化"还是固守自身文化传统、"祖宗之法不可违"的"两极化"困境,中国共产党果断抛弃了资本主义、保守主义等当时"甚嚣尘上"的多种文化选择,经过实践探索,慎重地选择了科学性和革命性相统一的科学理论体系——马克思主义,并把马克思主义这一世界文化的先进成果作为自己的理论基础,进而与中华传统文化进行了深度融合。自从马克思主义进入中国以后,极大地改变了近代中国社会的文化生态,中华文化从此被注入了先进的思想内涵,从而在思想和精神上开始由被动转入主动——中华民族"屡战屡败""迷惘无依"的状态被彻底改变了。但是,马克思主义作为一种外来的思想文化传入中国,必须找到能够为国

---

① 郑治.自省、自觉、自信:中国共产党文化发展之策略[J].学术交流,2015(3).

人所理解、接受的形式。因此,中国共产党在选择马克思主义之后,又面临着是完全照搬马克思主义,还是形成"中国风格、中国气派的马克思主义"等重大问题。在文化自省的过程中,毛泽东明确提出,马克思主义一定要"和民族的特点相结合,经过一定的民族形式",并在1938年党的六届六中全会上首次提出"马克思主义中国化"的重大命题。至此,中国共产党在"痛苦"与"迷茫"中"蝴蝶破茧",独立地完成了文化自省,拥有了推进文化发展的勇气与决心,进而迈入了文化自觉的殿堂。

从20世纪80年代以来,随着我国综合国力的迅速提升,学术界伴随着一波又一波的"文化热""国学热",有关中华文化的研究成果层出不穷,成就斐然。著名社会学家费孝通先生更是于1997年创立了"文化自觉"论,认为各民族、各国家对自己的文化要有自知之明,对异族异国文化要主动适应,吸收其合理元素为我所用,从而达到"各美其美,美人之美"。以此为契机,中国关于文化的讨论与反思跃上了一个新的台阶。而在党和国家层面,也日益对文化在历史进步中的地位和社会发展中的功能、作用有了更为深刻的认识,对文化发展规律和趋势有了更为深入的把握,对发展文化的社会与历史责任、主动担当有了更为清醒的自觉,开始有意识地引领文化建设,大力加强对传统文化的批判与继承,对世界各种文化的判断与吸收,对历史经验教训的总结与汲取,对当代文化的定位与创建,开始了真正意义上的文化的自我觉醒与自我超越。这种觉醒与超越建立在对文化价值认知的深刻性、对文化发展规律把握的自觉性以及对文化建设历史责任担当的主动性的基础之上;这种觉醒与超越将文化视作经济社会发展的战略资源和国家综合国力的重要组成部分,认为文化既决定经济的目标,又决定生产力的发展,影响着人类的交往方式,聚合成巨大的精神动力,并能以此推动社会发展和变革,调控社会发展的状态;这种觉醒与超越是新时期文化自信的基础,引导我们走向文化自信和文化自强,并将推动经济社会的列车不断勇往直前。

(三)从文化自信到文化自强

改革开放特别是进入新世纪以来,我们国家成功走出了一条中国特色社会主义道路。这是一条使中国经济快速健康发展、人民生活不断改善提高、社会充满生机活力的道路,也是一条不断孕育新的思想文化的道路。而伴随着我国综合国力和国际地位的提升,世界更加关注中国,也更加关注中国的文化,这为扩大中国文化的影响提供了重要契机。现在一些外国学者提出"世界文化东移论",认为"21世纪将是亚洲世纪",认为"未来在很多方面西方要向中华文明取经"。这些观点不一定准确,甚至有"捧杀"成分。然而,中国影响在扩大、中国文化吸引力在增强,却是不争的事实。十八大过后,以习近平同志为核心的党中央把文化建设摆上更加突出的位置,将文化自信提升到与道路自信、理论自信、制度自信同等的高度,认为"坚定中国特色社会主义道路自信、理论自信、制度自信,说到底是要坚定文化自信,文化自信是更基本、更深沉、更持久的力量"。中央陆续提出了一系列符合时代要求的新的文化发展理念,作出了一系列关系文化建设全局的重大部署,随着我国文化体制改革深入推进,文化生产力进一步解放,文化事业、文化产业迅猛发展,新的文化业态不断涌现,文化服务、文化产品数量之多、品种之丰富前所未有,这一切都为文化发展创造了极为有利的条件,打开了极为广阔的空间。

从系统论的观点看,文化是一个复杂开放系统,人类的一切活动都是在文化这个宏大系统中进行的。今天我们倡导文化自信,其目的就是要确保在文化体系的活动中持有清醒的认识和理性的态度,牢牢把握社会主义先进文化的前进方向。云杉认为,文化自信,是一个国家、一个民族、一个政党对自身文化价值的充分肯定,对自身文化生命力的坚定信念[①]。具体来说,就是对自己的理想、信念、学说以及优秀文化传统有一种发自内心的尊敬、信任和珍惜,对当代核心价值体系的威望与魅力有一种充满依赖感的尊奉、坚守和虔诚。这种自信,是对自身文化发展的一种心理认同、正确心态和坚定信念:既对自己的民族优秀文化有着一种坚定的自豪,给予自己的传统文化必要的尊重,又把它放在世界多元文化的宏观格局中来考察,从而既不夜郎自大、孤芳自赏,又不妄自菲薄、自暴自弃;既有对外来文化的吸收与改造的勇气与魄力,又绝不是兼收并蓄、食洋不化,而有自己的取舍标准,决不仅是单纯的"物理嫁接",而必须是有机的"化学反应";既能正确把握文化建设的基本规律和正确方向,正视文化建设过程中可能出现的种种困难,又对文化发展繁荣的美好未来与文化强国建设的光明前景充满坚定信心。

---

① 云杉.文化自觉文化自信文化自强——对繁荣发展中国特色社会主义文化的思考[J].红旗文稿,2010(17).

今天我们倡导文化自信，归根到底是为实现文化自强。各种文化思潮、文化观念，最终要落在文化建设上，这才是最务实的文化活动。文化自强的本质是建设性的，而文化创新则是文化自强最重要的建设性要素。目前制约我国文化自强的一大问题就是文化创新尤其在基础性方面的文化创新不足，因此鼓励文化创新、支持文化创新是文化自强艰巨的建设任务。

我们的文化自信，不仅来自历史的辉煌，更来自当今中国的蓬勃生机，来自未来发展的光明前景。尽管受各种因素影响，中国要真正成为世界上的文化强国，还有很长的路要走，但中华文化兴盛的势头不可阻挡。放眼世界、审视自己、展望未来，世界的变化、中国的进步、人民的伟大创造为我们文化的繁荣兴盛提供了历史性机遇和广阔舞台，当代中国文化正展示出令人振奋、再现辉煌的良好势头。

二、文化自信的逻辑

2016年5月17日习近平总书记在哲学社会科学工作座谈会上的重要讲话指出，要按照立足中国、借鉴国外，挖掘历史、把握当代，关怀人类、面向未来的思路，着力构建中国特色哲学社会科学，在指导思想、学科体系、学术体系、话语体系等方面充分体现中国特色、中国风格、中国气派。这一论述强调了一个极其重要的观点，就是要善于融通各类文化资源，坚持不忘本来、吸收外来、面向未来的原则，构建中国思想文化体系。由此可以看出，从"文化"的角度看，对本土文化的高度遵从性、对域外文化态度的辩证性、对文化发展趋势的前瞻性，是文化自信的基本内容。而从"自信"的角度看，因为自信来源或者对象的不同，文化自信与否则至少又具有三个层面的评判标准：一是对文化科学性的自信，即文化是否对社会现实做出正确认识和合理解释，是否如实反映客观世界与主观世界的运动发展规律，能否作为改造世界实践活动的理论先导和科学依据。二是对文化价值性的自信，即文化是否符合社会主流价值标准，是否体现广大人民群众的利益诉求，是否代表未来社会的前进方向和发展趋势。三是对文化普适性的自信。这里所讲的普适性不能从"放之四海而皆准"的意义上来理解，而是指文化是否具有开放包容的品格特质，是否具有令人信服和向往的感召力，以及是否对其他文化具有可供吸收的合理成分和可供借鉴的积极意义。因此可以说，文化自信彰显了科学真理性、价值合理性、普遍适用性的有机统一,彰显了文化判断、文化选择、文化创造的有机统一,它并非国民情绪的直接感性表达,而是高度文化自觉后的深邃理性思考。

此外,在当代中国的特色语境中,文化自信至少还包括两层含义:一是对马克思主义文化的自信,二是对中国优秀传统文化的自信。马克思主义文化作为中国当代的主流文化,体现了当代中国文化的本质属性,决定着我国当前文化的根本性质和未来文化的前进方向,是最具本质性特征的文化元素。中国优秀传统文化作为中华文化的历史根脉,代表着当代中国的文化源头和民族特色,体现了中华文化的生命延续和基因传承,是滋养当代中国文化的丰厚沃土。值得注意的是,马克思主义文化与中华优秀传统文化虽然源头不同,却由于二者具有高度契合性而实现了成功合流,实现了从对立走向统一的历史飞跃,已然发展成为你中有我、我中有你的全新文化形态,即中国特色社会主义文化。

当前我们所倡导的文化自信,实质上就是对中国特色社会主义文化的自信。它表现为我们民族、我们国家和我们党对自身文化价值的充分肯定和积极践行,并对其文化生命力保持坚定的信心。因此文化自信的内涵从逻辑上可解构为三个层面:一是理性的文化心态,以及由此产生的对自身文化价值的强烈认同与自豪感;二是包容的文化胸怀,以及由此产生的对自身文化生命力的坚定信念;三是发展的文化视野,以及随之而来的推进文化建设、传播中华文化的无尽精神力量。

(一)理性的文化心态

文化自信首先表现为良好的文化心态,即理性地对待自己的文化,不自卑、不自负,对自己的文化有"自知之明",明白它的来历、形成过程、特色和发展趋向,对自己国家和民族的优秀文化传统有应有的尊敬和自豪。有了理性的认知才能树立正确的文化心态,而良好的文化心态建立在高度的文化自觉的基础之上。长期以来,我们国家存在两种不健康的文化心态:一种是文化自卑,文化自卑的主要表现是对自身文化价值的怀疑、否定乃至自轻自贱。自鸦片战争以来,即便是在中国取得举世瞩目的发展与成就时,中国社会仍然饱受文化自卑的困扰。这种自卑或表现为主张彻底否定中国的传统文化,或表现为主张全盘西化以迎合西方。自卑论者试图通过否定自身的历史文化传统走向历史虚无主义,而丢弃"自家宝",就必然会落入西方"普世价值"的陷阱,从而我们的历史和实践乃至道路、理论、制度都会遭到别人的污蔑、羞辱、打击，甚至会面临自我怀疑、自我否定和唾弃。现在社会上有很多错谬观念的流行，都是文化自卑的表现。比如，西方捅出"篓子"是一不留神马失前蹄，中国出点问题则是制度体制积重难返；西方的成功是制度文明进步使然，中国的成功则是侥幸偶然搭便车……都体现了一种文化上的自卑心态。这种心态从反面表明，在文化软实力和综合国力竞争日益激烈的当今世界，我们更应树立和增强文化自信，呵护我们的价值追求、捍卫我们的理想信念，否则只会导致整个社会的精神世界崩塌，其结果是核心价值混乱、民族意志瓦解、国家的软实力严重受损，使中国成为国际文化斗争的牺牲品。另一种就是文化自负，其主要表现为对待自身文化自足自满和妄自尊大的态度。文化自负会导致信息闭塞和盲目排外，造成自我封闭。历史上中华文明长期以来的"中心意识"曾导致中华民族在文化上的自我满足、自我陶醉，对外界的茫然无知、对外来文化戒备恐惧，实际上也是文化不自信的一种表现，以致在面对西方列强的坚船利炮时不知所措。在今天全球化的大背景下，文化自负也必然会阻滞改革甚至导致中国社会的停滞。当前，世界不同文化的交流比以往任何时候都更加频繁，交锋也更为激烈，这就更加需要我们在文化交流中保持理性、科学的态度，不断进行文化反思和比较，克服文化自负和文化自卑的错误心态，充分认识中国文化的独特优势和发展前景，进一步坚定我们的文化信念和文化追求，重建中华民族的文化自信。

（二）包容的文化胸怀

中华文化之所以生生不息、历久弥新，一个重要方面就在于它兼容并蓄的传统和海纳百川的胸襟，这实质上就是其特有的自信气度的体现。这种包容性主要体现在三个方面。

1. 对传统文化的传承

中国传统文化是以中华民族为主流的多元文化在长期的历史发展过程中逐渐形成的，包括思想观念、价值取向、生活方式、礼仪制度、风俗习惯、宗教信仰以及文学艺术等各个层面。习近平总书记指出，抛弃传统、丢掉根本，就等于割断了自己的精神命脉。博大精深的中华优秀传统文化是我们在世界文化激荡中站稳脚跟的根基。中国传统文化是中华民族的身份象征，无论是一个民族、一个国家，还是作为中华民族的一员，我们都应保有自己的文化特色并使之发扬光大，这既是对历史负责，也是对未来负责的一种态度。当然，对于中国传统文化中一些腐朽愚昧的成分，我们要坚持以取其精华、去其糟粕、古为今用的原则加以改造创新，使之适应中国特色社会主义现代化建设实践的需要。

2. 对外来文化的借鉴

改革开放以来，中国敞开胸怀，积极吸收借鉴外来先进文化，充分体现出中华文化的气度和胸怀。当前，中华文化国际交流的范围不断扩大、交流领域进一步拓展、交流层次也逐步加深，这为我们更好地吸收世界优秀文化成果创造了有利条件，同时也对我们如何吸收借鉴外来文化提出了更高要求。我们在吸收借鉴外来文化时，要始终坚持"以我为主、为我所用"的原则，要具备世界眼光、发展眼光，从我国的现实需要出发，具体问题具体分析，既大胆吸收借鉴一切有利于我国文化建设的先进经验和优秀成果，又始终坚持自己的文化理念和价值追求。既植根于本民族文化的土壤，又紧跟世界文明进步的潮流，着力构建具有中国特色、中国风格、中国气派的社会主义先进文化。

3. 对多元文化的整合

我国的多元文化包括传统文化与外来文化、主流文化与非主流文化、汉民族文化与各少数民族文化、精英文化与大众文化等，虽然一个多元文化并存的社会容易引发社会矛盾和价值冲突，但我们也应当看到，多元文化的存在有利于不同文化之间的相互交流与理解，增强其适应不同文化的能力。尤其是在当今中国，多元文化的和平共处有利于调节社会不同阶层之间的矛盾与冲突，保持社会稳定和谐。在当代中国，社会主义核心价值体系在多元文化发展中处于核心地位，承担着引领社会共识、规范价值取向、整合多元文化的重要功能。因此，对多元文化的整合要坚持以社会主义核心价值观引领，实现社会多元价值观更高层面的融合与凝聚，实现全体社会成员在现代化建设中的共建共享。

（三）发展的文化视野

"发展才是硬道理"，文化也是如此。发展的眼光是文化自信在更高层次上的一种体现。世界上没有一种文化是永远先进的，文化发展也要顺应时代潮流与时俱进。中华民族5000年博大精深的灿烂文化已成为历史，今天，我们要放眼世界、展望未来，使中华文化走向世界文化舞台，在国际文化竞争中争取更大的影响力和竞争力。中华文化的发展，关键在于中华文化创造性转化和创新性发展，这就需要中华文化进一步融入世界，加强与世界文明的交流与对话。中国作为一个"负责任的大国"，在打造自身的文化软实力时，不可忽视维护人类共有利益，弘扬人类共有精神，要努力使整个世界的物质和精神生活的良性互动成为人类生活的主题。要加强与世界文明的对话，亲近全球社会的共同价值，这就需要中国文化接受世界文化的审视和价值判断，同时也意味着要积极履行自己对全球社会的各种责任。我们必须认识到，在全球化的大背景下，中国社会今天所面临的种种问题大都不是孤立存在的，而是世界各国共同面临的难题，要解决好这些问题，单靠中国自己是不行的，必须融入全球社会，在言论和观念方面与世界各国展开广泛的、深入的交流。中华文化对世界的影响，不仅仅体现于自身的传承和发展，还必须体现在对价值观念的贡献上。虽然中华文化与西方文化相比，在科学技术方面或许稍逊一筹，但其丰富的人文价值却有着其他文化无法比拟的优势。尤其是在西方急功近利的发展模式屡屡给世界的和平与稳定带来不安定因素的今天，中华文化所倡导的"天人合一"等理念更显示出其当代价值：当世界面对越来越严峻的环境问题时，中华文化"天人合一"的整体性思维可为人类修复自己的家园送上一剂良方；当世界因各种利益纠纷与冲突而可能擦枪走火时，中华文化"协和万邦"的世界观恐怕是实现各得其所的最佳选择；当西方社会越来越沉湎于社会发展方式"唯一解"的时候，中华文化"和而不同"的价值观表明世界还有别样的可能性、别样的精彩……所以，我们的文化自信不仅体现在对世界文化的海纳百川、兼收并蓄，还要有一个坚定的信念，就是中华文化及其价值观念必将成为人类共同价值观念的一部分，将为世界文化贡献更多份额。当今中国的发展模式受到许多国家的关注，为许多发展中国家探索自己的发展道路提供了有益的中国经验。今后，我们还要继续探索符合中国国情的文化发展模式，使中华文化走出国门、走向世界，提供"中国方案"，为世界文明的发展做出应有的贡献。

第三节　文化自信的社会与实践

文化自信，包含两层含义：一层含义是我们有文化自信的资源、依据和底气，所以理应自信；一层含义是中国特色社会主义伟大事业是前无古人的事业，我国仍然是发展中国家，处于社会主义初级阶段，我国是文化大国但还不是文化强国，所以我们更需要培育文化自信。

一、文化自信是理性而不是盲目的自信

正如习近平总书记所说："我们说要坚定中国特色社会主义道路自信、理论自信、制度自信，说到底是要坚定文化自信。文化自信是更基本、更深沉、更持久的力量。"文化自信就是对自身文化既有情感、又有理性。文化自信并不是文化自傲，文化自觉也不是妄自菲薄。文化是复杂、多元、杂糅的综合体，既有纷繁复杂的呈现形式，也有可以把握的规律可循。透过现象看本质，透过本质抓规律，透过规律看趋势，是把握文化问题的关键所在。因此，对待自身的文化问题，既要有满腔的情感和认同，也要有清醒的理智和认识，绝不可以以情感替代理性，或以理性否定情感。培育和坚定文化自信，要在继承中创造创新、在发展中兼容并蓄，并以这种文化精神来指导新的文化实践。今天，我们正站在新的历史起点上，回首华夏文明的历史，前瞻未来是中华民族伟大复兴的目标；背靠着深厚的历史底蕴，面对着宽阔的世界舞台，我们每一个中华儿女都应该具有清醒的判断和坚定的信心。

从宏观层面看，培育和坚定文化自信，需要在中国发展进程和世界发展进程的格局中，把握民族文化独立性和包容性之间的张力——既树立世界性视野，积极借鉴世界各国优秀文明成果，又坚定文化自信、培育文化自觉，呵护中华文明的优秀传统。既要以宽阔的胸怀面对世界文明的多样性、在多元文化的互鉴中博采众长，更要深深植根于本民族文化，认识传统、了解传统、光大传统，维护好我们在世界民族之林中独一无二的文化身份。"我们要保持对自身文化的自信、耐力、定力"与"中国要永远做一个学习大国"是辩证统一的，需要我们在认知和践行文化自信的过程中加以深刻认识、全面把握。

从中观层面看，培育和坚定文化自信，需要正确处理继承和创新的关系，重点做好创造性转化和创新性发展。这要求我们不断增强理论自信和战略定力，构建具有中国风格与时代精神的哲学社会科学学科体系、学术体系、话语体系，加强对中华优秀传统文化的挖掘和阐发，使中华民族最基本的文化基因与当代文化相适应、与现代社会相协调，推动优秀文化的创造性转化、创新性发展，把不仅跨越时空、超越国界，而且富有永恒魅力、具有当代价值的文化

精神弘扬开来。

从微观层面看，培育和坚定文化自信，需要以文化自信指导具体的文化实践，彰显出人民群众的主体性。一方面，要把培育社会主义核心价值观作为凝魂聚气、强基固本的基础工程，通过健全行业规章、完善乡规民约、学习道德楷模、传播主流价值等方式，夯实中国特色社会主义的思想道德基础；另一方面，要积极通过文化产品创新、大众文化传播、跨文化交流，把继承优秀传统文化又弘扬时代精神、立足本国又面向世界的当代文化创新成果传播出去，提升中华文化软实力。

20世纪初，正值西学东渐、中西文化激烈碰撞的时代，梁启超先生就主张我们应在中国文化上"站稳脚跟"；梁漱溟先生更是直言，"世界未来文化就是中国文化的复兴"。这些充满智慧、富于预见的话语穿越百年时空，至今余音犹响。今天，我们正前所未有地靠近世界舞台中心，前所未有地接近实现中华民族伟大复兴的目标，更应该对我们独特的历史传统、独特的历史命运和这背后博大精深的民族优秀文化满怀信心，对适合我们自身特点的发展道路满怀信心，让文化自信的光芒照亮复兴之路，为实现中华民族伟大复兴中国梦而坚定中国道路、弘扬中国精神、凝聚中国力量。

文化是人的本质力量的对象化，文化自信的核心在于人文自信。因为文化自信是人文自信，所以它比理论自信"更基础、更深沉、更持久"；因为"更基础、更深沉、更持久"，所以更能促进理论自信。文化自信的要义在于精神自信，理论自信的要义在于价值自信，或"根"或"果"，都是为了塑造和提升当代中国人的精神世界。在提升中华优秀传统文化自信、革命文化自信、社会主义先进文化自信的基础上，增强中国特色社会主义理论自信，当代中国人就能清晰呈现自己的人文精神和本质力量，明确表达自己的价值取向和价值内涵，以更加充沛的精神状态、更加鲜明的价值追求，昂首迎来中华民族伟大复兴。

二、文化自信是开放而不是封闭的自信

文化自信是在我国全面深化改革的背景下提出来的，所以它必定是一种开放的自信、面向世界的自信。开放的自信，就是要践行文化自信，让中华文化走向世界。习近平指出，提高国家文化软实力，要努力展示中华文化独特魅

力，要把跨越时空、超越国度、富有永恒魅力、具有当代价值的文化精神弘扬起来，把继承传统优秀文化又弘扬时代精神、立足本国又面向世界的当代中国文化创新成果传播出去。他还指出，要以理服人，以文服人，以德服人，提高对外文化交流水平，完善人文交流机制，创新人文交流方式，综合运用大众传播、群体传播、人际传播等多种方式展示中华文化魅力。至今已开办十年有余的孔子学院，便是我们推行文化走出去的良好实践。据报道，截至2015年12月1日，中国已在134个国家和地区建立了500所孔子学院、1000个中小学孔子课堂，学员总数达190万人。我们有理由相信，中华文化之花，已借孔子学院及其他诸多实践之力，开遍世界。文以化人、文以载道，让中华民族的文化理念走出国门，让文化自身说话，使其成为不同语种、不同地域、不同国家和平交流沟通的媒介。在展现中华文化风采的同时，更重要的是呈现中国和平发展、和平崛起的理念，阐明"中华民族的血液中没有侵略他人、称霸世界的基因，中国人民不接受'国强必霸'的逻辑，愿意同世界各国人民和睦相处、和谐发展，共谋和平、共护和平、共享和平"，从而为中国的发展营造良好的国际氛围。提高国家文化软实力，关系"两个一百年"奋斗目标和中华民族伟大复兴中国梦的实现。一个国家如果硬实力不行，可能一打就败；而如果软实力不行，可能不打自败。践行文化自信，提高文化软实力，事关全局，刻不容缓。"欲人勿疑，必先自信。"只有对自己的文化有坚定的信心，才能获得坚持坚守的从容，鼓起奋发进取的勇气，焕发创新创造的活力。文化立世，文化兴邦。坚定文化自信，大力推动中国文化走出去，为中国经济、外交和安全影响力的扩展提供更加有效的软保护、构筑更有利的软环境，为我们的强国自信提供更基本更深沉更持久的力量，是我们必须重视的时代课题。当然，推动中华传统文化创造性转化、创新性发展，决不能故步自封、闭目塞听，它离不开中华传统文化与世界上其他文化的交流、交融甚至交锋。在这个过程中，应努力避免非理性的排外，或对自身全盘否定、对外来文化简单照搬。对中华传统文化进行创造性转化、创新性发展，就是要实现中华传统文化与现代化的对接，实现中华传统文化对当代科学技术新成就的学习吸纳，实现中华民族传统的道德理想、文化理想与现代民主、法治、文明等理念的对接。

三、文化自信是实践的而不是教条的自信

改革开放以来，我国经济快速发展，中国特色社会主义事业全面推进，我国国际地位大大提高。与此相适应，我们的文化视野不断拓展、文化自信不断增强。所有这些，为中华民族伟大复兴提供了前所未有的历史机遇。习近平同志指出，"中华民族伟大复兴需要以中华文化发展繁荣为条件"。这一重要论断，深刻阐明了中华文化发展繁荣对于中华民族伟大复兴的重要意义，也深刻阐明了中华文化发展繁荣的时代使命与责任担当。

文化自信渗透在社会主义文化强国的建设之中。中华文化化育着中国人生活、规范着中国社会，同时为中国人提供了高远的理想。比如，"大同社会"的观念，体现了中华传统文化崇尚和谐公正的价值取向；"协和万邦"的观念，与我们今天所说的人类命运共同体思想息息相通；等等。中华传统文化的瑰宝在于它的文化理想与道德理想，在于它的大同思想与整体主义；还在于它的务实性与"此岸性"，在于它的自强不息与"苟日新、日日新、又日新"的精神。习近平同志指出，中国人看待世界、社会、人生，有自己独特的价值体系。中国人独特而悠久的精神世界，让中国人具有很强的民族自信心，也培育了以爱国主义为核心的民族精神。20世纪后期，社会主义国家纷纷进行改革。但西方一些政要如英国首相撒切尔夫人与美国国家安全事务助理布热津斯基，都看好中国的改革。他们明确指出，自己之所以看好中国，原因在于中国有着独特的文化。独特的价值体系、独特而悠久的精神世界，使中华文化不会成为其他文化的附庸，而能在独立自主的轨道上实现自我革新和发展。我们的文化自信首先体现在弘扬传承中华优秀传统文化上。

文化自信渗透在培育和弘扬社会主义核心价值观之中。社会主义核心价值观的提出，体现了中华优秀传统文化与现代化对接的追求与成果，从中可以看出近代以来100多年中华文化的前进足迹。富强、民主、文明、和谐，自由、平等、公正、法治，爱国、敬业、诚信、友善，这24个字继承了中华优秀传统文化讲仁爱、重民本、守诚信、崇正义、尚和合、求大同的传统，体现了新文化运动提倡的"德先生""赛先生"，包括了我们党一直倡导的爱国主义、社会主义，凝结了改革创新的时代精神。对此我们需要深入研究和领会。习近平同志强调，把培育和弘扬社会主义核心价值观作为凝魂聚气、强基固本的基

础工程。为什么社会主义核心价值观具有如此重要的意义？其一，社会主义核心价值观是从中华传统文化最强大的基因中生长出来的。在广大人民心中，长久以来保持着辨别是与非、善与恶、忠与奸、清与贪、诚与伪、美与丑的愿望与尺度。人心可用，传统可取。社会主义核心价值观正是对世道人心的"凝魂聚气、强基固本"。其二，社会主义核心价值观包含了我们先贤向往的美好愿景，包含了从孔夫子到孙中山的一切志士仁人的奋斗理想，体现了中国共产党人领导广大人民进行革命、建设和改革的根本诉求，即实现中华民族伟大复兴的中国梦。其三，社会主义核心价值观是中国特色社会主义事业的标志性成果。其文化意义在于，它是中华民族的、社会主义中国的，也是世界的；它是理想的，也是务实的。以社会主义核心价值观为价值导向和行为规范的中国人民，将为世界和平进步与人类幸福做出更大贡献，同时保持并弘扬中华文明的传统特色与精华。其四，社会主义核心价值观植根于中国人民的切身利益与美好愿望，与中国人民的幸福追求、发展信心、上进愿望融为一体，是生活化、接地气的，是我们每一位公民尤其是青少年自身发展、价值实现与人生幸福的根本保证。

文化自信渗透在中国特色社会主义道路自信、理论自信和制度自信之中。文化自信是支撑道路自信、理论自信、制度自信的基础，如果缺乏文化自信，那么道路自信、理论自信、制度自信就很难支撑起来，基础不牢、地动山摇。所以只有坚持文化自信，才能进一步做到坚持道路自信、理论自信、制度自信。文化可以深入人的一切活动、一切方面，无处不在，无时不有。它不像道路、理论、制度自信都有特定的存在空间。比如，道路自信讲的是路径，理论自信讲的是行动指南，制度自信讲的是行为规范。而文化自信不仅渗透于道路自信、理论自信、制度自信之中，而且在人的一切活动、一切方面都存在，所以文化自信的影响更广泛。文化是人各项活动里面的基因，是我们的精神家园，也是我们的传统。文化一旦内化于心，就有稳定性和长期性。一旦文化自信树立起来，这个影响就不仅是深厚的，而且是长远的。文化作为一种基因、血脉和传统，内化于心、外化于行，渗透到人的活动的方方面面，也渗透到道路、理论和制度中，影响更广泛深远。

四、文化自信的实践价值

习近平总书记在庆祝中国共产党成立 95 周年大会上的讲话中指出,文化自信是更基础、更广泛、更深厚的自信。在 5000 多年文明发展中孕育的中华优秀传统文化,在党和人民伟大斗争中孕育的革命文化和社会主义先进文化,积淀着中华民族最深层的精神追求,代表着中华民族独特的精神标识。从面向未来、面向实践的角度看,文化自信体现为充分认识和肯定中华优秀传统文化的历史价值和时代价值、积极继承与发扬党领导的革命文化的使命意识和担当意识以及正确认识并把握新时期社会主义先进文化的发展方向和建设规律三个方面。

(一)充分认识和肯定中华优秀传统文化的历史价值和时代价值

中华优秀传统文化蕴含有丰富的思想资源和强大的精神力量,这些思想理念构筑了中华优秀传统文化的大体,并代际相传、历久弥新,始终为中华民族提供精神支撑和心灵慰藉。近代以来,中华民族命运多舛,但中华优秀传统文化非但没有零落凋谢,反而凤凰涅槃,与马克思主义相结合,在革命战争中铸就了毛泽东思想。毛泽东在《新民主主义论》中强调:"中国的长期封建社会中,创造了灿烂的古代文化。清理古代文化的发展过程,剔除其封建性的糟粕,吸收其民主性的精华,是发展民族新文化,提高民族自信心的必要条件。"而 1943 年 5 月 26 日在《中共中央关于共产国际执委主席团提议解散共产国际的决定》中更是指出:"中国共产党人是我们民族一切文化、思想、道德的最优秀传统的继承者,把这一切优秀传统看成和自己血肉相连的东西,而且将继续加以发扬光大……要使得马克思列宁主义这一革命科学更进一步地和中国革命实践、中国历史、中国文化相结合起来。这一运动表现了中国共产党人在思想上的创造才能,一如他们在革命实践上的创造才能。"如今,中华优秀传统文化正在迸发出旺盛生命力并渗透在人民群众的日常学习、工作和生活中——曾经久违了的国学,现在正悄然走进大学、中学、小学、幼儿园,甚至许多人的书架上、挎包里,已经成为一股学习热潮。中华优秀传统文化正在成为中华民族共有精神家园的重要支撑,也正在成为实现中国梦的强大精神力量。

5000 年中华文明史,中华优秀传统文化延续着我们国家和民族的精神血脉,支撑着中华民族生生不息、薪火相传,历经劫难而浴火重生。这一文化血脉是我们建设社会主义文化强国最强大的文化基因,正如习总书记所指出的:中华民族有着深厚文化传统,形成了富有特色的思想体系,体现了中国人几千年来积累的知识智慧和理性思辨。这是我国的独特优势。"以国为国,以天下为天下"的爱国情操,"天下大同"的人类情怀,"修齐治平"的心性修养,"天人合一"的境界追求,"民为邦本"的政治理念,"民贵君轻"的民本思想,"和合"的美好理想等中华优秀传统文化蕴含着丰富的哲学思想、人文精神、教化思想和道德理念。这些思想、精神、追求和理念历久而弥新,在不断的创造性转化和创新性发展中与当代文化相适应、与现代社会相协调,展现出巨大的文化光辉,焕发出强大的文化生命力,是中华民族最独特的性格气节、最深层的精神追求和最根本的文化基因,可以为人们认识和改造世界提供有益启迪,为治国理政提供有益启示,为道德建设提供有益启发,是中华民族能够屹立于世界民族之林的最坚强后盾。正如习近平总书记指出:"抛弃传统、丢掉根本,就等于割断了自己的精神命脉。博大精深的中华优秀传统文化是我们在世界文化激荡中站稳脚跟的根基。"因此,我们要实现文化自信就必须立足中华优秀传统文化,使中华民族最基本的文化基因与当代文化相适应、与现代社会相协调,实现创造性转化、创新性发展。

(二)积极继承与发扬党领导的革命文化的使命意识和担当意识

革命文化是无数革命志士用鲜血和生命铸就的,体现了中国社会发展的主流和方向,承载着中华民族伟大复兴的历史夙愿。中国共产党成立以来,在马克思主义先进理论武装下,顺应历史潮流、勇担历史重任、敢于付出巨大牺牲,从新民主主义革命到社会主义革命与建设,领导中国人民打败了压在自己头上的各种反动派,使中华民族改变了被压迫、被奴役的命运,整个国家实现了团结统一和繁荣富强。党和人民在伟大斗争中孕育出了一种改天换地、不畏艰险、勇于牺牲、敢于担当的革命文化。从红船精神、井冈山精神、长征精神、延安精神、西柏坡精神,到雷锋精神、大庆精神、两弹一星精神,再到载人航天精神、抗震救灾精神、改革创新精神,这一文化迸发出生生不竭、代代不息的文化动力,激励着一代又一代的中国共产党人领导中国人民矢志不移、不断前行。

今天,我们面临的机遇前所未有,但我们面临的挑战也前所未有。国际形势复杂多变,国内经济社会发展面临深层次调整,协调推进"四个全面"战略布局、着力践行"五大发展理念"、顺利实现"五位一体"总体布局，是新的时代条件下一场涉及利益调整、体制变革、社会转型和观念更新的新的伟大实践和革命。这场革命"开弓没有回头箭"，艰难险阻只能一个个去克服，深水险滩只能一个个去跨越。只有不畏艰险、勇于牺牲、敢于担当，坚持问题导向，增强进取意识，才能一往无前、继续前行。强烈的文化担当，是一个政党理想追求和精神面貌的集中体现，也是一个政党政治上成熟且具有强大生命力的重要标志。作为一个肩负着民族希望和历史使命的执政党，要带领全国各族人民实现中华民族的伟大复兴，就必须高举马克思主义的文化旗帜，高扬自己的文化理想，主动担当起推进文化发展繁荣的历史责任。也正因为葆有革命文化所蓄积迸发出的强大精神动力，我们才能继续充满信心，面对新形势下我们正在进行的具有许多新的历史特点的伟大斗争，昂首阔步走在民族伟大复兴的光明大道上。

（三）正确认识并把握新时期社会主义先进文化的发展方向和建设规律

习近平总书记曾指出，要坚持走中国特色社会主义文化发展道路，弘扬社会主义先进文化，推动社会主义文化大发展大繁荣，不断丰富人民精神世界，增强人民精神力量，努力建设社会主义文化强国。社会主义先进文化在政治信念、市场意识、社会理念、公民伦理和人本精神等层面具有自己独特的内涵与价值，是构建中国话语体系的最佳支撑。今天，我们比历史上任何时期都更接近中华民族伟大复兴的目标，正是因为我们发展出的坚持以马克思主义为指导、凝聚人类文明成果、融合中华优秀传统文化的社会主义先进文化，使得我们能够走出一条植根中国特色的社会主义发展道路，走出一条坚持"和而不同"的和平崛起道路。我们在面对各种文化价值的冲击和社会思潮的碰撞时，完全有信心能够讲好中国故事、发出中国声音，打造具有中国特色、中国风格和中国气派的话语体系，打破"中国威胁论"和"中国崩溃论"的西方话语偏见，坚持为经济文化落后的发展中国家提供经验借鉴，为人类对更好社会制度的探索提供中国方案，为人类文明做出我们的独特贡献。

伴随着中国特色社会主义事业的不断推进和繁荣发展，中国特色社会主义文化也在不断发展与进步。特别是随着中国特色社会主义道路的确立，我们找到了中国特色社会主义先进文化发展道路，即坚持为人民服务、为社会主义服务的方向，坚持百花齐放、百家争鸣的方针，坚持贴近实际、贴近生活、贴近群众的原则，推动社会主义物质文明和精神文明全面发展，建设面向现代化、面向世界、面向未来的，民族的科学的大众的社会主义文化；我们形成并明确了社会主义核心价值观的基本内容，在全国兴起了培育和践行社会主义核心价值观的热潮。

党的十八大以来，我们坚持社会主义先进文化前进方向，坚持把社会效益放在首位、社会效益和经济效益相统一，深化文化体制机制改革，在推动文化事业全面繁荣、文化产业快速发展方面取得显著成效。我国哲学社会科学、新闻出版、广播影视、文学艺术事业不断发展；公共文化建设全面加强，公共文化服务体系不断完善、服务效能不断提高；文化和科技进一步融合，新型文化业态得到发展，文化产业的规模化、集约化、专业化水平不断提高，日益成为国民经济的支柱产业；文化治理体制和文化生产经营机制进一步完善，现代文化市场体系不断健全，文化市场进一步繁荣；文化领域进一步对外开放，文化走出去战略取得实质性成效……所有这些都壮大了我国文化软实力，提升了我国文化竞争力，为我们树立和增强文化自信提供了源源不断的动力。正确认识社会主义先进文化的发展方向，认真思考、总结和把握社会主义先进文化的建设规律，我们才能在推进改革开放和社会主义现代化建设的进程中充满文化自信。

第五章 维护国家文化安全

国家文化安全,是指一个国家的文化生存系统安全运行和持续发展状态及文化利益处于不受威胁的状态,包括国家文化政治安全、文化信息安全、公共文化安全等,首要的是文化政治安全,其中又以意识形态安全为主。长期以来,我国一直是西方国家进行文化渗透的重要目标,文化的发展正受到来自全球的威胁和挑战,维护国家文化安全的任务十分艰巨。

党的十八大以来,习近平总书记在多个场合谈到中国传统文化,表达了自己对传统文化、传统思想价值体系的认同与尊崇。2015年5月4日,他与北京大学学子座谈,也多次提到核心价值观和文化自信。习近平在国内外不同场合的活动与讲话中,展现了中国政府与人民的精神志气,提振了中华民族的文化自信。习总书记所提倡的"文化自信"有其深厚根基,不仅来自文化的积淀、传承与创新、发展,更来自当今中国特色社会主义的蓬勃生机,来自实现中国梦的光明前景。改革开放40多年来,我们创造了举世瞩目的成就。国家兴旺,文化必然兴盛,特别是党的十八大以来,我们党把建设社会主义文化强国摆到更加突出的位置,中华文化正迎来一个繁荣发展的黄金期。

文化的优秀、国家的强大、人民的力量、文化的安全就是我们文化自信的强大底气,文化自信的水之源、木之本[①]。我们没有理由不自信!

加强文化安全,提高文化软实力事关国运。中国虽然有强大的文化根基和

[①] 2013年12月26日,习近平总书记在纪念毛泽东同志诞辰120周年座谈会上的讲话指出,站立在960万平方公里的广袤土地上,吸吮着中华民族漫长奋斗积累的文化养分,拥有13亿中国人民聚合的磅礴之力,我们走自己的路,具有无比广阔的舞台,具有无比深厚的历史底蕴,具有无比强大的前进定力。中国人民应该有这个信心,每一个中国人都应该有这个信心。

强劲的文化发展势头,但事实不容忽视,那就是中国目前还只是一个文化大国而不是一个文化强国,我们文化软实力的表现与物质硬实力的日益强大并不相称。如何加强文化安全,提高文化软实力?践行文化自信,让中华文化走向世界[1]。至今已在全球开办十年有余的孔子学院,便是我们推行文化走出去的良好实践[2]。我们有理由相信,中华文化之花,已借孔子学院及其他诸多实践之力,开遍世界。文以化人、文以载道,文化安全的一个重要的方式就是让中华民族的文化理念走出国门,让文化自身说话,使其成为不同语种、不同地域、不同国家和平交流沟通的媒介。在展现中华文化风采的同时,更重要的是呈现中国和平发展、和平崛起的理念,阐明"中华民族的血液中没有侵略他人、称霸世界的基因,中国人民不接受'国强必霸'的逻辑,愿意同世界各国人民和睦相处、和谐发展,共谋和平、共护和平、共享和平",从而为中国的发展营造良好的国际氛围。提高国家文化软实力,关系"两个一百年"奋斗目标和中华民族伟大复兴中国梦的实现。一个国家如果硬实力不行,可能一打就败;而如果软实力不行,可能不打自败。践行文化自信,提高文化软实力,事关全局,刻不容缓。

"欲人勿疑,必先自信"。只有对自己的文化有坚定的信心,才能获得坚持坚守的从容,鼓起奋发进取的勇气,焕发创新创造的活力。文化立世,文化兴邦。坚定文化自信,大力推动中国文化走出去,为中国经济、外交和安全影响力的扩展提供更加有效的软保护、构筑更有利的软环境,为我们的强国自信提供更基本更深沉更持久的力量,是我们必须重视的时代课题。

---

[1] 习近平在中共中央政治局第十二次集体学习时强调,"提高国家文化软实力,要努力展示中华文化独特魅力",要"把跨越时空、超越国度、富有永恒魅力、具有当代价值的文化精神弘扬起来,把继承传统优秀文化又弘扬时代精神、立足本国又面向世界的当代中国文化创新成果传播出去"。他还指出:"要以理服人,以文服人,以德服人,提高对外文化交流水平,完善人文交流机制,创新人文交流方式,综合运用大众传播、群体传播、人际传播等多种方式展示中华文化魅力。"

[2] 从第十届孔子学院大会新闻发布会上获悉,截至2015年12月1日,中国已在134个国家和地区建立了500所孔子学院、1000个中小学孔子课堂,学员总数达190万人。

第一节　文化安全的界定

在美国和西方推行全球文化扩张的战略背景下，对于中国这样一个迅速崛起、意识形态和政治制度与西方迥异的，并正在致力于民族伟大复兴的社会主义大国来说，重视并加强国家文化安全建设至关重要。我国国家文化安全战略的重心定位于明晰意识形态、民族文化和公共文化的建设方向；战略措施运筹集中于完善文化管理系统，提升文化软实力；战略底蕴开发立足于繁荣和发展哲学社会科学；战略环境优化着眼于推动建立国际文化新秩序。

在当今世界的国际环境中，决定一个国家国际地位和安全状况的首要因素还是实力，但不能因此而忽视战略谋划的重要作用。高质量的战略谋划能充分调动国家战略资源，使国家力量最大限度地表现出来。反之，则可能白白浪费国家战略资源，使国家力量大打折扣。我国国家文化安全战略措施的运筹集中于完善文化管理系统，提升文化软实力。

一、强化国家文化安全战略研究

维护国家文化安全，一方面应着眼于增强国家文化力，另一方面也应高度重视国家文化安全战略的谋划。实际上，如何有效增强国家文化实力，这本身就是一个战略谋划问题。当前，缺乏完整、全面和系统的国家文化安全战略是当前维护中国国家文化安全亟待解决的问题。这主要表现为国家文化安全战略意识和战略措施尚未充分体现在中国文化发展的整体战略中。而考察中国国家文化安全战略应从两个层次展开：一是战略意识，二是战略措施。战略意识是战略决策的背景和重要基础，主要是指决策者及其"思想库"对战略谋划对象的认识状况。目前，中国国家文化安全战略意识最突出的情况就是对中国国家文化安全形势认识不足，由此，必须建立健全我国文化安全研究思想库，加大对思想库的扶持力度，强化国家文化安全战略研究。

二、建立健全国家文化安全决策管理系统

国家文化安全危机决策管理系统是实施国家文化安全战略的枢纽性环节，

该系统的建立并不是要在原有的国家文化管理体系以外另起炉灶，而是通过体制改革和制度创新，给原有的文化管理系统赋予国家文化安全决策管理的功能和职能。我国原有的文化管理系统是计划经济时代的产物，很大程度上受苏联模式的影响，以集权、集中和统一为主要特征。虽然改革开放40多年来文化管理系统有了很大变化，但相对于推动社会主义文化大发展大繁荣，以及应对全球化条件下我国文化安全面临的挑战等新任务、新要求，文化管理体制改革还需进一步深化，特别是要探索建立适合我国国情的文化安全危机处理的三大机制：一是常设性的文化安全危机管理协调机构，这是建构危机管理机制的前提；二是政府文化安全危机管理的信息系统、决策支持系统和长效的沟通机制；三是国家文化安全预防预警机制。

三、构建国家文化创新体系，提升文化创新力

文化创新要立足于改革开放和现代化建设的实践，着眼于世界文化发展的前沿，发扬民族文化的优秀传统，汲取世界各民族的长处，在内容和形式上积极创新，不断增强中国特色社会主义文化的吸引力和感召力。一个没有文化底蕴的民族，一个不能不断进行文化创新的民族，是很难发展起来的，也是很难自立于世界民族之林的。放眼全球，构建国家文化创新体系已经刻不容缓。作为国家文化安全战略的重要内容，我国文化创新力的开发与提升是一项关系全民族的国家文化建设工程，它主要围绕国家整体创新体系能力的建立，以关注个体文化创新为基础，以为提高群体文化创新为目的，以文化制度与管理政策创新为手段，以构建国家整体文化安全体系为归宿。所以，要从根本上实现文化创新能力的提高，就必须在汲取中国传统思想文化的基础上，鼓励和引导人们在文化领域进行大胆的创新，尊重和保护人们进行文化创新的积极性和创造性，制定以政府为主导的国家文化创新体系，引导和协调包括文化管理部门、学术界以及民间社会的关系，共同推进国家文化创新能力所必需的观念、制度和政策的创新和探索。

四、构建多元化的文化传播体系，增强文化传播力

随着科学技术的飞速发展和全球化进程的加快，文化传播呈现全球化趋势，文化传播的途径和载体也更加复杂多样，文化传播力是国家文化安全的决

定性因素。从宏观战略高度上看，增强文化传播力关键是构建多元化的文化传播体系。

首先，应以文化建设引领文化产业发展，强化文化传播力的物质基础。文化产业的发展，不能仅仅看成是一个新的经济增长点，更重要的是要作为加强文化建设、扩大文化传播的手段和途径来认识。这要求我们在大力发展文化产业的同时，一方面要确保本国文化产品成为传播先进文化与民族文化的载体，另一方面应充分利用WTO所给予的战略空间，促使更多的进入中国的文化产品和文化投资包含更多的中国文化信息。其次，应加强对外文化外交与文化交流，提升文化竞争力，推动中华文化的国际传播。进入21世纪，世界各国特别是发达国家十分重视开展对外文化交流与合作，并借此来弘扬本国文化，扩大自身影响。文化因素在国际关系中的地位日趋突出，利用文化来提高本国国际地位和影响力日益成为世界各国的重要战略抉择。我们要以更加开放的态势融入国际社会，不断开拓对外文化交流的新领域、新渠道和新形式，积极推动中华优秀文化艺术走向世界，推动中华文化的国际传播。

第二节　文化安全现状分析

在全球化背景下，国家文化安全问题日益凸显，文化安全已经成为继政治安全、军事安全、经济安全之后，国家安全的一个重要组成部分。文化安全关系到国家和民族兴亡，能否有效维护本国文化安全、拥有本国特色文化，已成为一个国家独立程度乃至独立与否的重要标志之一。在全球化背景下，我国文化安全面临着严峻挑战。为此，我们要增强忧患意识，采取一系列战略对策，维护我国文化安全。

全球化浪潮的涌现，加速了不同文化间交流与融合的步伐，同时也为不同文化间的矛盾与冲突创造了更大的空间和更多的机会。西方大国借助全球化推行文化霸权的做法，极大地加剧和凸显了弱势民族国家的文化安全问题，也使得中国国家文化安全面临着严峻挑战。

中国有悠久的文明史，有辉煌灿烂、博大精深的民族文化传统，中华文化完全可以和西方文化相媲美。同时中国也是一个发展中大国，一个正在和平发展、努力实现中华民族伟大复兴的国家,中国在发展的同时正面临着西方强势文化的强大压力和冲击。在全球化的背景下,中国国家文化安全面临的严峻挑战主要有以下三个方面。

一、西方利用一切手段进行全方位的文化渗透

美国为首的西方反华势力把中国当作推行和平演变战略的重点,在理论层次上,以美国为首的西方反华势力推行以"西方中心主义"为基础的各种人文、哲学社会科学理论,宣扬西方的社会制度和价值观念。在具体方法上,西方反华势力除了继续利用政府文告进行意识形态攻击外,还通过文化教育交流及援助项目、覆盖全球的综合信息传播体系,大规模输出精神文化产品,加大了对我国的文化渗透和扩张。在美国强势文化的渗透和影响下,一些人把拜金主义、享乐主义、极端个人主义作为自己的价值追求和人生目标,世界观、人生观、价值观扭曲错位,国家观念、国民意识淡薄,崇洋媚外、奴化思想回潮,否定历史、数典忘祖的民族虚无主义倾向抬头。这将导致中华民族的文化混乱,民族精神被消解和社会主义信念的淡化。不言而喻,文化认同的危机、民族精神的消解和社会主义信念的淡化,必将造成中国深层次的文化弱势,削弱中华民族的内在凝聚力和中国的综合国力。这对社会主义现代化建设大业以及中华民族的生存和发展是极其危险的。因而,在全球化背景下,中国始终面临着以美国为首的西方文化霸权的巨大压力,面临着维护自身文化安全的艰巨任务。

二、马克思主义在意识形态领域的指导地位受到严峻挑战

马克思主义在意识形态领域的指导地位受到严峻挑战,坚持和巩固马克思主义指导地位的任务依然艰巨。从国内看,马克思主义在思想文化领域的指导地位由于片面地强调思想的"多样化"和"多元化"而有某种程度的削弱。一些人仅仅片面强调了多元的合理性,甚至有意无意地借其他社会思潮冲击、取代马克思主义在意识形态领域的主导地位。从国际范围来看,世界范围内社会主义和资本主义在意识形态领域的斗争和较量是长期的、复杂的,有时甚至是非常尖锐的。西方敌对势力正加紧对我实施"西化""分化"的政治图谋。在意识形态领域,他们企图通过各种手段对我国进行思想渗透,目的就是要动摇马

克思主义在我国意识形态领域的指导地位，搞乱人们的思想。作为当今世界最大的社会主义国家，我们必然会长期面对各种敌对势力在意识形态领域的渗透活动。

三、中国特色社会主义文化的主导性受到冲击

改革开放是一场新的革命。改革开放在催生人们许多新的积极的思想观念、精神状态的同时，也给人们的精神世界带来了一些消极的影响。市场经济活动存在的弱点及其带来的负面效应，反映到人们的思想意识和人与人的关系上来，容易诱发自由主义、分散主义和拜金主义、享乐主义、利己主义；我们实行对外开放，有利于人们开阔眼界、增长见识、活跃思想，但国外资产阶级的腐朽思想文化也会乘机而入；我国社会长期存在的封建主义残余思想包括封建迷信和愚昧落后的思想观念，在新的历史条件下也会沉渣泛起。就整个文化领域而言，中国特色社会主义文化虽然已经占据主导地位，但还远远不是社会文化的全部，社会经济成分、组织形式、物质利益、就业方式等的日益多样化，也客观地对社会主义文化的主导性提出了挑战。在社会文化多元化、社会现实日益多样化的条件下，如何坚持社会主义文化在整个文化领域的主导性，同样是确保国家文化安全的崭新课题。

第三节　国家文化安全建设

从十八大至今，中央一直强调要统筹国际国内两个大局，整合对内对外事务。国安委从决定成立到正式落地，最大的决策背景是"大安全观"的建立。2014年4月15日，中央国家安全委员会正式启动运作。习近平同志指出，当前我国国家安全内涵和外延比历史上任何时候都要丰富，时空领域比历史上任何时候都要宽广，内外因素比历史上任何时候都要复杂，必须坚持总体国家安全观，以人民安全为宗旨，以政治安全为根本，以经济安全为基础，以军事、文化、社会安全为保障，以促进国际安全为依托，走出一条中国特色国家安全道路。

习近平用71字总结"总体国家安全观"：既重视外部安全，又重视内部

安全；既重视国土安全，又重视国民安全；既重视传统安全，又重视非传统安全；既重视发展问题，又重视安全问题；既重视自身安全，又重视共同安全。提到非传统安全时，习近平指出，要构建集政治安全、国土安全、军事安全、经济安全、文化安全、社会安全、科技安全、信息安全、生态安全、资源安全、核安全等于一体的国家安全体系。习近平同时指出，中央国家安全委员会要遵循集中统一、科学谋划、统分结合、协调行动、精干高效的原则，聚焦重点，抓纲带目，紧紧围绕国家安全工作的统一部署狠抓落实。为了更好地壮大和弘扬中国文化，维护国家文化安全，我们必须采取一系列战略对策，构筑起一道坚固的"国家文化安全万里长城"。

一、坚持用社会主义核心价值体系引领社会思潮

党的十八大报告强调，要加强社会主义核心价值体系建设，倡导富强，民主、文明、和谐，倡导自由、平等、公正、法治，倡导爱国、敬业、诚信、友善。要增强社会主义意识形态的吸引力和凝聚力，要积极探索用社会主义核心价值体系引领社会思潮。用社会主义核心价值体系引领社会思潮，就要最大限度地形成社会思想共识，主动做好意识形态工作，既尊重差异、包容多样，又有力抵制各种错误和腐朽思想的影响。社会主义价值体系是兴国之魂，决定着中国特色社会主义发展方向；弘扬社会主义价值观有利于培育有理想、有道德、有文化、有纪律的公民。

当代中国的核心价值体系是社会主义核心价值体系，其基本内容包括四个方面：马克思主义指导思想、中国特色社会主义共同理想、以爱国主义为核心的民族精神和以改革创新为核心的时代精神、社会主义荣辱观。必须旗帜鲜明地以社会主义核心价值体系引领各种社会思潮，使多元的价值观得到合理的调适，引导和规范人们的价值选择，从而点燃人们万众一心、奋勇前进的希望之光，支撑起人们的精神世界，为构建社会主义和谐社会提供强大的精神动力。

二、树立科学的国家文化安全观

在传统的安全观中，国家安全主要指政治军事安全。冷战结束后，"综合安全"的新安全观逐步形成。在这其中，文化安全是非常重要的内容，日益引起世界各国政府的重视，文化安全在国家安全中的地位不断上升。

维护国家文化安全，既是我国当前面临的艰巨任务，也是复杂的系统工程。首要的是树立科学的国家文化安全观，不断增强文化安全意识，着眼于全面增强国家"软实力"，逐步打造国家文化安全体系。树立科学的国家文化安全观，应大力弘扬爱国主义精神。一方面，要更进一步激发全国人民的民族自尊心、自信心和自强意识，加强民族的凝聚力，精心打造"中国特色、中国风格、中国气派"的文化品牌；另一方面，要更进一步激发全民族对民族文化的认同感和自豪感，提高抵御文化帝国主义渗透的能力。这样才能激发广大人民对维护国家文化安全的热切参与，才能自觉抵御西方文化帝国主义的渗透。

三、建立和完善我国文化预警系统与安全机制

中国社会科学院世界经济与政治研究所副所长王逸舟研究员认为："一个国家想要获得外部世界的尊重，获得安全，首先自身要有一个健康、开朗、向上、符合时代进取精神的体制，要不断自我完善。"建立和完善我国文化安全预警系统与安全机制是一个重大的理论课题，也是一项艰巨的系统工程。

（一）建立国家文化安全预警系统

西方文化以产业形态的强行"市场准入"，构成了我国最大的文化安全问题，维系民族文化的纽带在其剧烈冲击下显得异常脆弱。我国要从根本上摆脱这种困境，必须从整个国家战略的高度，建立国家文化安全预警系统，实施文化产业政策的战略性调整。建立国家文化安全预警系统，就是要在对中国文化产业基本国情广泛调查分析的基础上，建立起全球化背景下的中国文化产业发展的安全"红线"，尤其是它的早期报警系统。启动相应的国家机制，运用法律的、行政的、市场的和经济的等文化安全管理手段，对那些可能危及中国国家文化安全的文化因素和文化力量进行鉴别并采取相应的对策，从而把可能对中国文化造成生存与发展危机的因素和力量，牢牢控制在安全警戒的红线之下。

（二）实施全方位文化安全战略

全方位的文化安全战略的实施，要以维护意识形态的安全为关键，以文化产业的安全为基础，以全面提升国民素质为根本，以弘扬和培育民族精神为动力。

（三）加强法制建设，为国家文化安全提供法制保障

我们要从维护国家利益的高度，借鉴国外保护民族文化和社会安全的立法经验，制定适合中国特点的文化安全政策和法律法规。必须尽快制定和完善《国家文化安全法》和其他专业领域性的发展文化产业、解决文化危机问题的文化保护的法律法规。

四、提高文化创新能力，构建中国文化产业体系

全球化所导致的文化竞争的加剧，使创新意识和创新能力日益成为一个国家能否在这场竞争中掌握主动权的关键性因素。尤其是当西方发达国家对发展中国家进行文化扩张与渗透时，创新能力已构成了这些国家文化安全的核心。因此，提高全民族的文化创新能力，全面推进中国国家文化创新能力系统建设，也就自然地成为中国构筑和规划21世纪文化发展战略和国家文化安全战略的必然选择。

作为世贸组织的正式成员，随着市场准入原则的实施，中国的文化产业将不可避免地面对全球文化经济一体化这一不可逆转的发展趋势。必须牢牢把握先进文化的前进方向，转变政府管理方式，坚持"统筹规划、分类指导"的原则，树立文化产业意识和知识产权保护意识，积极制定各项政策法规，通过适时的战略性调整，促进文化产业的可持续发展，进而在未来的世界文化交流中充分发挥中华民族文化的优势与积极作用。

五、进一步解放马克思主义意识形态的创新活力

意识形态是政权合法性的文化基础，而主导意识形态地位的巩固是国家文化主权的最主要体现，意识形态与国家政权结合在一起，靠国家政权来维护与传播，同时也为国家政权提供"合法性"的文化基础。我国文化安全的核心问题是维护马克思主义在意识形态领域的指导地位，但马克思主义的指导地位不能仅仅靠政权来推动，而要靠自身的不断发展、不断创新、与时俱进，永葆科学的生机与活力。解放和发展创新力是巩固马克思主义作为主导意识形态地位的根本所在。进一步解放马克思主义的创新活力，关键在于推动马克思主义意识形态结构的转型。

意识形态的内部结构可划分为价值理想、理论学说、政策主张三个层次。

在这三要素中，根植于特定利益的价值理想是意识形态的灵魂和核心，理论学说与政策主张最终都是为价值理想服务的。在"传统的"意识形态结构中，意识形态三要素——价值理想、理论学说、政策主张处于合一状态，这种类型的结构缺乏兼容性与灵活性。实际上政策与理论观点都是动态的，而价值理想却具有"终极性"，在三者合一的结构中，这种矛盾会导致整个意识形态系统经常呈现紧张和不稳定的状态。意识形态内在结构的这种"合一"状态使得整个意识形态体系变得单一化、僵硬化。推动中国马克思主义意识形态结构的现代转型，就是要实现理论学说、价值理想、政策主张的合理分离，使其各归其位，并在各自领域按自身特点发展的基础上保持统一性。这种结构具有开放性、兼容性与灵活性。这样才能实现马克思主义意识形态内在结构的现代转型，才能使主导意识形态体系具有自洽性、兼容性与灵活性，因而具有更强的社会整合能力和利益协调能力，最终获得动态的稳定性和永恒的生命力，也为我国哲学社会科学的繁荣发展源源不断地提供内在推力。

六、弘扬中华民族文化精神

民族文化是国民凝聚力的深厚来源，是民族国家完整性的文化基础。民族文化及其认同是国家认同的基础以及维系民族和国家的重要纽带，也是民族国家的"合法性"来源。民族文化安全直接关系作为国际关系主体的民族国家核心利益，维护我国民族文化安全的战略优先方向是弘扬中华民族文化精神。

我们要在新的历史起点上铸造中华文化新辉煌，必须依托历史、立足现实，尊重过去、面向未来，以礼敬、自豪的态度善待民族优秀传统文化，通过挖掘整理和科学扬弃，使中华民族的精神血脉得以延续，始终保持中华文化的鲜明个性和独立品格。弘扬中华民族文化精神首先是要增强全民族的"文化自觉"。在国家文化安全战略的构建中，树立"文化自觉"的意识十分重要。只有具备了这种意识，我们才能以更加深邃的目光去审视文化遗产和文化现象，才能以更加积极主动的姿态去发展文化事业和文化产业，才能以创造性的劳动去获取研究成果和工作实绩。其次是要实现中华民族传统文化的创造性转换。中华民族的传统文化是中国人的精神遗产，也是中华民族的精神之脉。民族文化只有实现创造性转化、赋予当今时代的含义，取得文化传承的现代形态才有与世界平等对话的可能；最后是要努力推动马克思主义中国化，特别是在文化层面的中国化，将主流意识形态融入民族文化之中，用民族文化解读马克思主义，并用马克思主义改造民族文化，在大力培育和弘扬民族文化精神的过程中融入马克思主义的文化精髓，同时也在马克思主义的传播和发展过程中打上民族文化精神的烙印，使这两股文化势能汇集在一起，提升整个国家的文化势能，从而增强国家文化力。

七、引导公共文化健康发展

国家文化安全语境中的文化还存在意识形态和民族文化不能完全涵盖的文化形式，即国民丰富多彩的文化生活与文化实践，这可称为"公共文化"。公共文化是一切文化形式体现其目的与功能的最终载体，既不违背主导意识形态导向和民族文化认同，又体现真善美价值的公共文化实践，是一个国家文化软实力的直接体现，而违背主导意识形态导向和民族文化认同，甚至走向真善美反面的消极、低俗、腐朽——如宣扬色情、暴力、恐怖、歧视等的公共文化实践则会在最深层次上消解国家文化利益，危及国家文化安全。

应对公共文化的庸俗化对国家文化安全的挑战，关键是在文化面向市场背景下，以社会主义核心价值引领大众文化建设，积极引导公共文化健康发展。在大众文化建设中要切实把社会主义核心价值体系融入国民教育和精神文明建设全过程，转化为人民的自觉追求，处理好大众文化商业化与文化追求的关系，同时有效地将主流意识形态与大众文化整合起来，使得主导文化势能的力量在大众文化领域得到拓展，从而使文化的多维价值为广大民众所接受，并与人民大众的日常生活和消费相结合，形成与意识形态、民族文化相贯通的文化体系。

八、加强对外文化交流与文化产品的输出

在全球一体化的时代背景下，世界区域文化空前活跃，特别是西方发达国家的文化，对中国文化形成很大的冲击。我们在学习西方优秀文化的同时，我们也要厘清如何向世界推广中国民族的文化，加强世界对中国文化的认同，从而提高民族文化的安全，实现中华民族文化的伟大复兴。只有把收藏在博物馆里的文物、陈列在中国广阔大地上的遗产、书写在古籍里的文字都活起来，把中国的思想文化对外进行和平输出，让世界能够接受并认同，只有实现中国文

化的繁荣，推动中华文明创造性转化和创新性发展，激活其生命力，才能把跨越时空、超越国度、富有永恒魅力、具有当代价值的中国文化精神弘扬起来，才能真正地让我们的国家不断壮大发展，中华文化才能在世界文化强林中屹立不倒，中华文明同世界各国人民创造的丰富多彩的文明一道，为人类提供正确的精神指引和强大的精神动力。

（一）文化因交流而得到认同

2014年3月27日，国家主席习近平在联合国教科文组织总部演讲时指出，文明因交流而多彩，文明因互鉴而丰富。文明交流互鉴，是推动人类文明进步和世界和平发展的重要动力。由此可见，文明交流在世界发展中的重要作用。同时，在推动文明交流互鉴过程中，还需要秉持正确的态度和原则。因此，对于文明交流互鉴要有以下认识。

文明是多彩的，人类文明因多样才有交流互鉴的价值。"一花独秀不是春，百花齐放春满园。"如果世界上只有一种花朵，就算这种花朵再美，那也是单调的。不论是中华文明，还是世界上存在的其他文明，都是人类文明创造的成果。推动文明交流互鉴，可以丰富人类文明的色彩，让各国人民享受更富内涵的精神生活、开创更有选择的未来。

文明是平等的，人类文明因平等才有交流互鉴的前提。各种人类文明在价值上是平等的，都各有千秋，也各有不足。世界上不存在十全十美的文明，也不存在一无是处的文明，文明没有高低、优劣之分。例如，从古玛雅文明的奇琴伊察，到浓厚伊斯兰文明色彩的中亚古城撒马尔罕。五大洲的不同文明，这些文明与其他文明的不同之处、独到之处，就在于这些文明中生活的人们的世界观、人生观、价值观。要了解各种文明的真谛，必须秉持平等、谦虚的态度。

文明是包容的，人类文明因包容才有交流互鉴的动力。海纳百川，有容乃大。人类创造的各种文明都是劳动和智慧的结晶。每一种文明都是独特的。一切文明成果都值得尊重，一切文明成果都要珍惜。历史告诉我们，只有交流互鉴，一种文明才能充满生命力。只要秉持包容精神，就不存在什么"文明冲突"，就可以实现文明和谐。

中华文明经历了5000多年的历史变迁，但始终一脉相承，积淀着中华民族最深层的精神追求，代表着中华民族独特的精神标识，为中华民族生生不息、发展壮大提供了丰厚滋养。中华文明是在中国大地上产生的文明，也是同其他文明不断交流互鉴而形成的文明。

所以，应该推动不同文明相互尊重、和谐共处，让文明交流互鉴成为增进各国人民友谊的桥梁、推动人类社会进步的动力、维护世界和平的纽带。我们应该从不同文明中寻求智慧、汲取营养，为人们提供精神支撑和心灵慰藉，携手解决人类共同面临的各种挑战。中国文化只有在与世界各国的文化进行不断的交流中，才能让世界更多的人了解并认识中国文化，才能让更多的人感受到中国文化的魅力，才能让中国文化得到认同。

（二）文化只有向世界输出才能保证文化安全

习近平指出，每一种文明都延续着一个国家和民族的精神血脉，既需要薪火相传、代代守护，更需要与时俱进、勇于创新。进入21世纪，文化对人类社会发展的作用显得日益重要，文化对经济、政治的影响也愈加深刻。文化不但积淀着一个民族过去的全部文化创造和文明成果，还蕴含着其走向未来的持续发展的文化基因。国家的安全不仅是在经济政治上安全，思想、文化上也要安全，保护本国或本民族的文化安全显得至关重要。当今世界经济发展日益向文化领域渗透，文化成为重要的国家力量被列入国际政治和经济生活。在西方大国主导下的经济全球化不断对民族国家的文化进行侵略和扩张。那么应该如何保护国家民族文化安全，把民族文化一代一代传承下去。加强文化输出正是加强文化安全、实现中华民族伟大复兴的一个重要路径，其主要体现在：为了世界更加了解中国，为了让西方世界不再误解中国。不去猜测、怀疑、指责、妖魔化我们的文化，而是认同我们的文化；向世界输出中国的民族文化是文化安全的一项重要举措，文化安全不是把自己的文化收藏在博物馆里，只有当世界了解中国文化，中国文化才更加安全；向世界输出中国民族文化是与世界进行文化交流的重要组成部分，是学习他国先进文化的重要内容。那么如何向世界输出我们的民族文化，有哪些民族文化需要向世界输出呢。我们应该重点输出以下几个方面具有民族特色的文化。

1. 输出中医药文化

中医药学是祖先留下的宝贵遗产、经验财富，是我国传统文化重要组成部分。要弘扬中医药学发展，走出国门，向世界传播并影响世界。对于中医药文化的输出，可以通过以下几点进行开展。

大力输出以中医养生文化为基础的中国文化。中医文化是中国传统文化的基石,比如"和谐"的"和"是会意字,左边"禾"是禾苗谷物,右边"口"表示每人都有口,这个字结合起来就是当人人有饭吃,就会一团和气;谐是指每人都要有话语权,这就是中国传统文化,也是中医文化的精髓。当然这也包含了中医的养生思想,这种带有养生理念和思想的中国文化传播更容易让西文人接受。中医药文化的对外输出可以从中医药传统书籍的对外出版开始起步,不断地增加更多的对外传播方式,让全世界更多的人了解并接受中国中医。

把中医药文化与其他文化比如体育比赛、国家元首互访、影视剧等对外交往结合在一起,才能真正"走出去"。韩剧《大长今》在传播文化方面是个很成功的例子,此剧不仅推出了韩国的明星,还推出了泡菜、韩医以及韩国的生活方式和韩国文化,在一定程度上影响了我国的观众,这种方式值得借鉴。中医文化传播不仅输出的是产品本身,还有文化理念和生活理念,像大型纪录片《中医》和《天籁五音》养生音乐,都是推广中医药很好的文化载体,逐渐被国外所接受。中医药文化输出的不仅仅是中医医术,还要传播中国5000多年中医药历史和中国人健康的生活方式和思维方式。

大力发展中医贸易服务。主要有三种模式:一是向入境旅游的外国人推介中国医疗养生机构,让外国人能够体验到中医保健的魅力和神秘的中医文化。二是鼓励中国的中医药类大学和各级中医院到国外开展医学学术交流、开设诊所或健康养生机构,同时引进外国留学生到中国中医药院校进行游学,或者引进具有基本医学知识的外国人到中国医疗养生机构进行短期培训、实习,了解中医药文化知识。三是打造中医药服务贸易平台,在这个贸易平台上首先要研究外国人对中医的健康需求,我们哪些中医产品可以满足他们的需求,以什么样的形式"走出去"等。厘清我们目前拥有的医疗与文化资源,充分发挥其具有的相关功能,为国内及海外华人提供全方位的服务,来满足他们的需求,同时,还要通过海外华人来影响和传播中医药文化知识,使不懂中医的人对中医有需求。中医药服务贸易是中医药文化"走出去"的平台,中医药服务贸易应从文化切入。

让中医药在海外本土化。要将中医药文化输出上升到国家战略,需要从顶层设计上进行战略布局。海外华人来中国学中医,把中医的绝活儿教给这些海外学子,这些学成的海外学子充当了中医药文化交流的桥梁,能够让外国人心悦诚服地接受中医药治疗和养生方式。

2. 输出中国汉字书法艺术文化

中国汉字书法不仅是一门艺术，更是引领人类走向和谐、和平世界的美妙、动听的"交响乐"。汉字书法表达了人类追求文明及真、善、美的艺术境界，体现了人类对和谐、和平世界的强烈意愿和期盼，传承的善的秩序、互相尊重、共同发展的精神世界。中国的书法艺术不论是从上下、左右、里外来进行审视，结构是完整而又紧凑，法度是森严而又变化无穷，视觉是美丽而又神奇。汉字书法时蕴含的精神，是不同国家、不同信仰、不同肤色、不同种族的人共享的文明成果和共有的人文财富。其和谐精神为人类树立了一个公平、宽容、和平相处的活样板。中国汉字书法艺术是中华民族的瑰宝，中华民族的骄傲。

北京奥运会的成功举办，艺术性地植入中国书法元素，从北京奥运会会徽吸收中国书法篆刻元素的"中国印·舞动的北京"，到上千件中国书法精品装扮奥运场馆，再到梦幻般地以中国水墨画卷形式贯穿整个北京奥运会开闭幕式，中国书法以中华民族文化图腾般的核心形象，引起全世界几十亿人的强烈兴趣和普遍喜爱，成为第29届北京奥运会获得巨大成功的重要因素之一，中国的书法艺术正不断走向世界[①]。汉字书法输出不单是书法艺术的继承和发展，而更重要的是用书法精神去教育和培养后人的德性品质以适应社会进步的要求。书法作品的价值往往表现在作者高超的书法技艺与高尚的道德修养以及蕴含在字体里的人文精神。世界文明的进程需要我们把汉字书法艺术文化引向世界的每一个角落，我们要继承前辈的优良传统和优秀品德，勇于创新，善于吸取其他国家和民族创造的优秀文明成果，从而繁荣、发展、完善中国汉字书法事业。让汉字书法精神冲破千山万水的阻隔，扩散到四面八方，为促进人类的和平、和谐进程而做出更大的贡献。

---

① 欧洲中国书法协会于2005年9月3日在德国正式成立。协会由数位旅欧华人书法爱好者牵头，在欧洲一些国家举办展览和讲座，旨在弘扬中国书法艺术，促进旅欧华人联谊，为华人和当地主流社会书法爱好者提供一个交流技艺的平台。2009年9月28日，联合国教科文组织已把中国书法艺术列入人类非物质文化遗产代表作名录。为推动中国书法教育和普及，设立中国书法周，为书法教育普及活动建立一个国际型的恒定平台。

3. 输出具有民族特色的地方戏曲文化

戏曲是中国的历史、文学、艺术等所有艺术门类的集大成者,代表了中国的传统文化,是中华民族非常珍贵的文化遗产。地方戏反映了一个地区的文化发展历史,反映了当地群众的审美情趣,每种地方戏都有一定的地域文化特色[①]。

然而,目前由于戏曲内容缺乏创新、经营管理体制陈旧、赢利模式不清等问题,戏曲文化在电影、电视和网络文化的冲击下,市场萎缩,投入下降,人才断档,戏曲文化的保护和传承面临重大挑战。为了应对当前我国戏曲所面临的重大挑战,我国积极建设"中国戏曲中心",这是解决戏曲产业现实发展中存在的问题、推动戏曲文化复兴的有效途径,也为国有院团改革提供了重要的平台。中国的戏曲艺术独树一帜、极为精彩,如何让中国戏曲走向世界,如何能让外国的观众看懂、读懂、听懂中国戏曲之美,我国一直对其进行探索、实践。

例如,保留中国戏曲传统美学的程式和古装,精心改编西方经典和创作能反映现代精神的古装新戏,这类剧目"走出去"往往会有意想不到的收获。一方面是我们应该有意识地把中国戏曲文化推向世界,另一方面国外也逐步了解中国文化,想看一些新鲜的东西,而不仅仅是京剧。这几年,藏剧、秦腔、豫剧、川剧等被国外邀请演出的较多。外国人觉得这些地方戏艺术,民族特色、地域特色非常浓郁。另外,他们特别佩服中国戏曲的艺术理念和表现手段,认为中国戏曲用最经济的手段表达了最丰富的艺术内涵,非常高明。中国戏曲有两个重要特征:一是多样性。外国就是歌剧、话剧、舞剧,中国每个民族、每个地方都有自己独特的地方戏,而且一个民族、一个地方有多个剧种。二是艺术手段的丰富性。在中国戏曲走向世界的有益尝试中,我们可以采用的手段或争取的载体有以下几种。

第一,用中国戏曲演绎西方经典剧目。我们把被誉为现代戏剧之父易卜生的剧本《海达·高布乐》改编成《心比天高》。把西方经典改编成中国戏曲便

---

① 全国剧种在20世纪50年代时有317个,80年代初有360多个,现在保存下来的、有剧团的和专业及业余演出的有200多个,也就是说,20多年有100多个剧种已经消亡,戏剧大省山西的剧种由49个减少到28个,等于每年有一个剧种消亡。中国戏曲被列入世界三大戏剧体系,资源丰富、魅力无穷,也是全人类的共同财富。我国昆曲艺术被联合国教科文组织宣布为首批《人类口头遗产和非物质遗产代表作》,并在19个入选项中名列榜首。

有了两层意义：在国内为中国观众所用，"拿"西方文化的精华来丰富我们的艺术；走出去为传播中华文化所用，有助于中国戏曲走向世界。

第二，用艺术院校的师生资源，在国际交流或国际戏剧节等活动中扩大中国戏曲的影响。根据瑞典戏剧家斯特林堡《朱丽小姐》改编的京剧，每场演出观众都爆满，很多观众说："中国戏曲的美学意蕴，是独具魅力的。"

第三，在各国的孔子学院教学和实践中，结合中国戏曲演出的内容，让外国人不仅文学上、文字上学孔子的理论，而且也通过演出体验、体认孔子的文化，奇妙无比。孔子学院在世界各地都有，通过这个载体更形象、生动地传播中国文化。戏曲演出的形式，可以加深、加快外国学员、外国观众对中国戏曲乃至中国文化的进一步认识，保加利亚国家戏剧电影学院和上海戏剧学院的学生分别排演和共同联演了《己所不欲勿施于人》《永春酒》《三人与水》《比武有方》等剧目，很受欢迎。

戏曲在当代的健康发展，就具有了在全球化背景下保持文化多样化、弘扬民族精神不可取代的重要价值。因此，深深植根于传统文化之中的戏曲艺术既是传统的、独特的，更是面向未来的，保持个性和特性的传承十分重要，扬长避短、顺应时代的创新是其生命力所在。

（三）向世界输出中国文化的战略思考

向世界输出中国文化是一项长期、浩大的工程。综观世界，英国文化委员会用了70多年时间，建立了200多个国外分支机构。德国歌德学院用了50多年，在全球发展了144个分支机构。把中国文化推向世界不可能一蹴而就，从文化产品的设计、传播机制的制定，到硬件设置、资金投入以及人员配备，都需要循序渐进地加以完善。中国文化的对外输出，需要国家的顶层设计，从国家层面制定系统的文化输出战略，有计划、分阶段、有步骤地进行。

（1）加强文化教育，整体提高国民传统文化素养，培养专业的文化输出人才。向世界传播中国文化的第一主体永远是真正传承了中国传统文化的中国人。外国人再怎样精通中国文化，他的体会、感悟、理解总不如中国人那样深刻与细腻。大量深谙中国文化精髓的中国人，尤其是年青一代不断成长起来，走出国门，面对面地向世界传播中国文化，是文化输出在"软件"方面的必要前提。加强文化教育必须首先创造出让更多的人与传统文化近距离接触的机会，在整个社会营造一种学习氛围。另外，在努力提高整个民族的传统文化素养的同时，培养专业的文化推广人才也很重要。

（2）对传统文化进行深度开发，传递更多中国特色与文化内涵。孔子说："学而不思则罔，思而不学则殆。"在多样性的世界文化格局中，中国文化要想继续发挥对世界的影响力，必须对传统的文化资源进行深度思考，在与外来文化的碰撞、交流与融合中，赋予其更多的特色与内涵，创造出与时代相适应的更加辉煌的中国新文化[①]。

（3）丰富文化品种与推广手段，创新理念，深入开展国际文化交流与合作。文化的推广离不开深入的国际文化交流与合作，"创新理念与行动"似乎还没有引起我们足够的重视。目前，中国文化推广品种与手段比较单一，早已不能满足世界文化市场的需求。多年来，在对外文化交往中，我们更偏重于表演、展览、举办活动等"动态"的展现方式，而诸如出版、媒介合作等"静态"的传播手段并未引起足够的重视。

在这个创意至上的时代，信息的传播手段日新月异，文化的推广也应顺应时需，不断拓宽思路、创新理念，使每一次文化推广活动、每一项文化产品在传播过程中的生命力更长久，影响更深远。

（4）推进文化的产业化，加强"文化营销"，使更多的文化产品通过市场渠道"走出去"。推进文化的产业化，应加强对文化市场的主体——文化企业的培育，培养一批拥有著名文化品牌和较强竞争力的大型文化经纪机构，以国际化的市场运作水平，到国外独立经营商业演出、展览业务，其核心是培养优秀的专业人才，从整体上壮大我国文化产业的力量。

此外，还应加强"文化营销"，除了依靠政府的力量外，积极与企业合作，实现合作共赢。在文化企业不断开拓商业性项目的同时，一些成功的跨国企业也在发展战略中倾注了对文化的关注，不仅依靠经济思维，还从文化角度思考制订企业的营销推广战略，这是很有远见的。

人类社会进入21世纪，全球化、民族化、信息化浪潮席卷全球，文化的

---

① 在现阶段我国出口的文化产品中，缺乏具有中国特色的产品，50%以上是游戏、文教娱乐和体育设备及器材。在这些领域，我国的水平明显比不上发达国家。如果我们不开发自己的传统文化资源，不使其形成具有特色的产业，就会被别的国家开发利用，反过来向我国出口。2009年，美国根据我国脍炙人口的木兰从军故事开发制作的动画影片《花木兰》，不但在好莱坞获得了很高的票房，在我国也热播了很久，这不得不说是我们文化输出的一种遗憾。

作用越来越受到人们的高度重视。如何构建面向 21 世纪的中国国家文化安全战略,已成为亟待解决的重要课题。

文化是维系一个国家、一个民族团结和国家稳定的重要基础,是一个国家综合国力的重要组成部分。文化的强盛、安全不仅可以形成一个民族巨大的凝聚力和文化认同,而且由这种认同感和凝聚力所形成的安全屏障可以极大地提高国家整体安全度,由此赢得良好的国际安全环境,成为国家稳定发展的重要力量。

我们要在习近平总书记的领导下,树立国家利益为最高利益的国家文化安全观。文化主权是国家主权在文化领域的延伸,是国家主权不可分割的重要组成部分;一个国家有权根据国际法,选择自己国家的文化制度、意识形态、民族文化;国家文化利益是国家利益的延伸,是国家利益的文化存在形态和运动样式。从国家利益最一般的存在性构成来看,国家利益的存在和运动只有两种方式:一种是它的物质方式,一种是它的精神方式,其他所有的利益存在形态和运动方式,都是这两种方式作为生命运动形态的展开和具体化。

加强和维护国家文化安全,关键是要大力推进社会主义先进文化建设,这是防御和抵制任何外来文化霸权与内在文化分裂的最好办法。大力推进先进文化建设,要继承和弘扬民族文化的优秀传统,进一步促进广大群众的民族文化认同,警惕各种各样的文化分裂主义。中华民族传统文化是一个以儒家文化为核心,兼容佛、道诸家文化,具有广泛的包容性和丰富性,是一个多元一体、共生共存的文化生态体系。

第六章 推动文化事业全面繁荣和文化产业快速发展

　　当今社会，科学技术突飞猛进，经济社会不断转型、变革，人民的生活日益丰富多彩，对文化产品的要求也就越来越高。要推进文化建设不断前进满足人民的文化需求，就要走文化产业化的道路，要推动文化产业跨越式发展，也就必须构建现代文化产业体系，需要我们不断创新，创新文化事业和文化产业的发展。

　　文化发展的根本动力在于改革创新，改革是促进文化建设不断前进的必由之路，创新则是文化发展的制胜之道。在习近平中国特色社会主义思想的指引下，我们要抓住机遇，进一步探索文化改革的新思路，以改革盘活存量资源，以创新增强发展活力。要继续深化文化体制改革，推进国有文化单位改革，加快经营性文化单位向企业制的改革，正确引导社会资本、非公有制文化企业以多种方式参与国有经营性文化单位的改制，促进文化生产要素和社会资源、力量向文化产业的聚集，促使文化产业不断壮大、做强，形成规模。

　　要着力推进文化产业发展，鼓励不同经营主体和资本形态进入文化产业，强化文化企业法人治理结构、现代企业管理方式以及与科学技术高度融合基础上的创意研发能力，规范国内市场，在"走出去"过程中增强中国文化企业和中国文化产品在国际市场的核心竞争力，在满足不同消费人群的多元文化消费诉求中将文化产业打造成国民经济支柱性产业。要着力研究文化大发展大繁荣的命题内涵和复杂逻辑关系，清醒地意识到文化大发展大繁荣不直接等同于发展文化事业或做强文化产业，因而也就必须清醒地意识到文化体制改革不是简单地将体制功能限制在对文化事业与文化产业的有效匹配上。在这个问题上，

第六章　推动文化事业全面繁荣和文化产业快速发展

一定要有全局视野、精神高度、终极指向和长远目标，要上升到民族形象塑造、人类心灵净化、精神家园建构、价值尺度刻画和社会风尚培育的高度来审视文化发展的要义，要从文化理性、文化秩序、文化观念、文化心理、文化习俗、文化风尚等方面的现实社会状况来判断文化发展的实际水平，要用辩证的观点从形而上和形而下两个层面来评价我们的文化体制改革究竟取得了哪些进展，究竟还存在哪些盲区甚至误区。改革不能满足于细节和表层的机制转换，而要追求制度安排有效性前提下的大胆制度创新，是努力使创新形态的文化制度具有全面激活文化创造力的体制能力和体制活性。

要努力夯实国家文化软实力的根基。一个很重要的工作就是从思想道德抓起，从社会风气抓起，从每一个人抓起；要继承和弘扬我国人民在长期实践中培育和形成的传统美德，努力实现中华传统美德的创造性转化、创新性发展，引导人们向往和追求讲道德、尊道德、守道德的生活，让 13 亿人的每一分子都成为传播中华美德、中华文化的主体。文化本质是人化，提升文化软实力的重要目标就是培育公民的健康人格、提升全体国人的人文素养。

第一节　满足人民美好文化生活的新需要

满足人民不断增长的精神文化需求，满足人民美好文化生活的新需要是推进文化改革发展的重要抓手和重要途径之一。加快推进我国文化事业和文化产业不断发展，应进一步结合现代科学技术，积极探索和创新文化产业的生产方式。各个地区之间应结合自身优势，从自身实际出发，科学合理地谋划布局文化产业发展空间和发展潜力，寻找符合自身的文化发展体系和产业化道路。充分发挥市场的基础性作用，推动文化企业的改制与重组，使文化资源向具有一定优势的企业和领域内集中，集中培育一批新文化企业，加快与科学技术结合的步伐，加快技术创新，掌握核心技术，尽快形成创新成果，丰富文化产品，注重提高文化产品的质量，使文化企业不断增强竞争力，参与国际竞争。

要适应人民群众文化需求的新特点和审美情趣的新变化，不断推进文化内容形式的创新，推动不同艺术门类和文化活动相互融合，积极运用声、光、电等手段提高传统文化的表现力，实现题材体裁、风格流派和表现手法的多样化。要积极运用现代科技手段开发利用民族文化资源，改造传统文化产业，催生新的文化业态，大力发展文化创意、文化博览、动漫游戏、数字传输等新兴产业，加快构建传输快捷、覆盖广泛的文化传播体系。促进少数民族地区文化事业的不断繁荣发展，加大政策保障力度和相关资金投入，切实开展民族特色文化保护工作，同时要加强对少数民族文化经典的宣传。通过举办本地和民族特色的文化艺术节和开展特色旅游、举行传统节日庆典等文化活动和文化形式，如北京的"京剧"和各式各样的"庙会"、天津的"狗不理"、河南的"武林风"和"梨园春"、云南的"云南印象"系列、东北三的"二人转"系列、陕北的"信天游"及闽台地区纪念妈祖的活动等地方文化活动，都各具特色，形成各自文化品牌，是各自地区的名片，也是我们中华优秀传统文化的代表和真实写照。

一、繁荣发展社会主义文艺

文化是人类社会历史实践中所创造的物质财富和精神财富的总和。每个民族在其特定的地域条件和生存发展过程中，在创造物质文化的同时也会创造不同民族各具地域特色的精神文化。文化是一个民族的血脉和灵魂，反映了一个民族最根本的气质，是国家发展和民族振兴的强大力量，是一个国家发展的重要支撑，国家文化实力强弱成为一国综合实力的重要表现。文化的发展对提高民族素质、促进社会进步、推动经济发展具有重要的作用，是民族凝聚力、创造力的重要源泉。

中国共产党历来高度重视文化建设，从革命时期根据地范围的新民主主义文化建设，到新中国成立后全国范围的社会主义文化建设，再到改革开放以来的中国特色社会主义文化建设，可以说充分运用文艺引领时代风尚、鼓舞人民前进、推动社会进步一以贯之。文化建设的探索之路从以毛泽东为核心的第一代领导集体开始，就表现出了高度的文化自觉。近代以来，面对思想界的文化争论，中国共产党以高度的文化自觉承担起重塑中国文化的责任。在马克思主义指导下，中国共产党科学地分析了中国文化的性质、地位、目的及发展，提出了建设"民族的科学的大众文化"新民主主义文化的任务。这就解决了文化发展中的民族性、时代性和科学性的问题，批驳了盲目的国粹论、西化论，指明了中国文化的发展方向，是近代以来中国文化自觉发展的水平的表现。新中国建立后,在新民主主义文化的基础上,毛泽东提出了建设社会主义文化的任务,指出文艺要为最广大的人民群众服务的方向,并提出了百家争鸣、百花齐放、推陈出新、洋为中用、古为今用的方针,为中国特色社会主义文化的建设奠定了重要基础。

改革开放以来,中国共产党继续以高度的文化自觉推进文化的建设,提出了建设社会主义精神文明、社会主义先进文化、社会主义和谐文化,推进社会主义核心价值体系建设的新任务与新要求,将文化建设放在社会主义事业"五位一体"的总体布局中,走出了中国特色社会主义文化发展道路。党的十七届六中全会指出,要坚持中国特色社会文化发展道路,要不断增强文化自觉和文化自信,增强国家文化软实力,推动社会主义文化大发展大繁荣,努力建设社会主义文化强国。

文艺是民族精神的火炬,是时代前进的号角,最能代表一个民族的风貌,最能引领一个时代的风气。文艺作为文化之精华,历来是陶冶人们道德情操、抒发人类美好理想、丰富人们艺术享受、推动社会发展进步的一个重要载体。在历史的许多重大社会变革时期,文学艺术总是较早感受到时代的脉搏,并勇敢而又敏感地传达时代变革的声音。一个时代文艺的繁荣昌盛,往往标志着一个时代民族精神生活的活跃和充盈。

中国共产党历代领导人不同时期的讲话始终围绕着一个中心,即文艺为谁服务和如何服务的问题。70多年前,在领导中国革命和建设的过程中,毛泽东在延安将马克思主义的普遍真理和中国革命的具体实践相结合,这集中体现在1942年他发表的《在延安文艺座谈会上的讲话》(以下简称《讲话》)。《讲话》针对当时延安文艺界出现的问题,根据当时国内外的总体形势,联系抗战背景下革命事业的现实需要,充分肯定和评价了文艺的地位与作用,提出了文艺家和工农民众相结合的道路,阐述了革命的文艺必须首先是为工农兵而创作的,明确地把为社会中占绝大多数的劳动大众服务,作为社会主义文艺的根本出发点。"百花齐放,百家争鸣"是毛泽东同志于1957年在《关于正确处理人民内部矛盾的问题》中提出来的,党中央把它作为促进社会主义科学艺术、繁荣社会主义文化的基本方针。贯彻"双百方针"有利于调动和发挥广大文艺工作者为人民、为社会主义服务的积极性和创造性,使社会主义文艺得到繁荣的发展。文艺要坚持百花齐放、推陈出新、洋为中用、古为今用的方针,在艺术创作上提倡不同形式和风格的自由发展，在艺术理论上提倡不同观点和学派的自由讨论。

半个世纪以来，在毛泽东文艺思想的指引下，社会主义文艺在建国以后获得了重大发展，涌现出许多思想性艺术性兼备的优秀的社会主义文艺作品。戏剧方面有《蔡文姬》《关汉卿》《龙须沟》《茶馆》《霓虹灯下的哨兵》《红灯记》《智取威虎山》等。小说方面有《林海雪原》《红日》《红岩》《红旗谱》《青春之歌》等。诗歌散文方面有《雷锋之歌》《谁是最可爱的人》等。电影方面有《红色娘子军》《英雄儿女》《红色风暴》《洪湖赤卫队》等。这些作品主要讴歌了历史上的英雄业绩和社会主义现实生活中涌现的先进人物，表现了社会主义审美理想，反映了时代的主旋律，因而起到了团结、教育、鼓舞人民的巨大作用。

如果说毛泽东同志提出文艺为工农兵服务、为无产阶级政治服务的口号曾经为抗日战争和解放战争的胜利建立了伟大的历史功绩，为社会主义文艺的建立和初期的发展起过应有的历史作用，那么，邓小平提出的文艺"二为"方向，则为新时期文艺的繁荣发展开拓了广阔的道路，从而引导着新时期的文艺向着健康的方向发展。

1980年邓小平同志在《目前的形势和任务》中主张"不继续提文艺从属于政治这样的口号，因为这个口号容易成为对文艺横加干涉的理论根据，长期的实践证明它对文艺的发展利少害多"。党中央决定用"文艺为人民服务，为社会主义服务"取代过去的"文艺为工农兵服务""文艺为无产阶级政治服务"的口号。"二为"方向浓缩着中国共产党的文艺指导思想从革命文艺观到社会主义建设时期的变化。

改革开放的不断推进，产生了具有新的价值观念、审美观念的新人，社会主义文艺必须大力塑造这样的新人形象。对此，邓小平同志号召：我们的文艺，应当在描写和培养社会主义新人方面付出更大的努力，取得更丰硕的成果。社会主义文艺的土壤存在于人民大众之中。"人民是文艺工作者的母亲，诚如一切进步文艺工作者的艺术生命，就在于他们同人民之间的血肉联系。忘记、忽略或是割断这种联系，艺术生命就会枯竭。"一切割断了与人民联系的文艺，必然是短命的文艺。

新时期文艺表现了人民向社会主义现代化进军的主旋律，歌颂了社会主义新人,用爱国主义、集体主义和社会主义思想鼓舞和教育了人民。拓展了文艺所反映的社会生活面,深刻揭示了社会变革的丰富内涵,人民群众改天换地的豪情壮举成了文艺描写的主要对象。这一时期的文艺塑造了多姿多彩的人物形象,构建了无比丰富的人生画廊,雷锋、焦裕禄等英雄人物在青年中成了学习的榜样;普通的芸芸百姓的形象能引人思考,他们心灵的闪光成分,他们在社会变革中的喜怒哀乐,都能引起人们心灵的共鸣和反省。

此后,文化受到的重视程度与过去相比有了空前的提高,极大地激发了全民族的文化创新热情。江泽民要求文艺工作者"在人民的历史创造中进行艺术的创造,在人民的进步中造就艺术的进步"。胡锦涛强调:"只有把人民放在心中最高位置,永远同人民在一起,坚持以人民为中心的创作导向,艺术之树才能常青。"党的十七大首次把文化建设作为提高国家软实力的重要任务提出来,要求以科学发展观为统领,推动文化大发展大繁荣,兴起社会主义文化建设新高潮。国家十二五规划纲要提出将文化单独立项,呼吁弘扬中华文化,建设和谐文化,发展文化事业和文化产业。党的十七届六中全会通过的《中共中央关于深化文化体制改革推动社会主义文化大发展大繁荣若干重大问题的决定》指出,"要培养高度的文化自觉和文化自信,提高全民族文明素质,增强国家文化软实力,弘扬中华文化,努力建设社会主义文化强国"。在新的历史条件下,培养高度的文化自觉和文化自信,对于推进社会主义核心价值体系建设这一根本任务,落实中华文化走向世界的战略部署,推动社会主义文化大发展大繁荣,具有极其重要的意义。

如果毛泽东同志在延安文艺座谈会上的讲话,是 20 世纪 40 年代马克思主义文艺观中国化的最高成果的话,那么习近平总书记 2014 年 10 月 15 日在北京文艺工作座谈会上的讲话则是在新时代条件下,中国共产党领导中国人民把马克思主义文艺观中国化的最新成果。习近平总书记的文艺工作座谈会重要讲话取精用宏,见解高屋建瓴,既具有深刻的理论创新性,又具有鲜明的现实针对性,形象而科学地阐明了中国共产党人在新的历史阶段对于文艺工作意义的深刻认识与高度评价,对当代中国文艺界的健康发展具有纲领性的指导作用,在新的历史条件下对党的文艺方针和政策注入了新的内涵、赋予了时代特色和提出了更高的要求,必将对社会主义文化的大繁荣大发展产生重要而深远的影响。

是否坚持以人民为中心的创作导向是社会主义文艺与非社会主义文艺的分水岭。社会主义文艺搞得好不好，文艺工作者能不能创作出好作品，文艺作品能不能得到人民群众的喜爱与认同很大程度上取决于"以人民为中心"这个根本方向把握得牢不牢。对此，习近平总书记鲜明地指出了社会主义文艺，从本质上讲，就是人民的文艺。人民是文艺创作的源头活水，一旦离开人民，文艺就会变成无根的浮萍、无病的呻吟、无魂的躯壳。能不能搞出优秀作品，最根本的决定于是否能为人民抒写、为人民抒情、为人民抒怀。文艺工作者要想有成就，就必须自觉与人民同呼吸、共命运、心连心……对人民，要爱得真挚、爱得彻底、爱得持久。把文艺作品的优劣同对人民的态度关联起来考察。

习近平总书记指出，坚持以人民为中心的创作导向，即把满足人民精神文化需求作为文艺和文艺工作的出发点和落脚点，把人民作为文艺表现的主体，把人民作为文艺审美的鉴赏家和评判者，把为人民服务作为文艺工作者的天职。因此，习近平总书记在文艺工作座谈会上的重要讲话强调坚持以人民为中心的创作导向不但丰富和发展了党的文艺方针和政策，而且是文艺界执行党的文艺方针和政策的立足点和出发点。既深刻地把握了社会主义文艺的本质特征，又充分体现了中国共产党领导文艺的根本价值取向。

2015年10月3日，中共中央政治局审议通过了《中共中央关于繁荣发展社会主义文艺的意见》（以下简称《意见》）。《意见》以理论原点的扼要阐述，方针重点的精要提示，工作重点的全面部署，构成了对于习近平总书记文艺工作座谈会讲话精神的深入贯彻和具体落实，为新世纪文艺工作构制了清晰路线图，提供了有力的政策与制度保障，堪为新世纪繁荣发展社会主义文艺的新指针。

党的领导集体对如何繁荣社会主义文艺事业作出了一系列重大部署，提出了一系列基本观点和思想。这些思想不仅是对马克思主义文艺理论的继承和发展，同时也包含了建设中国特色社会主义文艺理论的基本要求。正是在这些思想的指导下，我国的社会主义文艺事业获得了蓬勃发展。

二、大力发展文艺精品创作

古往今来，世界各民族无一例外地受到其在各个历史发展阶段上产生的文艺精品和文艺巨匠的深刻影响。中华民族的精神生活也反映在几千年来我们民族产生的一切优秀文艺作品中，呈现在杰出文学家、艺术家的精神创造活动中。伴随着思想的大解放和改革开放的深入发展，文艺出现了空前繁荣活跃的景象，老一辈艺术家焕发青春，新一代文艺人才不断涌现，创作了一大批思想艺术精湛、风格多样的优秀作品。

新中国成立40多年来，特别是进入新的历史时期以来，我国的社会主义文艺园地中，出现了不少优秀的作品。例如，一部《上甘岭》，曾在进行社会主义的爱国主义的教育方面，产生了极大的社会反响，时至今日，仍然有着巨大的感染力量。一篇《雷锋之歌》，又深刻地引导广大群众从新旧时代的对比中，去追求社会主义的美好未来，鼓舞广大青年做社会主义的接班人。这些闪耀着革命理想光彩的作品，真实地表现了人们的革命理想的追求，在增强人们对社会主义的热爱与追求，鼓舞人们更加精神振奋地投入火热的社会主义建设方面，发挥了巨大而积极的社会效应。

改革开放以来，随着经济社会的快速发展，我国文化也步入了发展的黄金时期。总的来看，文化产品丰富，文化精品增多，文化市场繁荣，有利于文化发展的体制机制初步形成。但与此同时，急剧的时代更替和历史变革也使文艺面临着许多新的课题，在中国当代社会思想活跃、观念碰撞、文化交融的背景下，无论是理论上还是实践上，人们对文艺的价值取向、创作原则等都存在着一些模糊认识。当代文化发展也面临一些突出的矛盾和问题。如文化发展的质量和水平参差不齐，格调低俗、戏说历史、贬损经典的倾向禁而不止；文化产品的生产与人民多方面、多层次、多样化的精神文化需求不同程度上存在脱节；在多元文化并存的境遇下，西方文化对本土文化、非主流文化对主流文化、大众文化对经典文化形成了较大冲击，导致了文化发展中的尴尬局面；文化建设的布局和结构不尽合理，制约文化科学发展的体制机制障碍尚未完全破除；国际社会对中华文化的了解还不够，支撑中华文化"走出去"的体制机制有待完善。

在文艺领域还存在价值扭曲、浮躁粗俗、娱乐至上、唯市场化等问题；文艺创作中存在着"以洋为尊""以洋为美""唯洋是从"的心态和热衷于"去思想化""去价值化""去历史化""去中国化""去主流化"的思潮。文艺创作生产存在有数量缺质量、有"高原"缺"高峰"及抄袭模仿、千篇一律、粗制滥造等问题，推出精品力作的任务依然繁重。文艺评论存在"缺席""缺位"现象,对优秀作品推介不够,对不良现象批评乏力,文艺评论辨善恶、鉴美丑的作用有待强化。这类作品对文艺创作的危害不容忽视,它们已成为与我们时代文艺不谐和的杂音,危害着社会主义文艺事业,干扰了文艺的健康发展,也干扰了社会主义精神文明建设。

习近平总书记在深刻把握社会主义文艺的本质的基础上尖锐地批判了这些文艺的偏颇。在市场经济大潮中,有些文艺处在迷茫状态,在为什么人的问题上发生了偏差,这些文艺将低俗混同于通俗,将欲望等同于希望,将精神快乐降低为单纯感官娱乐,这是与社会主义文艺发展背道而驰的。正如习近平在文艺工作座谈会讲话中针对目前某些作品中存在的"无根的浮萍、无病的呻吟、无魂的躯壳"现象而谆谆告诫我们的"文艺不能在市场经济大潮中迷失方向,不能在为什么人的问题上发生偏差,否则文艺就没有生命力"。

同时,习近平总书记深刻地指出,当代文艺创作存在着有数量缺质量、有"高原"缺"高峰"的现象。他强调,随着人民生活水平不断提高,人民对包括文艺作品在内的文化产品的质量、品位、风格等的要求也更高了。他们早就不满足于那些粗制滥造的作品,他们对文学艺术的越来越高、越来越精的要求将促使文艺工作者去创造既具民族特色又有时代特色的完美的艺术品。这种人民不断提高的精神需求是不满足于当代文艺有"高原"缺"高峰"的发展状态的。

实现中华民族伟大复兴的时代,是需要伟大文艺作品的时代,也是能够产生伟大文艺作品的时代。习近平总书记在文艺工作座谈会的讲话中就明确地指出:"衡量一个时代的文艺成就最终要看作品。推动文艺繁荣发展,最根本的是要创作生产出无愧于我们这个伟大民族、伟大时代的优秀作品。"对此,习近平总书记从作家艺术家、社会生活和文艺作品三个方面对创作出文艺"高峰"提出了严格的要求。在作家艺术家方面,习近平总书记要求我国作家艺术家成为时代风气的先觉者、先行者、先倡者;在社会生活方面,习近平总书记要求作家艺术家书写和记录人民的伟大实践、时代的进步要求,彰显信仰之美、崇高之美;在文艺作品方面,习近平总书记要求文艺作品是有筋骨、有道德、有温度的,能够启迪思想、温润心灵、陶冶人生,能够扫除颓废萎靡之风。因此,在新的历史条件下,文艺工作者要以高度的社会责任感和历史使命感为创作动力,以创新精神引领精品创作,把高品位、高质量的精神食粮奉献给人民。

改革创新是文学艺术保持生机、蓬勃发展的关键所在和重要引擎。在当代中国，必须坚持大力推进改革创新，为社会主义文艺事业的繁荣发展提供强大动力。习近平指出，创新是文艺的生命。文艺创作中出现的一些问题，同创新能力不足很有关系。要把创新精神贯穿文艺创作生产全过程，增强文艺原创能力。文艺工作者应该牢记，创作是自己的中心任务，作品是自己的立身之本，要静下心来、精益求精搞创作，把最好的精神食粮奉献给人民。广大文艺工作者必须把创作生产优秀作品作为文艺工作的中心环节，努力创作生产更多传播当代中国价值观念、体现中华文化精神、反映中国人审美追求，思想性、艺术性、观赏性有机统一的优秀作品，形成"龙文百斛鼎，笔力可独扛"之势。

多出精品佳作是文化大发展、大繁荣的重要标志。把创作优秀作品作为中心环节。牢固树立精品意识，推出更多思想精深、艺术精湛、制作精良，体现时代文化成就、代表国家文化形象的文艺精品。都下大气力抓精品建设，以精品带动创新，以精品推动产业，以精品赢得市场，打造出一批具有较高艺术水准、能够经常演出、得到群众认可的精品剧目。真正优秀的中国当代艺术家应当与中国当代社会这个伟大的进步的变革时代相适应，勇立潮头唱赞歌。广大文学艺术工作者要进一步解放思想、实事求是、与时俱进，在继承优良传统的基础上，积极推进文艺理论、体制机制、内容形式、风格流派和科技手段的全面创新，扩展和开拓最广阔的天地，为繁荣发展社会主义文艺、建设创新型国家注入强大活力。坚持思想性、艺术性相统一，坚持内容为王、创意制胜，提高文艺原创能力，在探索中突破超越，在融合中出新出彩，着力增强文艺作品的吸引力、感染力。重点扶持文学、剧本、作曲等原创性、基础性环节，注重富有个性化的创造。把继承创新和交流借鉴统一起来，深入挖掘和提炼优秀传统文化中的有益思想艺术价值，积极吸收各国优秀文化成果，使文艺更加符合时代进步潮流，更好引领社会风尚。推动文艺与新技术、新业态、新模式、新媒体有机融合，以数字化技术为先导，积极推动文艺创作生产方式的变革和进步，丰富创作手段，拓展艺术空间，不断增强艺术表现力、核心竞争力。

繁荣社会主义文艺，必须遵循正确的文艺批评标准。社会生活是丰富多彩的，反映这社会生活的作品是千姿百态的。评价这千姿百态的文艺作品，应当遵循什么样的文艺批评标准？毛泽东同志在延安文艺座谈会上提出，文艺批评有两个标准，一个是政治标准，一个是艺术标准，我们要求的则是政治与艺术的统一，内容和形式的统一，革命的政治内容和尽可能完美的艺术形式的统一。在阶级斗争、民族解放斗争极其尖锐激烈的年代，一切工作包括文艺都要为民族独立、人民解放的政治斗争服务，毛泽东同志关于文艺批评的"两个标准"的论述，对革命文艺的发展发挥过积极的指导作用。

到了社会主义建设的年代，我国的情况已经发生了根本的变化。邓小平同志指出，"作品的思想成就和艺术成就，应当由人民来评定"。邓小平同志强调了由人民来评定作品的好坏也就是强调了文艺批评要重视作品的实际效果和社会效益。毫无疑问，邓小平同志提示我们要把作品的思想成就和艺术成就作为文艺批评的统一标准，不仅可以避免多年来出现的文艺批评简单化的倾向，也会极大地解放文艺创作的生产力。

在整体的文艺事业中，文艺评论是与文艺创作同等重要的一翼，只有两者的紧密衔接和良性互动，才能促使文艺事业健康而和谐地发展。因此，习近平总书记在文艺工作座谈会上的讲话中谈到文艺批评时，高度重视文艺批评工作的重要性，又特别强调文艺批评功能的综合性，指出文艺批评是文艺创作的一面镜子、一剂良药，是引导创作、多出精品、提高审美、引领风尚的重要力量。这段论述肯定了文艺批评工作的重要性，指出了文艺批评对于整体创作的促动、审美水平的提高、文化风尚的引领具有重要作用，体现了新时期党的领导对于文艺批评的新要求与新期望。

社会主义文艺在反映本质和主流方向的社会生活和进步思想、崇高精神的同时，也必然要揭露、批判一切不利于社会进步甚至危害社会主义事业的生活现象和思想精神现象，要鞭挞拜金主义、享乐主义、个人主义和一切消极腐败现象。应该指出，这种揭露和批判，是构成我们时代文艺主旋律的一个方面，但是文艺更应该要"用现实主义精神和浪漫主义情怀观照现实生活，用光明驱散黑暗，用美善战胜丑恶，让人们看到美好、看到希望、看到梦想就在前方"，这就为中国特色社会主义文艺既紧跟时代发展现实又遵循艺术创作规律制定了准则。

评价文艺作品，要以最广大人民的根本利益为出发点和落脚点，坚持把社会效益放在首位，努力实现社会效益和经济效益、社会价值和市场价值相统一。建立健全反映文艺作品质量的综合评价体系，完善影视剧、文艺演出、美术和文艺类出版物等创作生产出版的立项、采购、评审标准，完善文艺作品推介传播等环节的评估标准，把票房收入、收视率、收听率、点击率、发行量等量化指标，与专家评价和群众认可统一起来，推动文艺健康发展。把服务群众和引领群众结合起来，既满足人民多样化精神文化需求，又加强引导、克服浮躁，讲品位、讲格调，坚决抵制趋利媚俗之风。

要改变这种情况，我们一方面要通过文艺批评、舆论导向、政策导向、法律法规支持、奖励、表扬那些表现爱国主义、集体主义和社会主义主旋律的作品，加强社会主义文艺的主体地位，扩大与人民文艺、健康文艺的联盟，反对和清除那些毒害人民心灵的文艺创作和演出；一方面在经济上实行必要的倾斜，通过税收和国家拨款，扶持主旋律文艺的创作和演出，鼓励创造内容健康向上特别是讴歌改革开放和现代化建设的富有民族风格与艺术魅力的精神产品。扶持重点文艺评论力量，发挥好各级文艺评论组织、研究机构、高等学校的积极作用。办好重点文艺评论报刊、网站和栏目，丰富表达形式，拓展传播途径。坚持运用历史的、人民的、艺术的、美学的观点评判和鉴赏作品，褒优贬劣、激浊扬清。

三、把中国精神融入社会主义文艺之中

中华优秀传统文化是中华民族的精神命脉，是我们屹立于世界文化之林的坚实根基。一个民族的文化自信与其传统文化有着密切的关系。悠久的、丰厚的、创造过历史辉煌的文化遗产，是该民族文化自信的历史依据。众所周知，中国是世界文明四大古国之一。源远流长的中华文化，是中华民族生生不息、国脉传承的精神纽带，是实现民族复兴的重要标志和推动力量。中华民族在长期历史发展过程中，凭借自己的智慧和汗水，创造了辉煌灿烂的传统文化，给人类留下了丰厚的文化遗产。中华民族拥有5000多年连绵不断的文明史，我们的祖先在漫长的历史岁月中，以其特有的勤劳和智慧创造了辉煌的文化，为我们留下了极为丰富的文化遗产。在历史的传承中，中华民族不仅铸造了灿烂的文明，积淀了许多优秀的文化资源，还形成了自身独特的民族气质，即民族精神。这是历史留给我们最宝贵的财富，为我们提供了文化自信的历史源泉。从历史深处走来的传统文化一直是我们骄傲和自信的源泉。从先秦诸子百家、汉唐文化，到宋词元曲，从丝绸之路、四大发明到天文科学、农业技术，社会

各领域的成就无一不是我们中华民族值得骄傲的瑰宝。

中华民族有悠久、光辉灿烂的艺术文化传统，诸如诗经、楚辞、唐诗、宋词、元曲、明清的优秀小说、戏剧和现代的鲁迅、茅盾、老舍、聂耳、冼星海的一些作品。这些作品都有其鲜明的民族特色和独特的艺术规律，它们是姹紫嫣红、争妍斗丽的奇葩，盛开在中华民族辽阔的国土上，承受着千百年来时代风雨的洗礼而经久不衰，并以其独树一帜的雄姿出现在世界艺苑之林。同时由于世界民族之间的区分和交往的需要，民族的自信心、自尊心这种民族自我意识便相应产生并日益加强。

我们应该遵循自己民族艺术文化发展的规律，继承并发扬它的优秀传统，发展民族新文化，提高民族自信心，努力创造自己独特的民族文化。然而，民族文化传统以及在其长期陶冶与培育下形成的艺术趣味和欣赏习惯，虽有相对的稳定性，但也并非是停滞不前、凝固不变的。随着民族生活的发展变化，它们必然相应地发展变化，增添新的内容。因此，我们不可片面强调民族审美形式，抱残守缺地抱住民族传统不放，故步自封，停滞不前。民族特色也要批判地继承，在继承中发展。

特别是在改革开放的今天，世界各民族之间艺术文化交流日益频繁，互相影响越来越广泛。对待外国文艺一切好的内容和形式，只要对我们有益能用，可以去芜存菁地加以借鉴，也可以按需要有选择地吸收过来，溶化到我们文艺的血液中来，转化成我们文艺的血肉。就是说，在吸取外国文艺的营养时，一定要把它与我们民族特点有机结合在一起，经过消化，使之成为民族艺术文化传统的一个组成部分，从而丰富与提高社会主义文艺。

既对自己的民族优秀文化有着一种坚定的自豪，给予自己的传统文化必要的尊重，又要把它放在世界多元文化的宏观格局中来考察，从而既不孤芳自赏，又不妄自菲薄，还要有对外来文化的吸收与改造的勇气与魄力。这种吸收借鉴绝不是兼收并蓄、食洋不化，而应该有自己的取舍标准，坚持为我所用，最终在于转化再造，强基固本。

实施中华文化传承工程，通过国民教育、民间传承、礼仪规范、政策引导和舆论宣传、文艺创作等各个方面，传承中华文化基因。做好古籍整理、经典出版、义理阐释、社会普及工作，加强对中华诗词、音乐舞蹈、书法绘画、曲艺杂技和历史文化纪录片、动画片、出版物等的扶持。

第六章　推动文化事业全面繁荣和文化产业快速发展

发展民族民间艺术，保护和发掘我国少数民族文艺成果及资源，保护和传承非物质文化遗产。实施地方戏曲振兴计划，做好京剧传承工作，挖掘整理优秀传统剧目，推进数字化保存和传播。推进基层国有文艺院团排练演出场所建设、政府采购戏曲项目，提供公共文化服务，推进戏曲进校园。扶持中华文化基因校园传承工作，建设一批中华优秀传统文化教育基地。

博大精深、源远流长的中华文化，以其独特的文化符号，展示着中华民族世世代代不懈的精神追求。它不仅为中华民族繁衍生息、发展壮大提供了丰厚的精神营养，也为世界文明进步发展做出了应有的贡献。它不仅铸就了历史的辉煌，而且在今天仍然闪耀着时代的光芒，推动着经济社会的发展与进步，必将不断走出国门、走向世界。这一自信既来自历史的辉煌，又来自当代中国的发展成就，更来自未来发展的光明前景。

习近平同志指出，抛弃传统、丢掉根本，就等于割断了自己的精神命脉。博大精深的中华优秀传统文化是我们在世界文化激荡中站稳脚跟的根基。一方面，高度的文化自觉和文化自信，是推动中华文化走向世界的重要保证，必将在其增强国家文化软实力过程中发挥巨大的作用。另一方面，全球化的发展进一步凸显了西方文明中的内在不足，过度的理性与资本的贪婪淡漠了对人的关怀、对自然的关怀。这就需要有一种新的文明观克服西方文明的不足，引领世界的发展。在这两方面，中国传统文化都具有重要价值。重视人的价值，崇尚天人合一、仁厚无执、睦邻友好，重视人与自然的和谐、人与人的和谐、人与社会的和谐，讲求兼容并蓄，注重文化交流与互融，追求小康大同。这些宝贵的思想契合了世界发展趋势的要求，能为他者文明提供有益借鉴，促进世界的发展。

因此，可以预见，在全球化发展的未来，中国传统文化仍然是我们文化自信的根基。继承发扬中华民族在文化自觉和文化自信上的优良传统，使我们的文化自觉和文化自信不断进入新境界。中华民族历来是一个有着文化自觉和文化自信的伟大民族，这种自觉和自信是基于我们所拥有的绵延不绝的悠久历史和灿烂光辉的文化传统。中华民族依靠自己的智慧与力量，创造出多元一体、多样共生的灿烂文化，本身就是这种文化充满生机与活力、自觉与自信的生动体现，也是我们今天培养高度的文化自觉与自信的历史财富。

因此，要高度重视民族精神的激发作用，不断增强人民群众文化自觉，挖掘传统文化的价值，坚持古为今用、洋为中用的方针，以积极的姿态走出去，在与各种文化的交流中，推动文化综合创新，促进中国传统文化与现代化建设相融合，与社会主义相适应。

我们要以全球视野、以宽广胸怀广泛借鉴世界各国优秀文化成果，取其所长，补己所短，从中国问题出发，在内容和形式上积极创新，使中华民族最基本的文化基因与当代文化相适应，与现代社会相协调，弘扬跨越时空、超越国界、富有永恒魅力、具有当代价值的文化精神，努力建设具有中国特色、中国风格、中国气派的社会主义先进文化，不断增强中国特色社会主义先进文化的吸引力和感召力，使中华文化屹立于世界文化发展的潮头。

我们要以理性的态度、开阔的视野、宽广的胸怀对待西方文化，积极参与世界文化的对话与交流，批判自主地吸收外来文化成果。从历史上看，我们的民族文化之所以有着强大的生命力和自信心，就在于它勇于吸收和消化外来文化成果，从而不断完善、丰富和发展自身。

要结合当代中国与世界的实际，吸取世界各民族文化的精华，把我们民族的优秀文化推向前进。创造性转化和创新性发展是一个长期的过程，也是一个必须付出极大努力的过程，我们只有在这个过程中，随着我们的不懈努力和不断进步，才能逐步形成和不断提高我们的文化自信。因此，坚持文化自信必须立足于中华优秀传统文化，使中华民族最基本的文化基因与当代文化相适应，与现代社会相协调，从而推动中华优秀传统文化的创造性转化与创新性发展。

高扬社会主义核心价值观的旗帜，一个国家的人们的文化自信不仅来自本国本民族的历史文化，更来自现实中社会生活的文明进步，来自国家当前发展的整体状态。当代中国的发展成就举世瞩目，短短几十年的时间里我们成为世界上经济总量第二位的国家，国家经济实力和人民生活水平大幅提高。特别是我国经济正在摆脱低端粗放的方式，转向中高端发展。我国科技水平迅速提高，在国民经济中的作用大幅上升。像航天、高铁、深潜等高科技令每个中国人感到振奋和自豪。在经济发展的基础上，社会各项事业也不断进步，社会整体发展水平和文化程度不断提高。这些都从整体上带动着中国人自信心的提升，其中就包含文化上的自信。不论是经济发展、社会治理，还是科技进步，都具有文化的意义，都蕴含着文化的自信。

中国人民在共产党领导下创造了革命文化、红色文化、先进文化，从井冈山精神到长征精神,从延安精神到西柏坡精神,从雷锋精神到焦裕禄精神,从大庆精神到两弹一星精神,从载人航天精神到抗震救灾精神,这些都是值得我们高度自信并引以为豪,应传承与发扬。在新的历史条件下,坚持弘扬主旋律,提倡多元化是事关文艺工作全局和文艺事业命脉的重要方针。主旋律内涵丰富,范围很广,一切歌颂真善美、歌颂祖国和人民,给人以启迪、鼓舞和美的享受的作品,都是弘扬主旋律;主旋律反映了当代中国社会发展的主流思想和价值取向,代表着最广大人民群众的根本利益和热切愿望。多样化蕴含着文艺工作者不同的审美追求,反映了当代中国社会思想文化多样多变的客观现实,体现着社会生活的丰富多彩,二者统一于繁荣发展社会主义文艺事业中。

改革开放以来,中国特色社会主义现代化建设事业不断推进。文艺工作者必须进一步深入生活、深入群众,向生活学习、向群众学习,认识人民群众的历史创造性和精神生活的进步。实现社会主义现代化,是代表全国广大人民群众利益的行动纲领。以爱国主义为核心的民族精神和以改革创新为核心的时代精神是我国人民在为实现这个纲领的奋斗过程中所形成的坚定信念和精神力量,是我国社会生活中生机盎然、蓬勃跳动的主旋律中的最强音。文艺工作者只要真正体察,把握住了这个主旋律,就会使他的作品灌注一股引起当代人强烈共鸣的活力,具有催人向上的感奋力量。

社会主义核心价值观和中华民族伟大复兴的中国梦,这是中华民族凝魂聚气、强基固本的巨大精神力量,是当代中国亿万人民团结奋斗、攻坚克难的强大思想武器。中国精神的核心元素就是民族精神和时代精神。要想实现中国梦,必须大力弘扬中国精神。这就是以爱国主义为核心的民族精神,以改革创新为核心的时代精神。这种精神是凝心聚力的兴国之魂、强国之魂。民族精神,是反映在长期的历史进程中积淀形成的民族意识、民族文化、民族风俗、民族性格、民族信仰、民族宗教、民族价值观、社会价值追求的共同特质。

每一个时代都有每一个时代的精神,文艺是铸造灵魂的工程。文艺是前进的号角,是照耀人们思想和心灵的火炬。最能代表一个时代的风貌,最能引领一个时代的风气。文学艺术要深刻地表现我们的时代,就需要把握住时代的主旋律。我们时代的主旋律就是建设有中国特色社会主义的理论和党的基本路线,爱国主义、集体主义、社会主义的思想和精神,有利于改革开放和现代化建设的思想和精神,有利于民族团结、社会进步、人民幸福的思想精神。站在新的历史起点上，文艺工作要牢牢抓住建设社会主义核心价值体系这个根本，始终坚持社会主义先进文化的前进方向，弘扬民族优秀文化传统，发掘民族和谐文化资源，借鉴人类有益文明成果，倡导和谐精神，营造和谐氛围。

社会主义文艺如果离开了对社会主义理想的追求，也就不能称其为社会主义文艺。坚持文艺"为人民服务，为社会主义服务"的方向，在文艺创作上，就应当着力反映我们的社会在思想文化发展中属于主导地位的时代精神，弘扬体现这种时代精神的主旋律。

所谓时代精神，就是指每一个时代所持有的精神实质，是一种超脱个人的共同群体意识。它具有时代的历史的特点，它随着时代的推移，而不断变化发展、推陈出新。时代精神是一个时代人们在文明创建活动中体现出来的精神风貌和优秀品格，是激励一个民族奋发图强、振兴国家的强大推动力，构成时代精神文明建设的重要内容。它反映一个时代人类社会发展变化基本趋势，并且成为绝大多数人民的共同心愿、意志和精神追求。

能够成为精品之作的社会主义文艺作品，也包含着与时俱进的时代精神。自改革开放以来，戏剧大舞台上呈现了一批讴歌时代、与时俱进的优秀作品。这些作品大都展现了改革开放以来的时代风貌、人物及其在改革大潮中挣扎蜕变的进程。剧中的主人翁的成长过程代表了时代发展的潮流，标志着一个时代的精神文明。

在文学艺术作品中反映社会主义时代精神应该成为主旋律。我们的作家艺术家是极富艺术创造才华的，现在更需要增强社会责任心和历史使命感，要在反映社会生活的本质、塑造社会主义新人形象、表现理想的追求，这互相贯通、彼此交融的三大环节中，大力加强社会主义的主旋律，谱写出充满伟大时代精神的新的史诗和新的交响乐章，以积极推进我国生气勃勃的社会主义事业向前发展。

爱国主义是中国精神最深层、最根本的内容，也是文艺创作的永恒追求。组织和支持爱国主义题材文艺创作，大力讴歌民族英雄，倾诉家国情怀，弘扬集体主义精神，不断增强做中国人的骨气和底气。正确反映中华民族五千多年文明史、中国人民近代以来斗争史、中国共产党奋斗史、中华人民共和国发展史、当代中国改革开放史，生动反映各族人民维护祖国统一、海外儿女心向祖国的心路历程。

文艺工作不仅要注重群众性，大力推出群众喜闻乐见的艺术表现形式和创作内容，同时要努力改造落后文化，抵制腐朽文化。旗帜鲜明反对历史虚无主义，抵制否定中华文明、破坏民族团结、歪曲党史国史、诋毁国家形象、丑化人民群众的言论和行为，反对以洋为尊、唯洋是从，引导人民树立和坚持正确的历史观、民族观、国家观、文化观，不断增强中国特色社会主义道路自信、理论自信、制度自信、文化自信。

拓展爱国主义题材的表现空间，不断丰富形式、创新手法，增强艺术魅力。充分运用重要纪念日、民族传统节日等时间节点，集中展映、展播、展示群众喜爱的爱国主义优秀作品，开展丰富多彩的群众性文化活动。

只有包含着民族精神的时代精神的文艺作品，才能起到以文化人春风化雨、润物无声、启迪智慧、美化生活、陶冶情操、荡涤灵魂、展现情怀、承载梦想的功能。只有中国精神的社会主义文艺作品，才能扫除颓废萎靡之风，高扬社会主义核心价值观，成为人们喜爱的不巧之作。大力弘扬以爱国主义为核心的民族精神和以改革创新为核心的时代精神，使中华优秀传统文化成为涵养社会主义先进文化的重要源泉，激发全社会的文化认同感和自豪感，增强作为中国人的骨气、志气和底气，坚守中国特色社会主义文化自信，讲好中国故事，弘扬中国精神，凝聚中国力量，坚持中国道路。

四、坚持和改善党对文艺工作的领导

文艺是一种特殊的意识形态，文艺同哲学、宗教一样，是"更高的悬浮于空中的思想领域"。马克思主义认为，文学艺术是一种社会历史现象，在阶级社会里必然带有阶级性，反映着它所代表的那个阶级的利益、要求以及审美情趣。

社会主义文艺的健康发展，离不开党的领导。我们党历来重视文艺工作，始终把文艺事业看作党和人民的重要事业，文艺战线是党和人民的重要战线，因此，繁荣社会主义文艺必须坚持共产党的领导。在战争年代，毛泽东同志《在延安文艺座谈会上的讲话》指出，文艺必须走与工农群众相结合的道路。党领导的革命文艺运动，成为"团结人民、教育人民、打击敌人、消灭敌人的有力的武器"，推动了民族和人民解放的革命事业的发展，开创了中国文化发展的新阶段。

解放以后，在社会主义现代化建设已经成为中心任务的新的历史时期，怎样才能领导好文艺，是党面临的新课题。党不仅坚持加强对文艺工作的领导，而且还善于领导文艺工作，使得社会主义文艺得到蓬勃发展，从而促进社会主义建设事业的发展。邓小平在第四次文代会上阐明了改善党对文艺的领导的深刻见解。他说："党对文艺工作的领导，不是发号施令，不是要求文学艺术从属于临时的、具体的、直接的政治任务，而是根据文学艺术的特征和发展规律，帮助文艺工作者获得条件来不断繁荣文学艺术事业，提高文学艺术水平，创作出无愧于我们伟大人民、伟大时代的优秀的文学艺术作品和表演艺术成果。"在这里，邓小平提出，党要领导好文艺工作，要认识文艺的特征和客观规律，适应社会主义市场经济发展的要求，帮助文艺工作者坚持正确的文艺发展方向，为文艺工作者创造良好环境和氛围，积极创造条件。

改革开放以来，我们党进一步恢复发扬我们民族文化自觉和文化自信的优良传统，把文化建设放在党和国家全局工作的重要战略地位。从物质文明和精神文明两手抓到依法治国和以德治国相结合，再到文化事业和文化产业同发展，理论创新和实践探索不断推动着文化建设取得新成就，走出了一条中国特色社会主义文化发展道路，极大地增强了我们建设中国特色社会主义文化的信心。

文化的生命力在于创新。只有找好文化传承与创新的结合点，才能促进文化发展，增强文化自信。中国共产党对待各种文化奉行的不是拿来主义，而是在深刻反思中国传统文化生命力的基础上，通过理论创新来推动文化发展的。党根据解放思想、实事求是、与时俱进的根本要求，在不断推进马克思主义中国化时代化大众化的过程中回答了"建设什么样的文化，如何搞好文化建设"的问题，提出建设社会主义先进文化的任务，强调文化建设一定要走发展创新之路，一定要通过自己的咀嚼和吸收来促进文化发展。在这方面，党做出了先进性表率。"马克思主义中国化"命题的提出与理论成果的取得，表明了党是一个具有高度文化自觉的党，能够不断解放思想、开拓创新的党。在以后的文化建设中，要坚持以马克思主义中国化最新成果不断推动文化建设。

正如党的十七届六中全会所总结的那样："中国共产党从成立之日起，就既是中华优秀传统文化的忠实传承者和弘扬者，又是中国先进文化的积极倡导者和发展者。我们党历来高度重视运用文化引领前进方向、凝聚奋斗力量，团

第六章　推动文化事业全面繁荣和文化产业快速发展

结带领全国各族人民不断以思想文化新觉醒、理论创造新成果、文化建设新成就推动党和人民事业向前发展，文化工作在革命、建设、改革各个历史时期都发挥了不可替代的重大作用。"相信经历了实践检验的中国共产党有能力继续带领和团结全国各族人民不断开创文化建设新局面，实现社会主义文化强国的任务。

习近平同志指出，加强和改进党对文艺工作的领导，要把握住两条：一是紧紧依靠广大文艺工作者，二是要尊重和遵循文艺规律。抓住这两条，才能营造好有利于文艺创作的良好环境，才能够在文艺工作的对象、方式、手段、机制出现新情况、新特点、新变化的时候，及时准确地抓住节拍，把工作做到实处。社会主义文艺事业才能实现大发展大繁荣，才能出现百花齐放、硕果累累的生动景象。

我们要从中国特色社会主义文化发展道路的正确选择中确立起文化自信。随着中国特色社会主义事业的不断推进和繁荣发展，中国特色社会主义文化也在不断发展进步。特别是随着中国特色社会主义道路的确立，我们也走出了一条中国特色社会主义文化发展道路。

建设一支高素质的文艺人才队伍。繁荣和发展社会主义文艺，坚持文艺为人民服务，为社会主义服务的方向，就必须把以人为本、促进人的全面发展作为出发点和落脚点。当前，我国文艺创作生产活跃，内容形式丰富，风格手法多样，涌现了一大批人民喜爱的优秀作品，呈现出百花竞放、蓬勃发展、万紫千红、欣欣向荣的生动景象，我国文艺取得的每一项成就，无不凝聚着广大文学艺术工作者的聪明才智和辛勤劳动。加强文学艺术工作者队伍建设，培养和造就一支热爱祖国、热爱人民、德艺双馨、开拓进取的文学艺术工作者队伍，是社会主义文艺事业繁荣发展的重要保障。

出人才才能出作品，出优秀的人才才能出优秀的作品。艺术人才是艺术生产力中最活跃的和起决定性作用的因素，因此，繁荣社会主义文艺，应当着力于文艺人才的培养，不注重培养文艺人才，文艺生产力就不能提高，就不能出更多更好的作品。邓小平同志说，"不仅要从思想上，而且要从工作制度上创造有利于杰出人才涌现和成长的必要条件"。

加强文艺工作者队伍建设，要用共同理想、共同事业、共同责任，把广大文学艺术工作者的智慧和力量凝聚起来，专心致志搞创作，同心同德促繁荣。

培养造就文艺领军人物和高素质文艺人才。着眼于培养大批有影响的各领域文艺领军人物，造就大批人民喜爱的名家大师和民族文化代表人物，深入实施文化名家暨"四个一批"人才工程，进一步加大文艺名家资助扶持、宣传推介力度，实施好国家"千人计划""万人计划"文化艺术人才项目，加大国内文化艺术领军人才和青年拔尖人才培养支持力度。制定长远规划，完善激励机制，研究制定国家荣誉制度，努力造就一批政治坚定、业务精湛、品德优良、成就突出的文艺领军人物。要适应文艺事业发展的新需要，注重培养懂艺术、善经营、会管理的复合型人才。要加强对后备文艺人才的培训教育，特别是加强基层文艺人才的选择和培养，努力造就一支梯次分明、结构合理的文艺工作者队伍。

加强思想道德建设。文艺工作者是灵魂的工程师，必须把思想道德建设放在首位，引导文艺工作者成为党的文艺方针政策的拥护者、践行者，成为时代风气的先行者、先倡者。深化社会主义核心价值观学习教育，引导文艺工作者打牢世界观、人生观、价值观的根底，明确是非、善恶、美丑的界限，摒弃低俗、庸俗、媚俗现象，弘扬公德良序，树立新风正气。组织开展"做人民喜爱的文艺工作者"活动，引导文艺工作者牢记文化担当和社会责任，不断提高学养、涵养、修养。

加强马克思主义文艺理论评论队伍建设，实施文艺理论评论队伍培养计划。做好各类文艺人才培训工作，实施基层文化队伍培训计划、民族地区文艺人才培养计划。加强和改进专业艺术教育工作，优化专业结构，提高教学质量。落实重大文化项目首席专家制度，完善文艺人才职称职务评聘措施和办法，支持特殊专业艺术人才的学历、职称认定。

实践证明：我们的文学艺术工作者队伍是一支热爱祖国、热爱人民、热爱社会主义的队伍，是一支富于进取和奉献精神的队伍，是一支党和人民信赖的队伍。在新的历史条件下，党的文艺领导应尽可能地团结广大作家艺术家队伍，建立一支不畏艰难、勤学苦练、勇于探索的队伍，攀登社会主义文学艺术高峰。

努力提高领导工作者的文艺素养，真正地把作家艺术家作为创作的主体，尊重作家艺术家的创造性和想象力，大力发扬艺术民主和学术民主，始终对他们在政治上坦诚信任，经济上优惠保障，生活上温暖关怀，才能充分调动文艺工作者的积极性，促进它们创造精神和艺术才能的迸发，才能保证文艺事业在代表先进文化的正确方向上繁荣发展、遵循文艺发展规律。

要扎实推进文化事业单位改革，建立健全有利于出作品、出人才的体制机制。要修订、制定促进和保障文艺繁荣发展的法律法规，深化文化市场综合行政执法改革。要充分调动一切积极因素，为繁荣发展社会主义文艺、建设社会主义文化强国做贡献。人民精神文化需求日益增长，为文艺发展提供了坚实基础、内在动力、广阔空间。

实现中华民族伟大复兴，离不开中华文化繁荣兴盛，离不开文艺事业繁荣发展。必须把发展和繁荣社会主义文艺事业摆在突出重要的位置。举精神旗帜、立精神支柱、建精神家园，是当代中国文艺的崇高使命。弘扬中国精神、传播中国价值、凝聚中国力量，是文艺工作者的神圣职责。

在党的领导下，我们的文艺事业与中国经济社会各项事业一同发展，硕果累累。习总书记对社会主义文艺创作的精辟论断，犹如一盏明灯，指明了社会主义文艺创作者的航程。我们的文艺工作者如果清醒、深刻地认识了自己所处的时代，敏锐地感觉到时代脉搏的跳动，跟国家、人民同呼吸共命运，就应当以祖国的现代化建设作为创作的兴奋点，去表现这个伟大的时代，从而以恢宏气势和绚丽色彩描绘时代画卷，以激越豪情和优美旋律谱写英雄史诗，为人民而写，为时代而歌，燃起精神的火炬，吹响奋进的号角，鼓舞和激励全国各族人民共同创造幸福生活和美好未来！

伟大的时代需要嘹亮的号角，神圣的使命呼唤强大的文艺。面对新世纪实现中华民族伟大复兴的壮丽事业，当代中国的文艺工作者，应不辜负党和人民的殷切期望，以提高人民群众的思想道德素质和科学文化、弘扬和培育民族精神为己任，遵循先进文化的前进方向，自觉投向亿万人民创造幸福生活和美好未来的伟大实践，在文艺创作上努力反映人民群众的理想愿望和审美要求，满足不同层次的需要。按照建设和谐文化的要求，领会时代精神本质，在继承中华优秀文化传统，吸取世界一切文明成果的基础上积极进行文艺观念、内容、风格、流派的创新，推进文艺体裁、题材、形式和手段的充分发展，用自己擅长的文艺形式，努力创作出体现民族精神、符合时代进步精神的文艺作品，用以教育人、鼓舞人和鞭策人，繁荣祖国文艺的百花园。

文化自觉和文化自信具体表现为我们党站在人类社会历史发展的高度，深刻认识和把握文化在当代中国发展进步中的重要地位及其巨大价值，把握文化发展的内在规律和先进文化的前进方向，把文化作为经济社会发展的战略资源，把文化作为人民群众的根本需求、人的全面发展的重要标志、民族凝聚力和创造力的重要源泉、综合国力竞争的重要因素和经济社会发展的重要支撑。当前，我们站在新的历史起点上，在党的领导下，坚持社会主义先进文化前进方向，全面贯彻"二为"方向和"双百"方针，紧紧依靠广大文艺工作者，坚持以人民为中心，以社会主义核心价值观为引领，以中国精神为灵魂，以中国梦为时代主题，以中华优秀传统文化为根脉，以创新为动力，以创作生产优秀作品为中心环节，深入实践、深入生活、深入群众，推出更多无愧于民族、无愧于时代的文艺精品，不断满足人民精神文化需求，建设社会主义文化强国，为实现"两个一百年"奋斗目标、实现中华民族伟大复兴的中国梦提供强大的价值引导力、文化凝聚力、精神推动力，放歌当今，添彩未来。

第二节　构建双效统一的文化体制机制

党的十八大和对深化文化体制改革作出新的重大部署，为推进文化体制机制改革创新提供了方向。2012年11月，党的十八大报告科学把握当今文化发展趋势和我国文化发展方位，作出了深化文化体制改革的重大决策，提出了新的目标要求，这对于扎实推进社会主义文化强国建设，实现中华民族伟大复兴，具有十分重大的意义。2013年11月，党的十八届三中全会提出要紧紧围绕建设社会主义核心价值体系、社会主义文化强国深化文化体制改革，加快完善文化管理体制和文化生产经营机制，建立健全现代公共文化服务体系、现代文化市场体系，推动社会主义文化大发展大繁荣。

2015年10月，习近平在中共十八届五中全会第二次会议全体会议上提出，必须把创新作为引领发展的第一动力，把人才作为支撑发展的第一资源，把创新摆在国家发展全局的核心位置，不断推进理论创新、制度创新、科技创新、文化创新等各方面创新，让创新贯穿党和国家一切工作，让创新在全社会蔚然成风。在这里，我们足以看出习总书记对文化创新发展的高度重视，这实际上也是由文化的生命力在于文化的创造力、文化是最需要改革创新的领域这一原因所决定的。

当前,我国文化领域正在发生广泛而深刻的变革,推动文化大发展大繁荣既具备许多有利条件,也面临一系列新情况新问题。我们要准确把握我国经济社会发展新要求,准确把握当今时代文化发展新趋势,准确把握各族人民精神文化生活新期待,必须要通过进一步深化文化领域改革创新,破解文化发展难题,转变文化发展方式,通过推进观念创新、体制创新、机制创新、内容创新、形式创新、传播手段创新、业态创新、科技创新等,不断解放和发展文化生产力,让全社会的文化创造活力充分释放,为文化自信不断提供用之不竭的发展源泉。

一、不断增强改革创新的自觉性和坚定性

文化体制改革的过程,既是社会主义文化大发展大繁荣的过程,也是不断突破束缚文化发展的传统观念的过程。思想不解放,我们就很难看清各种利益固化的症结所在,很难找准突破的方向和着力点,很难拿出创造性的改革举措。因此,坚持以改革创新为强大动力推动文化科学发展,最根本的是要进一步解放思想、转变观念。在文化建设和发展的实践中要全面贯彻党的思想路线,始终坚持解放思想、实事求是、与时俱进,自觉地把思想认识从不符合文化科学发展的思想观念和思维定式的桎梏中解放出来,从不符合文化科学发展的做法和规定的限制中解放出来,从不符合文化科学发展的传统体制的束缚中解放出来,敢于突破陈规陋习,勇于用改革的办法破解难题,不断增强改革创新的意识和本领。

首先,要树立"改革只有进行时,没有完成时"的观念。实践发展永无止境,解放思想也永无止境。目前,我们已经完成了文化体制改革的阶段性目标任务,但继续深化改革的任务还很重。党中央的一系列新判断、新部署,赋予文化建设新的使命、新的要求。实现"两个一百年"的奋斗目标,文化既是重要内容,又是重要支撑;实现中华民族伟大复兴的中国梦,需要文化的引领凝聚,需要强大的精神力量,满足文化需求、改善文化民生,成为适应人民群众对美好生活新期待的重要方面。事业在发展,形势在变化,有些方法过去有效,现在未必有效;有些过去不合时宜,现在却势在必行;有些过去是不可逾越的,现在则需要大胆突破。所有这些,都迫切要求我们有耐心、努力把文化

改革发展推向前进。

其次,要树立"跳出文化看文化"的观念。十八届三中全会把文化体制改革作为全面深化改革的有机组成部分,不再是某一个部门某一个领域单兵突进,而是受益于经济、政治、社会等领域的深化改革成果,与经济体制改革等其他领域改革紧密结合、相互作用。而目前,不少同志还是习惯从微观和具体工作层面去梳理文化体制改革,对全面深化改革的认识还有待提高,表现在实际工作中,常常习惯用过去传统的思维来考虑工作、部署工作,用传统方法推进工作,对已经改革或将要进行的改革还缺乏深度的思考,甚至还很不适应。要把文化改革发展放在全面建成小康社会目标要求中来考虑,放在全面深化改革的背景下来谋划。推进文化体制改革,既要借鉴经济体制改革的经验,与经济、政治、社会、生态文明等领域的改革相衔接,实现各领域改革的相互促进和协调发展;又要注重文化领域的特点,不照搬照抄。

最后,要树立"知难而进"的观念。现在,文化体制改革进入攻坚期和深水区,新老问题相互叠加,有待完成的任务相互交织,国内外因素互相影响,工作难度加大、任务加重。这迫切需要我们进一步解放思想,以更大决心冲破思想观念束缚,破除妨碍改革发展的思维认识,以自我革新的勇气和胸怀,跳出条条框框限制,以积极主动精神研究和提出改革举措。

改革的过程就是不断解决问题的过程。问题和矛盾往往蕴含着突破的契机,预示着发展的机遇。有问题并不可怕,关键是要勇于和善于通过改革破解难题、解决问题。"行百里者半九十",要以踏石留印、抓铁有痕的劲头,敢于担当、敢啃硬骨头、敢闯难关,推动改革不断实现新的突破。

二、文化体制改革需要坚持的重大原则

深化文化体制改革,要全面贯彻落实三中全会精神,要始终做到"四个坚持",就是坚持社会主义先进文化前进方向,坚持中国特色社会主义文化发展道路,坚持以人民为中心的工作导向,坚持把社会效益放在首位、社会效益和经济效益相统一;紧扣"一个围绕",就是紧紧围绕建设社会主义核心价值体系、社会主义文化强国;着眼"两个巩固",就是巩固马克思主义在意识形态领域的指导地位,巩固全党全国各族人民团结奋斗的共同思想基础;突出"一个中心环节",就是以激发全民族文化创造活力为中心环节;推动"三个方面

工作",就是促进文化事业全面繁荣、文化产业快速发展、优秀传统文化传承弘扬。改革的目的就是使中国特色社会主义文化制度更加成熟定型,为了营造有利于多出精品、多出人才的良好环境,为了满足人民群众日益增长的精神文化需求。因此,无论怎么改、改什么,发展先进文化的目标不能改,坚持正确导向的原则不能变,传承中华文化的历史责任不能丢。

三、激发全民族文化创造活力以推进体制机制创新

十八届三中全会明确提出要"以激发全民族文化创造活力为中心环节,进一步深化文化体制改革"。文化创造活力,是指一个国家或民族其文化所具有的旺盛的生命力和创造力,是一定文化主体的文化创造能力、创造热情和创造精神的集中体现和反映。以激发全民族文化创造活力为中心环节,既是以往文化建设的经验总结,也是未来文化改革发展的方向指针,具有重大理论意义和实践价值,为在新的起点上加快文化改革发展指明了前进方向。全民族文化创造活力的激发,必将进一步解放思想、解放和发展社会生产力、解放和增强社会活力,进一步增强中国特色社会主义道路自信、理论自信、制度自信,破除各方面体制机制弊端,让一切劳动、知识、技术、管理、资本的活力竞相迸发,让一切创造社会财富的源泉充分涌流,坚持和发展中国特色社会主义必将充满生机勃勃的动力和更加广阔的前景。

从全面深化改革总目标的角度来说,这里核心的问题就是最大限度地激活和发挥人民群众在国家文化治理中的主体性,在文化的创造活动中参与国家的文化治理。要坚持以人为本,实现好、维护好、发展好人民群众的文化权益,突出解决公共文化服务体系不完善、不均衡、不协调、不可持续的问题,突出解决公共文化产品和服务与老百姓的实际需求相脱节的问题,努力做到公共资源配置的公平化、公共文化产品和服务提供的有效化和参与主体的多元化。要更加注重保障公平竞争、加强市场监管、维护市场秩序,构建统一开放竞争有序的现代文化市场体系,让市场主体释放更多活力,不断满足人民群众日益增长的多样化文化需求。要牢固树立人民群众是文化创造和建设主体的观念,把人民是否满意作为衡量文化工作的重要尺度,把群众评价、专家评价和市场评价统一起来,形成科学的文化产品评价体系,真正做到文化建设依靠人民、为了人民,文化成果由人民共享。

此外，要处理好政府与市场的关系、政府与企业的关系、政府与社会组织的关系。着力推动文化行政部门的职能转变，继续下放审批项目，更加注重对事中、事后的管理，做到放权和监管并重。加强调查研究和政策调节，促进调研的制度化、常态化。深化经营性文化单位改革，推动已转制的国有文化企业建立现代企业制度，加快公司制、股份制改造，促进资源整合和战略性重组，增强面向市场、参与竞争的能力。推动文化事业单位的分类改革，进一步明确文化事业单位的功能定位，完善内部人事管理、收入分配、绩效考核机制，突出公益属性，强化服务功能，增强发展活力。加强文化行业组织和中介机构建设，积极发展文化类行业协会、学会、基金会等非政府组织，引导行业自我管理。总之，把政府管不了也管不好的事情，或者应该由社会、企业管的事情交给社会和企业，把政府应该管的事情牢牢抓在自己的手里管好，发挥好市场和政府两方面的作用。

四、在协同配合中推进双效果统一的文化机制体制

十八届三中全会明确了完善文化管理体制、建立健全现代文化市场体系、构建现代公共文化服务体系、提高文化开放水平是文化体制改革的四项重点任务，充分体现了我们党站在新的历史起点上对文化体制改革的战略思考和科学谋划，体现了我们党对文化治理体系的把握和文化治理能力的提高。我们要统筹考虑、全面论证，又要抓好重要领域和关键环节改革，全面推进文化体制改革的各项任务。

完善文化管理体制方面，要按照政企分开、政事分开的原则，推动文化行政部门由办文化向管文化转变，推动与所属文化企事业单位进一步理顺关系，强化政府的政策调节、市场监管、社会管理和公共服务职能。深化行政审批制度改革，减少审批，放宽限制，做好向市场、社会放权，减少政府对微观事务的干预。研究探索党委和政府监管国有文化资产、实现管人管事管资产管导向相结合的具体方式。

建立健全现代文化市场体系方面，要加快转变文化发展方式，优化自身的文化产业布局，提高文化产业发展整体水平，促进新兴业态健康发展。重点要围绕做大、提质、求精，加快推进文化产业转型升级。做大，就是要建立健全统一开放、竞争有序的现代文化市场体系，鼓励各类文化市场主体公平竞争、

优胜劣汰，鼓励有实力的文化企业跨地区跨所有制兼并重组，做大做强一批骨干文化企业。提质，就是要以提高质量和效益为中心，大力推进内容创新、形式创新、业态创新，促进文化与科技、旅游等相关产业融合发展，增加文化产业核心竞争力。求精，就是要积极培育资本、产权、技术等文化要素市场，细分产业分工，规范统计标准，打造文化品牌，鼓励和支持专、精、特、新的文化企业发展，不断提升文化产业专业化水平。

构建现代公共文化服务体系方面，要建立公共文化服务统筹协调机制，实现资源整合、共建共享。促进基本公共文化服务标准化、均等化，制订公共文化权益保障标准、基本公共文化服务内容供给标准，推动文化惠民项目与群众文化需求有效对接。按照反弹琵琶的思路，研究制定公共文化服务城乡一体化的相关政策，增加对中西部地区、少数民族地区、边疆地区、革命老区公共文化设施建设和文化惠民工程的专项补助，促进公共文化资源在区域和城乡之间的合理配置。引入竞争机制，鼓励社会力量、社会资本参与公共文化服务体系建设，培育文化非营利组织，推动文化志愿服务工作制度化、常态化。

提高文化开放水平方面，坚持政府主导、企业主体、市场运作、社会参与相结合的方针，统筹国际国内两个市场、两种资源，统筹推进文化交流、文化传播、文化贸易，推动中华文化走向世界。精心组织实施国家文化年（节）、"欢乐春节"等品牌活动。建设中国当代作品翻译工程申报平台，世界汉学家、翻译家资源库与工作平台，实施中国当代作品海外推广计划，进一步加强和改进国际传播能力。大力促进对外文化贸易发展，继续完善政策、搭建平台、拓展渠道、加强信息服务和人才培养。积极吸收借鉴国外一切优秀文化成果，同时保护和维护好民族文化，弘扬先进文化，鼓励健康文化，提倡高雅文化，发展通俗文化，确保意识形态安全和国家文化安全。

五、大力实施"一个工程、四个体系"

文化改革创新的具体内容就是必须要立足于中国特色社会主义现代化建设的伟大实践，必须要契合人民群众日益增长的精神文化需求，做到与时俱进、因"时"而宜。唯有如此，文化自信才有"源头活水"，才有持久强大的强大根基[①]。

当前,我国正处于全面建成小康社会的决胜阶段,也是建设社会主义文化强国的重要时期。推进文化改革创新需要加强顶层设计和整体谋划,要符合全局需要,有利于党和国家事业长远发展。"十三五"时期,文化建设的重点是实施"一个工程",构建"四大体系"。"一个工程"就是文化精品创作工程,"四大体系"包括现代公共文化服务体系、中华优秀传统文化传承体系、现代文化产业体系和对外文化交流体系。通过"一个工程""四大体系",推动物质文明和精神文明协调发展,推进文化事业和文化产业双轮驱动,让人民群众在物质生活更殷实的同时,精神生活也更加丰富,中华文化的国际影响力进一步增强。

(一)大力推进文化精品创作生产

文艺作品是满足人民群众精神文化需求的重要载体,也是衡量和检验文化改革发展成效的重要标尺。习近平总书记在文艺工作座谈会上指出,"优秀文艺作品反映着一个国家、一个民族的文化创造能力和水平,我们必须把创作生产优秀作品作为文艺工作的中心环节","十二五"特别是习近平总书记文艺工作座谈会讲话以来,我国文艺创作生产呈现繁荣景象,低俗媚俗文艺作品得到遏制,文艺市场逐渐回归理性和平衡,涌现出了一大批精耕细作的作品。

当前,实施文化精品创作工程,要深入贯彻习近平总书记在文艺工作座谈会上的重要讲话精神,坚持"二为"方向、"双百"方针,坚持以人民为中心的工作导向,把创作生产优秀作品作为文艺工作的中心环节,努力生产更多传播当代中国价值观念、体现中华文化精神、反映中国人审美追求的精品力作,为全体人民提供昂扬向上、多姿多彩、怡养情怀的精神食粮[②]。

一是以中国梦和社会主义核心价值观为引领,深入持续开展"深入生活、扎根人民"主题实践活动。在2014年文艺工作座谈会上的重要讲话中,习近平总书记深刻阐述了文艺与人民的关系,强调文艺创作的人民取向,定位文艺发展的人民坐标,重申坚持以人民为中心的创作导向。源自人民、为了人民、属于人民,是社会主义文艺最根本的立场和最鲜明的特征,也是社会主义文艺

---

① 雒树刚.实施文化精品创作工程,加快文化强国建设步伐[N].人民日报,2016-04-15.
② 同①.

繁荣发展的关键所在。

首先，文艺要做到热爱人民。习近平总书记指出，有没有感情，对谁有感情，决定着文艺创作的命运。如果不爱人民，那就谈不上为人民创作。文艺工作者要想有成就，就必须自觉与人民同呼吸、共命运、心连心，欢乐着人民的欢乐，忧患着人民的忧患，做人民的孺子牛。这是唯一正确的道路，也是作家艺术家最大的幸福。

其次，要注意文艺不能当市场的奴隶，文艺创作不能沾满铜臭气。文艺作品不同于一般物质产品，承载着一定的思想观念和行为准则，所以它并非普通的商品，衡量作品的根本标准应重在其体现的社会属性和呈现的社会价值。当前实施文化精品创作工程，应坚持以中国梦和社会主义核心价值观为引领、聚焦中国梦时代主题，大力弘扬社会主义核心价值观，突出文艺作品思想内涵，诠释中国精神，展示家国情怀；同时，还应更加重视发挥文化的熏陶和感化作用，使文化产品既"养眼"又"养心"，不断提升国民素质和社会文明程度。

最后，文艺创作方法多种多样，但最根本、最关键、最牢靠的办法是扎根人民、扎根生活。关在象牙塔里不会有持久的文艺灵感和创作激情。文艺工作者要深入生活、扎根人民，才能从情感上贴近基层群众，以充沛的激情、生动的笔触、优美的旋律、感人的形象创作出人民群众喜闻乐见的优秀作品。2015年，国家艺术院团共有186批4400人次文艺工作者深入基层。"十三五"期间，仍应持续开展"深入生活、扎根人民"主题实践活动，建立健全长效激励和保障机制，推动更多文艺院团建立基层联系点，长期开展采风创作、结对帮扶、慰问演出等活动。

二是建立创作规划机制，大力推动文艺精品创作生产。实施精品战略，要加强艺术创作规划和资源统筹，制定中长期文艺创作规划，如可围绕2020年全面建成小康目标的实现、2021年建党一百周年等这些革命历史题材和纪念活动实现题材创作的新发展。通过扶持重大革命和历史题材、现实题材、农村题材、少儿题材的创作生产，集聚资源打造精品，努力攀登艺术高峰。尤为重要的是，要从源头推动精品创作生产，鼓励内容和形式创新，不断提高作品原创能力，把深刻的思想内涵与完美的艺术形式有机结合起来，增强作品的吸引力和感染力。

同时，通过深入实施国家舞台艺术精品创作工程、国家影视精品工程、国家重大出版工程、国家美术发展和收藏工程等，扶持优秀广播电视节目、影视剧、网络剧、舞台剧等的创作生产，重点打造思想精深、艺术精湛、制作精良的优秀舞台艺术作品，加大推广力度。另外，作为识别中华民族个性的最显著标志和中华民族悠久传统的最显著表征的中国传统戏剧，由于主客观多方面原因，戏曲发展处于萎缩状态。2015年，国务院办公厅印发了《关于支持戏曲传承发展的若干政策》，这是党和政府针对戏曲发展存在的一系列突出问题作出的重大决策。除了要开展地方戏曲剧种普查，摸清底数之外，还应在扶持剧本创作、加强人才培养、改善戏曲创作生产条件、支持戏曲演出等方面下功夫，培育有利于戏曲活起来、传下去、出精品、出名家的良好环境。

三是抓好文艺评价机制。评价机制是两个方面，一个是评奖，一个是评论。评奖就是要真正把好作品评出来，不能搞人情评论。2015年10月8日，中共中央办公厅、国务院办公厅印发了《关于全国性文艺评奖制度改革的意见》，明确了全国性文艺评奖的举办主体，完善全国性文艺评奖的标准和审批。此外，文艺评论是文艺事业的重要组成部分，是推动文艺繁荣发展的重要力量。习近平总书记指出，要高度重视和切实加强文艺评论工作，打磨好批评这把"利器"，把好文艺评论的方向盘。文艺评论是改进文艺创作的重要手段，要起到引导创作、多出精品、提升审美、引领风尚的重要作用；同时，文艺评论要起到增强创作的深度，倡导有理论、生动活泼、富有真知灼见的文艺评论。评论和创作是车之两轮、鸟之双翼，抓文艺要创作和评论一起抓。文艺评论者要以强烈的社会责任感和担当精神，重塑批评精神和品格，积极开展有批评精神的文艺批评。就像鲁迅讲的，批评家要做"剜烂苹果"的工作，"把好的留下来吃"就是要铲除恶草、灌溉佳花，消除存在的人情评论、红包评论问题。

此外，还应完善文艺作品评价体系和激励机制，遏制"唯票房、唯收视率、唯点击量、唯发行量"的现象，始终把社会效益放在首位，把价值取向、艺术水准、受众反应、社会影响等作为评判作品的主要指标。讴歌真善美、鞭挞假恶丑，丰富人民精神世界，增强人民精神力量。

（二）构建现代公共文化服务体系

截至"十二五"期末，全国共建有2734个县级公共图书馆、2929个县级文化馆、4万多个乡镇综合文化站、60多万个村农家书屋，全国文化信息资源共享工程已建成近3万个乡镇（街道）基层服务点、70万个村（社区）基层服务点，广播电视村村通工程已联通 81 万个村，广播电视综合覆盖率已达 98%，覆盖城乡的公共文化设施网络初步建成。

构建现代公共文化服务体系，是保障人民群众基本文化、提高社会文明程度、实现文化共享发展的重要制度设计。习近平总书记指出，人民对美好生活的向往，就是我们的奋斗目标。公共文化服务作为政府基本公共服务的重要内容，是各级党、政府和文化行政主管部门的重要责任。党的十六大以来，党中央、国务院高度重视文化建设。2012 年党的十八大报告中就明确提出推进社会主义文化强国建设和完善公共文化服务体系，提高服务效能的要求。"十三五"时期，构建现代公共文化服务体系，我们应深入贯彻中办、国办印发的《关于加快构建现代公共文化服务体系的意见》，坚持政府主导、社会参与、共建共享，力争到"十三五"末，基本建成现代公共文化服务体系。现代公共文化服务体系以标准化、均等化为基础、以数字化、社会化为方向，以人民满意为目标，重在整合资源、提高效能、扩大群众有效参与，使人民群众有更多的获得感。

一是坚持政府主导，着力推进基本公共文化服务标准化和均等化。公共文化服务是 21 世纪公共行政和政府改革的重要理念，强调政府的服务性和公民的文化权利。公共文化服务体系是现代政府公共服务体系的重要组成部分，构建公共文化服务体系，切实保障人民群众的基本文化权益，不断满足人民群众日益增长的文化需求，是新的历史条件下转变政府职能、建设服务型政府的重要任务，也是文化体制改革的重要目标。"十三五"时期，应坚持政府主导、财政保障，推进基本公共文化服务标准化均等化，让群众广泛享有免费或优惠的基本公共文化服务，保障人民看电视、听广播、读书看报、进行公共文化鉴赏、参与公共文化活动等基本文化权益。设施网络是推进基本公共文化服务标准化、均等化的基础条件，应合理规划建设各级各类公共文化设施，填平补齐基层文化资源。同时，还应加快推进数字广播电视户户通，加强中央广播电视节目无线数字化覆盖。此外，应坚持设施建设和运行管理并重，全面落实《国家基本公共文化服务指导标准》，制定公共文化服务目录，丰富公共文化产品供给。进一步完善公共文化设施免费开放的保障机制，扩大免费开放范围，提升免费开放服务水平。通过实施盲文出版工程、建设国家盲文出版基地、增加盲文读物供给，把农民工纳入城市公共文化服务体系等措施，把老年人、未成年人、残疾人、农民工、农村留守儿童、生活困难群众等群体作为公共文化服务的重要对象，让文化的阳光普照大众。

二是抓好文化扶贫，做到精准发力。目前，我国基本实现了"县有图书馆、文化馆，乡有综合文化站"的建设目标，全国公共文化设施网络体系基本建成。但仍存在农村基层特别是城乡接合部、老少边穷地区等空白点，老少边穷地区是现代公共文化服务体系建设的难点和短板，是"十三五"文化工作的重心所在。

开展文化扶贫工作，首先要摸清底数、找准问题。避免出现扶贫上供需过剩和不足的问题，这也是制定推进文化精准扶贫措施的重要前提和条件。其次要认真研究并部署精准规划。"十三五"时期文化精准扶贫工作，要对照国家基本公共文化服务指导标准和各地实施标准，坚持问题导向，坚持因地制宜，精准分析问题，精准制定对策，实现到2020年，贫困地区基本公共文化服务主要指标接近全国平均水平。再次要充分挖掘当地的文化资源，并及时转化强大的资源优势。贫困地区都有着丰厚的文化资源，要把这些文化资源充分挖掘出来，要使群众既创造文化，又享受文化。最后要重视培育当地人才。要大力培养当地的文化人才，可通过文化支教、暑期实践、志愿者服务文化扶贫等方式，培养基层文化队伍，带动基层文化建设。

三是改革创新服务方式和运行体制机制，提高公共文化服务效能。虽然，目前公共文化服务设施在各地拔地而起，但是许多设施的服务效能并不高，成为亟待解决的问题。首先，通过引入市场机制，激发政府、社会、市场各类社会主体参与公共文化服务的积极性，鼓励社会力量通过捐助设施设备、兴办实体、资助项目、赞助活动参与公共文化服务体系建设，通过公共文化治理主体多元化可以互补缺无，达到解决基层文化机构运营管理水平不高的问题。其次，可以通过加大政府购买力度，把适合由社会组织提供的公共文化服务事项交由社会组织承担，促进公共文化服务提供主体和提供方式多元化。最后，深化公共文化服务机构改革，提高发展活力。

目前，一些公益性文化单位存在活力不足、效率不高的问题，存在"重硬件、轻软件，重建设、轻管理使用"等现象，应着力通过创新公共文化管理体制和运行机制来解决此类问题。第一，需要建立有效的经费投入保障机制，必须在加大财政投入力度的同时，探索形成稳定高效的经费保障机制，不断提高财政资金使用效益。第二，要建立严格的管理运行机制和科学的评价考核机制。比如采取"按需点单"服务模式，研究制定公众满意度指标，使群众"要文化"和政府"送文化"更加匹配。第三，推动公共图书馆、博物馆、文化馆、科技馆等建立和完善现代事业单位法人治理结构，赋予文化事业单位应有的自主管理权限，吸纳有代表性的社会人士、专业人士和基层群众参与对文化宫、图书馆、博物馆等公共文化服务设施的监管。第四，加快公共数字文化建设，推进公共文化数字化网络化进程。在实际中，可结合"宽带中国""智慧城市"建设，加大云计算、大数据在公共文化服务领域的应用，使公共文化服务更加方便、快捷、高效。

（三）构建现代文化产业体系

2014年，我国文化产业增加值达到2.39万亿元，同比增长12.1%，占GDP比重达3.76%。2015年全国文化及相关产业增加值27235亿元，比上年增长11%（未扣除价格因素），比同期GDP名义增速高4.6个百分点；占GDP比重为3.97%，比上年提高0.16个百分点。文化产业呈现蓬勃发展的良好态势，向着2020年成为国民支柱性产业的目标更近了一步。

国家"十三五"规划纲要提出了"到2020年文化产业成为国民经济支柱性产业"的目标，发展文化产业被提升到一个新的高度，表明中央在"十三五"时期大力推进文化产业发展的决心和信心。"十三五"时期，我们应以文化产品供给侧结构性改革为主线，引领文化产业创新发展，培育文化创意产业和新型文化业态，不断完善现代文化产业体系，努力形成新的增长点、增长极和增长带。具体来说，当前发展文化产业要推动与"大众创业、万众创新"、"互联网+"、国家发展战略、文化消费和文化市场管理相结合，积极营造良好文化市场环境。

一是与"大众创业、万众创新"相结合，提升文化产业自主创新能力。当前，中国经济发展模式亟待转型，中国的经济发展模式进入新常态：一方面传统制造业产能过剩非常突出，另一方面资源环境约束日益显现。以创新驱动战略性新兴产业发展，优化产业结构就显得迫在眉睫。由于文化是创新源泉，因此文化要素已经渗透到经济发展的全过程和方方面面，创意、设计、构思等文化创新日益成为价值创造的重要支点。由于文化产业以创意为源头、以内容为核心，天然就具有创新创业的属性，并且文化产业具有门槛低、易与新技术对接的特点，因此已经成为创业创新最活跃的领域之一。文化企业是创新的蓄水池，是创业的发源地，很多文化企业实际上就是创新创意企业。

二是与"互联网+"紧密结合，促进文化产业业态整体升级。进入21世纪以来，"互联网+"已经改造和影响了多个行业，文化创意与互联网虽不属同一纬度，但两者可谓水乳交融、相得益彰。作为最具有创造性的文化产业，互联网对文化创意产业在发展方式转变过程中的推动作用更为明显。

我国网民众多，互联网商机尤其巨大，以游戏产业最为明显。2015年我国游戏产业收入1407亿元，在全球高居榜首，预计2020年收入突破3000亿元。在线演唱会也越来越受到网民的青睐，2015年中国互联网演出市场规模近80亿元，同比增长48%，演唱会、音乐节已全面网络化。

三是与国家发展战略紧密结合，推动文化产业跨越式发展。2016年，《"十三五"国家战略性新兴产业发展规划》把数字创意产业作为重点支持发展的战略性新兴产业。当前，创意产业正紧紧依赖数字媒体并结合文化资源，以新的姿态迅猛发展，因此，还要积极推动数字创意产业发展，充分发挥其转变经济发展方式、促进消费增长、繁荣群众文化生活、引领社会风尚提供有力支撑和有效供给的重要作用。同时，还要与"一带一路"建设、京津冀协同发展、长江经济带建设"三大战略"紧密结合。中央提出"三大战略"，具有全局性重大意义。当前，我们应以实施"三大战略"为契机，进一步优化区域文化产业发展格局，引导各地根据资源禀赋，走特色化、差异化的文化产业发展道路，使文化产业发展与创新协同发展、新型城镇化建设相结合。另外，支持有条件的地区发挥技术和人才密集的优势，发展以文化创意为主的产业集群。

四是和文化消费相结合，努力扩大文化消费。文化消费的比重是衡量一个社会文明的表征。但目前，我国面临文化产业增加值不断增长但同时文化消费却是短板的问题。有数据显示：我国文化消费的潜在规模为4.7万亿元，而实际消费仅1万多亿元，缺口超3万亿元[1]。如何提升我国文化消费，是我国文化产业发展道路上必须解决的问题。"十三五"时期，引导和扩大文化消费，要从以下方面着手：第一，加强政府的引导作用。政府要在传播方面给予正面的引导，引导企业发现文化市场的需求；同时，进一步放宽市场准入条件，通

---

[1] 我国文化消费的潜在规模为4.7万亿元［N］.湖北日报，2016-03-18.

第六章　推动文化事业全面繁荣和文化产业快速发展

过实施文化产品税收优惠政策，降低文化企业开发风险，激励文化企业加大原创文化产品生产。第二，从创新供给侧开始，提高文化产品质量。文化企业应该提升供给质量，创新供给方式，向消费者提供更多可供选择的文化产品和服务，以有效的供给创造需求。第三，重视文化教育的引导作用，营造有利于扩大文化消费的环境。一方面要支持大中城市建设文化娱乐综合体，培育农村文化市场；另一方面要支持各地采取多种措施促进文化消费便利化、大众化，建立扩大和引导文化消费的长效机制，形成供需之间的良性互动。

五是与文化市场管理相结合，优化文化市场环境。文化产业的健康发展离不开良好的市场环境。"十三五"时期，要着力完善多层次的产品市场和要素市场，加快构建统一开放、竞争有序、诚信守法、监管有力的现代文化市场体系。加强人才、技术、信息、产权和中介服务市场建设，提高文化资源配置效率。健全"黑名单"和失信联合惩戒机制，完善以内容监管为重点、信用监管为核心的文化市场事中事后监管体系。要加大监管力度，提升文化市场综合执法能力。

2016年4月，中办、国办专门印发了《关于进一步深化文化市场综合执法改革的意见》（以下简称《意见》）。《意见》全篇贯穿坚持党的领导、坚持依法行政、坚持分类指导、坚持权责一致的原则，进一步明确了综合执法的范围、领导机制和责任。

（四）构建对外文化交流体系

当今世界是开放的世界，文化在国际交往中发挥着越来越重要的作用，对于构建新型国际关系起着不可替代的作用。开展对外文化交流，有利于释疑解惑、营造良好国际环境，也有利于赢得经济发展的主动权、提高国际竞争力，有利于推动中华文化走向世界，提高中华文化国际影响力，创造中华文化新的辉煌。当前，构建完善对外文化交流体系，是塑造我国国际形象、展示中华文化魅力、增强文化软实力，推动文明交流合作的重要纽带。

文化唯有流动才能彰显活力。"不忘本来、吸收外来、面向未来"，这是构建对外文化交流体系必须秉持的准则。唯有坚持准则，才能在对外文化交流实践中廓清认识，找准方向。

一是要培育和践行社会主义核心价值观。习近平总书记多次强调，要"培育和弘扬社会主义核心价值观""坚持社会主义先进文化的发展方向"。社会主义核心价值观作为社会主义先进文化的精髓，是决定文化性质和方向，提升文化软实力的核心要素。构建完善的对外文化交流体系，必须充分发挥社会主义先进文化的主导作用，在对外文化交流中树立社会主义大国形象，引领多样文化相互影响、相互借鉴，形成和谐有序、动态发展的文化生态。

二是要坚守文化安全这条底线。"文化之盛衰，民族之兴亡系之"，文化安全是主权国家安全的重要内容和构成部分，必须高度重视，慎重对待。习近平总书记在不同场合反复强调维护文化安全的重要性，龚自珍《定庵续集》里写道："欲知大道，必先为史。灭人之国，必先去其史。"历史昭示，任何一个政党、国家和民族，文化安全的防线一旦分崩离析，必然被淘汰于历史时间长河之中。构建完善对外文化交流体系，一项极端重要的任务就是要肩负起文化安全的重大任务和责任，正确处理好文化主体内部与外部、文化传承与创新、文化民族性与世界性的关系，建立坚持文化自觉，树立文化自信，实现文化自强的负责任大国形象。

三是要互惠互利，实现双赢。习近平总书记指出，当今国际形势下，各国之间已然形成了"一荣俱荣，一损俱损"的连带效应。扩大国际之间文化交流，离不开互联互动、互学互鉴。"合则强，孤则弱"，开创对外文化交流的新局面，关键在于协同推进战略互信、加强经贸合作、扩大人文交流，努力形成中国与世界深度融合的互利合作格局。

"十三五"时期，应紧密围绕党和国家战略大局，秉持开放发展、既"互补共荣"又"敬其所异"、"重叠共识"莫"光荣孤立"的新理念，坚持政府统筹、社会参与、官民并举、市场运作，坚持走出去与请进来相结合、政府交流与民间交流相结合、文化交流与文化贸易相结合，积极构建对外文化交流体系。通过综合运用国际国内两个市场、两种资源、两类规则，创新文化交流、文化贸易、文化传播方式，借鉴世界优秀文明成果，推动中华文化走向世界，不断提高国家文化软实力。

一是扩大政府间文化交流，进一步丰富交流渠道，整合交流平台。一方面，通过大力发展与世界各国和国际组织的政府间文化交流，构建畅通的政府间文化交流合作机制，积极参与中俄、中美、中英、中欧等人文交流机制，促进政府间文化交流。在各大洲举办中国文化年（节）等大型文化交流活动，提升"欢乐春节""感知中国"等标志性品牌活动。另一方面，优化教育与学术交流路径，促进中外智库交流。教育与学术交流始终是文化交流的重要途径。我国政府通过"汉语水平考试"、"汉语桥工程"、创办海外"孔子学院"、派遣汉语教学人员出国直接执教或培训当地的汉语师资等，有效地促进了世界各国和各民族间不同文化以及文化多样性之间的沟通与了解、认同与融合。通过举办"汉学与当代中国"座谈会、青年汉学家研修计划，培养一批具有发展潜力的青年汉学家、翻译家，使中国文化近距离走进外国公众的生活和内心，切实增强中华文化国际影响力。

二是拓展民间交流合作领域，形成更大范围、更广空间、更多层次的交流与合作。民间力量参与对外交流，具有更加丰富的表现形式和更加灵活的运作方式，有利于避开意识形态壁垒，增强中华文化走出去的亲和力、吸引力和竞争力，在更大范围、更多层次、更广空间上加强我国与世界各国的交流与合作。因此，要充分调动各方面的积极性，拓宽对外文化交流渠道，把政府交流和民间交流结合起来，拓展民间交流合作领域，鼓励人民团体、民间组织、民营企业和个人参与双边和多边文化交流活动，支持民营文化企业承担对外文化交流任务。加大国内外艺术机构之间的专业交流，更多地通过市场化运作的方式推动艺术家和优秀艺术作品走出国门。通过完善相关政策与机制，充分发挥非公有制文化企业、文化非营利机构在对外文化交流中的优势和作用，支持海外侨胞积极开展中外人文交流，更好地推动中华文化走向世界。

三是促进文化贸易，进一步拓展海外文化市场。文化走出去，既要靠政府的力量，也要靠民间的力量，还要靠市场的力量。市场的力量，更持久、更深入、更有实效，更具基础性、持续性。当前，一方面，应积极推动文化产品和服务参与国际竞争，鼓励企业开发既符合国外受众特点又具有中国风格的文化产品。同时，通过搭建国家文化贸易服务平台，充分发挥上海、北京、深圳等国家对外文化贸易基地的辐射作用，扶持文化出口重点企业和重点项目。另一方面，鼓励并引导文化企业承接国际外包，鼓励外商资本的进入，进一步发挥传统文化产品的比较优势；同时，在审批等方面提高效率，降低企业开展相关业务的成本。鼓励企业在人员、技术方面的交流和合作，学习借鉴国际先进经验，以提高开发传统文化产品的能力。

同时，要充分利用"一带一路"倡议带来的贸易契机。"一带一路"倡议涉及全球一半以上的人口、40%的GDP和75%的能源资源，现已有100多个国家和国际组织参与其中。在"一带一路"倡议的支撑下，文化企业迎来新的发展机遇，中西部地区的特色文化资源丰富，需要升级特色文化产业发展方式，为企业搭建平台，建立与区域经济发展新趋势相适应的特色发展模式，促进经济转型和中西部地区发展。

四是创新对外宣传方式方法，扩大中华文化国际影响力。要与时俱进，不断探索开拓对外宣传的新思路新举措，力求增进世界人民对中国历史和现状的了解，传达中国人民的真诚和善意，拉近中外人民情感距离。第一，要不断提高对外形象塑造和舆论引导水平，以外国人喜闻乐见的语言和方式进行交流和传播，多讲"中国故事"，力求实现"中国内涵、国际表达"。第二，借鉴其他国家经验，积极探索我国对外文化传播的专业化、市场化道路，善于借助和利用国外知名公关咨询机构和大型跨国企业的传播优势。第三，要借助手机、网络电视、数字出版、动漫游戏等高新技术和新媒体，加快建设语种多、受众广、信息量大、影响力强、覆盖全球的国际一流媒体，使我们的图像、声音、文字、信息、影视节目更广泛地传播到世界各地，不断扩大中华文化国际影响力。第四，要重视人与人的交流，加大情感和思想沟通，"以文化人、以文促情、以文建信"，让中华文化走进世界人民内心。要从人文和文化角度唱响科学发展观、和平发展道路、和谐社会、和谐世界等重要思想理念，增进国际社会对我国的理解和支持。

第三节　提高国家文化软实力

提高国家文化软实力，一直是我们党和国家的一项重大战略任务。党的十八大以来，习近平总书记多次在不同的场合，就国家文化软实力阐发了一系列重要论述。习近平指出，提高国家文化软实力，关系"两个一百年"奋斗目标和中华民族伟大复兴中国梦的实现。核心价值观是文化软实力的灵魂、文化软实力建设的重点。提高国家文化软实力，要努力提高国际话语权，加强国际传播能力建设。

第六章 推动文化事业全面繁荣和文化产业快速发展

一、国家文化软实力建设的核心和基础

软实力（soft power）的概念最早是由哈佛大学学者约瑟夫·奈（Joseph Nye）在其 1990 年出版的《注定领导：变化中的美国力量的本质》一书中提出的。他认为，面对苏联、中国、欧洲、日本对美国霸权地位的挑战，美国可以少用"硬"而多用"软"，运用包括美国文化的吸引力、意识形态和国家制度在内的软实力，作为一种同化行为的权力，来继续维持美国在国际社会中的领导地位。软实力建设在提升国家综合国力和提高国际关系影响力中具有十分重要的意义。当今世界，国家之间的竞争是综合国力的竞争，不只体现在政治军事等硬实力方面，更体现在文化软实力上。任何一个国家在提升本国政治、经济、军事等硬实力的同时，提升本国软实力也是更为特殊和重要的。

国家文化软实力建设的核心是文化自信。对本国文化坚定的自信以及在此基础上产生的凝聚力和吸引力是提高国家文化软实力的基本前提。钱穆先生在谈到本民族文化的时候曾说，凡其所爱，必其所知。人惟为其所爱而奋斗牺牲……惟知之深，故爱之切。若一民族对其已往历史无所了知，此必为无文化之民族。此民族中之分子，对其民族，必无甚深之爱，必不能为其民族真奋斗而牺牲，此民族终将无争存于并世之力量……故欲其国民对国家有深厚之爱情，必先使其国民对国家已往历史有深厚的认识。欲其国民对国家当前有真实之改进，必先使其国民对国家已往历史有真实了解。只有对本国文化有深刻的理解和认知，才能产生对本国文化的自信，这种自信正是国家文化软实力的源泉。

随着中国经济影响力和国际影响力的提升，中国的文化自信也在增强。费孝通先生指出，文化自觉指的生活在一定文化历史圈子的人对其自身文化的自我觉醒、自我反省和自我创建，对文化的发展历程和未来有充分的认识。文化自信我们则不妨理解为对本民族文化及其当代价值和吸引力的信心，体现着一个民族的自我认可、自我沉淀和自我定位。我国的文化自信是建立在中华文明绵延不绝的悠久历史和灿烂辉煌的文化传统的基础上的，体现着对未来中国文化在与世界文化交流融合过程中如何健康发展的自觉。

中国传统文化博大精深，是中国文化软实力取之不尽、用之不竭的源泉。

如何对待传统文化，我们党在不同历史时期都有明确的论述。总的主张是"吸取精华，剔除糟粕"。面对改革开放和市场经济条件下一些人信仰缺失、思想混乱、道德滑坡、人格扭曲、国家意识淡薄、民族自尊自信失落的现状，习近平同志敏锐地意识到，为了实现中华民族伟大复兴，应坚持道路自信、理论自信、制度自信和文化自信，而文化自信的关键是对民族传统文化的自信。因此，他在一系列关于文化强国战略和国家文化软实力建设的重要讲话中，频频提及中华文化，强调"中华优秀传统文化是中华民族的突出优势，是我们最深厚的文化软实力"，强调"培育和弘扬社会主义核心价值观必须立足中华优秀传统文化"，强调"建设文化强国，必须立足于中国优秀传统文化的根基，汲取营养，获取力量，赋予时代精神"。这些论述抓住了文化自信的根脉，为提升国家文化软实力指明了方向。

二、我国国家文化软实力建设的现状

建构文化软实力是中国步入全球化发展时代的紧迫任务。在改革开放四十多年的进程中，伴随着国家硬实力的不断增强，中国文化软实力也得到了全面而迅速的提升，实现了从被动到主动、从无意识到有意识的积极发展。但我们同样看到，中国的文化软实力的建设才刚刚起步，与发达国家之间仍有着相当大的差距。

（一）党和政府高度重视国家文化软实力建设

文化是一个民族的灵魂，是一个国家的身份。我国是世界四大文明古国之一，拥有丰富的文化资源，在历史上曾经占据过重要地位，对世界产生过深远影响。1840年鸦片战争之后，由于国力的衰弱，中国的主导思想是向西方学习，认为只有学习西方才能迎头赶上，我们向西方派遣留学生，搞"洋务运动"，在学习西方的同时，也在批判中国当时的主流文化，这种情况一直持续到新中国成立。

新中国成立后，尤其是进入21世纪之后，党和政府高度重视本国传统文化建设，将提升国家文化软实力上升到国家战略的高度。在中共十七大报告中，就明确提出了文化软实力越来越成为民族凝聚力和创造力的重要源泉、越来越成为综合国力竞争的重要因素，将"提高文化软实力"提升到了国家战略的高度，为以后的文化建设指明了方向。习近平总书记更是对文化软实力建设进行了多次系统和深刻的论述。2013年12月30日,习近平在中共中央政治局第十二次集体学习时发表重要讲话指出,提高国家文化软实力,要努力展示中华文化独特魅力。在5000多年文明发展进程中,中华民族创造了博大精深的灿烂文化,要使中华民族最基本的文化基因与当代文化相适应、与现代社会相协调,以人们喜闻乐见、具有广泛参与性的方式推广开来,把跨越时空、超越国度、富有永恒魅力、具有当代价值的文化精神弘扬起来,把继承传统优秀文化又弘扬时代精神、立足本国又面向世界的当代中国文化创新成果传播出去。在2014年中共中央政治局就提高国家文化软实力研究进行的第十二次集体学习中,习总书记更是强调,提高国家文化软实力关系"两个一百年"奋斗目标和中华民族伟大复兴中国梦的实现。在我国经济迅速发展的现阶段,发展面向现代化、面向世界、面向未来的,民族的科学的大众的,具有中国气派和中国风格的社会主义文化,建设社会主义文化强国,是我们时代的大课题和历史使命。

（二）国家文化软实力建设的业绩

改革开放以来,在对外文化交流和文化软实力建设上,我们取得了不俗的业绩,尤其是世界范围内兴起的汉语热以及孔子学院的建立,反映博大精深的中华文化开始在世界发挥影响力。近10年来,我国在100多个国家和地区建立了150多所孔子学院和500多所中小学孔子课堂,这有效促进了中华文明在全球的传播；中央和地方的电视台所播录的"汉字听写大会""汉字英雄""中国成语大会"等栏目,增强了人们对汉语的自信,有效地宣传了汉字文化；北京市教育考试院关于"中高考提高语文分值"的改革方案,注重对学生了解中华民族优秀文化传统的考查。毫无疑问,这些努力对于打造中国文化软实力具有战略意义。

同时,我们在多年实践中,形成了一整套适应时代要求的行之有效的对外文化交流机制,初步确立了政府和企业合作,文化事业与文化产业并举,国有企业和民营企业联手推进,民间组织和社会团体积极参与的对外文化交流新格局,初步建立起以政府为引导、以企业为主体、以市场化运作为主要方式的工作机制。这一机制充分发挥了促进国际交流、提升我国文化影响力的作用,也体现了三个特点：一是由政府主导开始向政府引导转变。过去,我国文化产品和服务出口更多表现为政府主导的对外文化交流,政府在文化"走出去"工作中始终起着主导作用。近年来，随着我国经济实力的不断增强，特别是文化产业的发展，政府部门的观念也在发生变化，由过去强调政府主导转向政府引导，政府开始注重对市场主体的培育和对企业的引导和服务，涌现出了一批"走出去"骨干型企业。目前，虽然政府主导的对外文化交流仍然在文化"走出去"中占据相当大的比重，但是由文化企业主导的对外文化贸易已开始成为我国文化"走出去"的另一种主要方式。二是由各自为政开始向部门联动发展。长期以来，各文化主管部门业务相对独立，协调配合较少。现在，经过整合，在中央层面已初步建立起部门联动机制。2009年年底，国务院建立了"对外文化工作部际联席会议"机制，成员包括外交部、教育部、国家民委、财政部、商务部、文化部、广电总局等13个单位。部际联席会议从无到有，实现了对外文化工作机制上的历史性突破。联席会议制度的建立初步统筹了各部门资源，体现了中央关于加强全国对外文化工作"统筹协调、规划部署、指导检查、形成合力"的战略意图。三是由渠道单一到多措并举。过去，我国文化产品和服务"走出去"的形式单一、渠道狭窄。目前，从中央到地方已有意识地开始采取多种渠道、多种方式实施文化产品和服务"走出去"工作。例如，文化系统积极鼓励扶持各类艺术品种通过民间商业渠道开展文化交流；新闻出版系统利用图书进出口公司、出版社以及民营书店、网上书店扩大书报刊出口；一些出版社从单纯的图书贸易和版权输出逐步发展到与国外出版社合作，直接在海外出版发行；一些演出公司与海外演出机构成立股份制公司，双方共同投入、共同运作等。

与传统文化管理体制相比，这一运行机制有效地发挥了市场机制的作用，调动了企业的积极性，拓宽了文化产品和服务的出口渠道。2017年，我国文化产品和服务进出口总额1265.1亿美元，同比增长11.1%。其中，文化产品进出口总额971.2亿美元，同比增长10.2%；文化服务进出口总额293.9亿美元，同比增长14.4%。主要有以下几个特点。

在文化产品方面，出口实现快速增长。文化产品出口881.9亿美元，同比增长12.4%；进口89.3亿美元，同比下降7.6%。顺差792.6亿美元，规模较去年同期扩大15.2%。

一是出口结构趋于优化。文化产品出口的技术含量有所提升，具有较高附加值的游艺器材和娱乐用品、广播电影电视设备出口同比增长19.4%。

二是国际市场更加多元。美国、中国香港、荷兰、英国和日本为中国文化产品进出口前五大市场,合计占比为55.9%,较上年下降1.8个百分点。我国与"一带一路"沿线国家进出口额达176.2亿美元,增长18.5%;与"金砖国家"进出口额43亿美元,增长48%。

三是国内区域布局相对集中。文化产品出口仍集中在东部地区,同比增长10.8%,占我国文化出口总额的93.4%;中西部地区出口增长势头迅猛,增速达43.5%;东北地区出口增长15.3%。广东、浙江、江苏为我国文化产品出口前三位,合计占文化产品出口的79.4%。

文化服务方面,进口增势明显,出口结构不断优化。文化服务进口232.2亿美元,同比增长20.5%,其中视听及相关产品许可费、著作权等研发成果使用费进口分别同比增长52.1%、18.9%。文化服务出口61.7亿美元,同比下降3.9%。其中,处于核心层的文化和娱乐服务、研发成果使用费、视听及相关产品许可费三项服务出口15.4亿美元,同比增长25%,出口结构呈持续优化态势。

尽管文化交流和文化软实力建设已经取得了一定的成就。同中国经济对世界的影响相比,文化的影响要弱很多。面对信息化和全球一体化不断深入的形势,只有像习总书记所说的"要使中华民族最基本的文化基因与当代文化相适应、与现代社会相协调,以人们喜闻乐见、具有广泛参与性的方式推广开来",才能真正地提升我国的文化软实力。

三、国家文化软实力建设的问题

历史上,每一个经济社会快速发展的时期,往往也都是本国文化繁荣兴盛的时期。在改革开放的进程中,我国经济建设取得了举世瞩目的成就。但与经济的快速发展相比,我国文化发展相对滞后,同全面建设小康社会的要求不相适应,同人民日益增长的精神文化需求不相适应,同我国的国际地位不相适应。与之相适应,我国文化软实力建设中存在的问题也不断凸显。

(一)文化发展水平低,对外传播不足

由于中国文化发展的起点低,尽管当前推进速度比较快,但是吸引力还是极其有限的。这主要表现在我国的文化逆差现象严重,文化贸易出口少于进口,中国的对外文化交流和传播存在"赤字"的现象。中国出口到国外上映的

电影可谓凤毛麟角,而国外利用中国文化元素拍成的电影在中国市场上却赚到盆满钵满,《花木兰》《功夫熊猫》就是最好的例子。文艺演出也有类似状况。从1999年到2002年,仅俄罗斯就有285个文艺团体到中国演出,同期中国到俄罗斯演出的文艺团体只有30个,相差近10倍。而且,中国对外演出长期以来都处于廉价交易的状态。由于很多对外演出都由外国经纪人把持,也由于缺少像样的品牌,中外文化交流开展多年,中国提供的都只是廉价劳动力。不难看出,中国在文化贸易这一块存在着严重的"文化赤字",这不得不让我们担忧。其实,在中国深厚文化的孕育下,不乏许多优秀的文化艺术产品,然而传统文化的背景不同以及民族文化的差异性给我国对外文化交流和竞争造成了巨大的阻碍,使得我们的文化没有占据有利的条件,没有发挥其所具有的潜能。

(二)文化管理体制与能力落后

文化管理体制改革是中国由计划经济体制向市场经济体制过渡的一个重要方面。虽然目前我国在深化文化管理体制改革方面已取得巨大的成就,但是传统的计划体制还在一定程度上存在,文化管理者还不能完全适应新型的文化管理方式,从而使得我国的文化生产力难以充分释放,进一步导致了我国文化的国际竞争力相对薄弱。尤其在文化输出上,政府主导对我国文化的对外吸引力构成了双重影响:一方面,制约了我国的文化生产力;另一方面,政府过多的介入引起了国际社会的疑虑、担忧甚至反感——他们认为,中国的文化输出因为政府的作用而具有了政治目的,要谨慎对待。

(三)缺少有影响力的民间组织和个人

从对外交往和建设软实力的角度看,民间组织和拥有强大社会影响力的个人具有双重作用。一方面,民间组织是帮助政府解决社会问题的重要助手。另一方面,相比政府,民间组织具有一种独特的优势:客观中立性。这一优势在国际交往中显得尤为重要。相比于政府,民间组织更能获得信任,所提供的信息也就更有说服力。尽管民间组织具有这样重要的社会和政治功能,但众所周知的是,我国的民间组织依然非常缺乏,在对外文化交流中所起到的作用更是有限。

(四)文化资源开发不足,难以实现内容现代化

中国文化丰富多彩、博大精深。华夏五千年文明孕育出大量的文化结晶,如仁义礼智信的道德理念、琴棋书画的艺术才能,四大发明更是令世界为之惊

叹。然而，事实的情况却是：人们渐渐记不起《道德经》，传统的文化节日受不到人们的重视。中国虽然拥有这么多优秀的文化成就，但却没有把这些文化资源转化为强有力的文化竞争力。更为重要的是，对传统文化的现代解读尤其欠缺。随着经济全球化的发展，以及现代传播技术的推广，中国文化的现代元素融入和新型传播手段应用显得格外重要。

（五）市场环境创设不足，平台渠道拓展不够

我国的对外文化交流总体上具有较强的计划性和政府导向，不论是系列工程、重点企业和项目的审批，还是专项基金的资助，其主要的思路是通过国家行政力量和资金补贴给予企业外在的推动力，把文化企业"推出去"，但对企业"走出去"内在动力的激发和培养不够。对于我国刚刚成长起来的文化企业而言，海外市场还是一个比较陌生的市场，对国外文化消费者的需求和偏好、不同国家文化市场的状况和竞争度、国外文化产品的一般特征等都缺少准确的把握，对国外的市场风险、法律风险等都缺乏认知。另外，长期以来，我国的文化产品在国际上的传播大多停留在文化外交场合，很少从市场角度考虑文化产品走向世界的问题，这就导致文化"走出去"的有效渠道少。我国每年推出的文化项目大多还是以政府主导的非营利交流项目为主，送出去的多，卖出去的少，而且多依赖于当地的使领馆、华人协会组织等，限制了文化产品在国外的传播和推广。商业运作方面，企业对国际文化贸易规则不够熟悉，缺少海外市场运作经验，缺乏信息和能打入主流市场的商业渠道。这些都严重制约了我国对外文化交流和文化软实力的建设。

软硬实力发展水平的不平衡所带来的负面影响正在逐渐显现，国际国内社会对我国软实力的现状和未来也有着很多忧虑。尤其是在我国加入 WTO 后，文化贸易和经济活动要遵守国际准则，对外开放的程度大大增加，无论是在国际文化市场，还是在国内文化市场，都面临一个和国外资本同台竞争的问题，如果不重视文化产业的发展，不建构文化软实力，不仅我们自己的文化产品输出有问题，影响力受到限制，还会被别人占领本土市场，直接影响到国家的文化安全。

四、提高国家文化软实力的方式和途径

提升当代中国的文化软实力，任重而道远。在社会生活的诸多领域中，文

化发展最忌急功近利，切不可操之过急，需要我们克服浮躁心态，葆有一颗平常心，本着对历史负责、对民族未来负责的态度，踏踏实实地去进行文化实践，以确保文化的真正进步。习近平在主持关于国家文化软实力学习时，曾从四个方面阐释了如何提高文化软实力，建设文化强国。一是从思想道德、社会风气、每一个人抓起，夯实文化根基；二是努力传播当代中国价值观念；三是努力展示中华文化独特魅力；四是努力提高国际话语权，这四个方面正是推动文化大发展大繁荣的关键所在。

（一）夯实国家文化软实力的根基

习总书记指出，中华优秀传统文化是我们最深厚的文化软实力，也是中国特色社会主义植根的文化沃土。提高国家文化软实力，要努力夯实国家文化软实力的根基。夯实国内文化建设根基，首先要从思想道德抓起，从社会风气抓起，从每一个人抓起；其次要继承和弘扬我国人民在长期实践中培育和形成的传统美德，努力实现中华传统美德的创造性转化、创新性发展，引导人们向往和追求讲道德、尊道德、守道德的生活，让13亿人的每一分子都成为传播中华美德、中华文化的主体。

文化本质是人化，提升文化软实力的重要目标就是培育公民的健康人格、提升全体国人的人文素养。近代德国宗教改革思想家马丁·路德曾认为：一个国家的繁荣，不取决于它的国库之殷实，不取决于它的城堡之坚固，也不取决于它的公共设施之华丽；而在于它的公民的文明素养，即人们所受的教育、人们的远见卓识和品格的高下，这才是真正的力量之所在。的确，今天的中国在国库殷实、财政收入增长、经济大踏步发展的同时，应切实关注人的发展与进步，着力提升公民的文明素养。一个民族的整体素质提升了，国家的文化影响力才得以展现，强大的国家形象才得以产生，才会赢得世人的尊重。从每个人做起，从思想道德和社会风气抓起，深入开展社会主义核心价值体系学习教育，广泛开展理想信念教育，大力弘扬民族精神和时代精神，只有这样，才能真正夯实文化软实力的根基。

（二）传播当代中国价值观念

从广泛意义上来说，文化几乎无所不包。但任何一种文化，任何时代的文化，都有基本的价值导向。价值观是文化的灵魂，它决定着文化的性质和发展方向。任何政党、社会组织、社会群体都是靠着某种共同的价值观凝聚起来的。任何国家、任何社会都必然有一个起主导和统领作用的核心价值体系。这是一定的国家制度、社会制度的精神支柱，也是一定的社会系统得以运转、一定的社会秩序得以维持的思想基础。中国是一个社会主义国家，必须建设社会主义核心价值体系，来增强社会主义的吸引力和凝聚力。

习总书记指出，核心价值观是文化软实力的灵魂、文化软实力建设的重点。这是决定文化性质和方向的最深层次要素。一个国家的文化软实力，从根本上说，取决于其核心价值观的生命力、凝聚力、感召力。要切实把社会主义核心价值观贯穿于社会生活方方面面。要通过教育引导、舆论宣传、文化熏陶、实践养成、制度保障等，使社会主义核心价值观内化为人们的精神追求，外化为人们的自觉行动。要利用各种时机和场合，形成有利于培育和弘扬社会主义核心价值观的生活情景和社会氛围，使核心价值观的影响像空气一样无所不在、无时不有。

每个时代都有每个时代的精神，每个时代都有每个时代的价值观念。社会主义核心价值观，把涉及国家、社会、公民的价值要求融为一体，既体现了社会主义本质要求，继承了中华优秀传统文化，也吸收了世界文明有益成果，体现了时代精神。提高国家文化软实力，必须努力传播当代中国价值观念。当代中国价值观念，就是中国特色社会主义价值观念，代表了中国先进文化的前进方向。

（三）展示中华文化独特魅力

中华传统文化作为中华民族理性和智慧的积淀，启迪着一代又一代中国人，规范和指导着人的生存和发展。中国文化传统所强调的"天人合一""贵和持中""自强不息"等思想不但为世界文明做出了卓越的贡献，而且也是我们今天进行文化建设、文化发展的根基与源泉。

一方面，要加强对民族传统文化的自觉认同。今天我们呼唤文化自信，首要的应是对中华民族文化传统的自觉认同，我们要心怀敬畏之心去反思传统文化，重估其人文价值。一个民族要想自立于世界民族之林，前提是要善于认同民族文化传统。一个民族向前发展的核心内容及恒久动力恰恰是来自本民族成员对该民族内在文化精神以及个性的文化认同。只有在民族文化自觉认同的前提下，不同文化形态间才会达成有效的理解与沟通，形成彼此的相互依赖与尊重。

另一方面，要注意为传统文化注入新的创造力。我们要善于在继承前人化创造的基础上，面向未来不断进行新的文化创造。文化创造需要更加开放的社会环境以及更加自由的思想空间，只有自由思想才有创意，才可能激发更多的创造灵感。开掘新文化创造的生命力还要注意关注当下百姓民生，真正融入生活的文化才有生命力。在对时代生活的感受中，文化才越加变得开放、包容，才得以绵延发展。

（四）提高国际话语权

要注重塑造我国的国家形象，重点展示中国历史底蕴深厚、各民族多元一体、文化多样和谐的文明大国形象，政治清明、经济发展、文化繁荣、社会稳定、人民团结、山河秀美的东方大国形象，坚持和平发展、促进共同发展、维护国际公平正义、为人类做出贡献的负责任大国形象，对外更加开放、更加具有亲和力、充满希望、充满活力的社会主义大国形象。

提高国家文化软实力，要努力提高国际话语权，加强国际传播能力建设，精心构建对外话语体系，发挥好新兴媒体作用，增强对外话语的创造力、感召力、公信力，讲好中国故事，传播好中国声音，阐释好中国特色；要加大对中国人民、中华民族的优秀文化和光荣历史的正面宣传力度；通过学校教育、理论研究、历史研究、影视作品、文学作品等多种方式，加强爱国主义、集体主义、社会主义教育，引导我国人民树立和坚持正确的历史观、民族观、国家观、文化观，增强做中国人的骨气和底气。

文以化人、文以载道，让中华民族的文化理念走出国门，让文化自身说话，使其成为不同语种、不同地域、不同国家和平交流沟通的媒介。我们中国人民不接受"国强必霸"的逻辑，愿意同世界各国人民和睦相处、和谐发展、共谋和平、共护和平、共享和平，从而为中国的发展营造良好的国际氛围。

我们要提高文化自信，首先就要提升文化软实力。总书记围绕努力夯实国家文化软实力的根基、努力传播当代中国价值观念、努力展示中华文化独特魅力、努力提高国际话语权四个方面所作的精辟阐述，是建设社会主义文化强国、提高国家文化软实力的根本指引。要加强我国的经济建设、政治建设，提高"硬实力"，为增强文化"软实力"夯实基础；要继承我国优秀传统文化，在继承的基础上"取其精华、去其糟粕""推陈出新、革故鼎新"。为传统文化注入时代精神，进行文化创新；要立足于中国特色社会主义实践，着眼于人民群众不断增长的精神文化需求,坚持先进文化的前进方向,发展中国特色社会主义文化;大力建设社会主义核心价值体系,增强社会主义意识形态的吸引力、凝聚力,推动社会主义文化大发展大繁荣;要借助大众传媒及其他各种途径,更加主动地推动中华文化走向世界。

文化凝结着历史,文化连接着未来。中华民族历来以悠久而丰富的文化著称于世。在当今中国,以发展社会主义先进文化推动中华民族伟大复兴的高潮中,中国文化必将放射出璀璨的光芒。

第七章　建设具有强大凝聚力和引领力的社会主义意识形态

党的十八大以来，面对新危险、新考验、新形势，以习近平为核心的党中央高举中国特色社会主义伟大旗帜，励精图治、攻坚克难，改革发展稳定、内政外交国防、治党治国治军全方位推进，形成了一系列治国理政新理念新思想新战略，进行了一系列新实践新探索新创造，使得党和国家的各项事业都蓬勃发展、焕然一新。尤其是对于意识形态工作，习近平总书记高度重视，发表了一系列重要讲话，深刻阐明了意识形态工作引领社会、凝聚人心、推动发展的强大支撑作用，指出了意识形态工作对党、对国家、对民族的根本性、战略性、全局性意义。习近平总书记围绕意识形态作的一系列重要论述，内涵丰富、思想深刻，深刻回答了新的历史条件下意识形态工作涉及的重大理论和现实问题，提出一系列新的理念、思路和举措，是指导新时期意识形态工作的纲领性文件，是做好新形势下意识形态工作的科学指南，是习近平总书记治国理政新思想在意识形态问题上的集中体现。因此，从治国理政的战略高度，充分认识习近平总书记关于意识形态工作系列论述的重要地位和作用，深刻理解意识形态工作与治国理政、管党执政之间的内在关系，对于加快意识形态领域党内法规建设、筑牢治国理政的意识形态安全屏障、牢牢掌握意识形态工作的领导权主动权话语权，具有十分重要的理论指导价值和实践指导意义。

第七章　建设具有强大凝聚力和引领力的社会主义意识形态

第一节　意识形态是党的一项极端重要的工作

一、将意识形态工作摆在全局工作突出位置进行谋划部署

意识形态是立党立国之基石，从来都是关乎国家安全、民族团结、社会稳定的关键因素，必须将意识形态建设作为治国理政的基础工程、重大战略和重要内容，摆在全局工作突出位置进行谋划部署。2013年8月19日召开的全国宣传思想工作会议，是在全党全国各族人民全面深化改革、奋力推进中国特色社会主义事业的关键时刻，党中央召开的一次全局性重要会议，对于做好新形势下意识形态工作具有重大的指导意义。在这次会议上，习近平总书记振聋发聩地指出，经济建设是党的中心工作，意识形态工作是党的一项极端重要的工作，能否做好意识形态工作，事关党的前途命运，事关国家长治久安，事关民族凝聚力和向心力。因此，必须把意识形态工作的领导权、管理权、话语权牢牢掌握在手中，任何时候都不能旁落。在2018年8月21日召开的全国宣传思想工作会议上，习近平总书记再次强调，坚持党对意识形态工作的领导，建设具有强大凝聚力和引领力的社会主义意识形态，是全党特别是宣传思想战线必须担负起的一个战略任务。习近平总书记把意识形态工作放在了宣传思想工作的首要位置，深刻论述了这项工作的重大意义、重点任务和方法路径，为我们在新形势下牢牢掌握意识形态工作领导权，明确了方向目标，提供了根本遵循。之所以习近平总书记着重强调"意识形态工作是党的一项极端重要的工作"，可以从以下三个方面来加以理解。

（一）意识形态工作关乎旗帜、关乎道路、关乎国家政治安全

旗帜指引方向，道路决定命运，因此，意识形态涉及的都是原则性、战略性和根本性问题，涉及党治国理政、管党执政的合法性和正当性，涉及中国特色社会主义事业的方向性和导向性。我们所推进的事业是在中国共产党领导下的中国特色社会主义伟大事业，在指导思想、基本原则和根本宗旨上与西方资本主义国家有着本质性区别。从意识形态角度来看，要想高举旗帜，坚定道路，维护好国家政治安全，就必须始终坚持管党意识形态原则。习近平总书记

指出，所有宣传思想部门和单位，所有宣传思想战线上的党员、干部都要旗帜鲜明坚持党性原则。坚持党性原则的核心就是坚持正确的政治方向，站稳政治立场，坚决同党中央保持高度一致，坚决维护中央权威。治国理政的首要问题就是举什么旗、走什么路的问题，在这个问题上，一定要政治态度鲜明、政治立场坚定、政治认识清醒，高举中国特色社会主义旗帜不含糊，坚定中国特色社会主义道路不动摇，以对党和人民事业负责的态度牢牢掌握意识形态工作的领导权、管理权、话语权。

（二）维护意识形态安全是总体国家安全观的重要内容

国家安全是安邦定国的重要基石，意识形态安全是国家安全的重要屏障。改革开放以来，中国经济发展取得了举世瞩目的成就，伴随着中国经济的成功，中国政治体制的优越性和发展模式的影响力也日益增大。对于中国政治体制的优越性和发展模式的影响力，中西方之间本来可以互学互鉴、互利共赢，共同引领世界经济发展、维护世界政治安全，但西方一些势力基于强烈的政治偏见，往往戴着有色眼镜来看待中国的经济成绩和体制优势，误认为中国的发展壮大会威胁到西方政治体制、制度模式和价值观，便想方设法、不择手段地对中国实施"遏制""和平演变"，其中，意识形态渗透是西方敌对势力对我国推行西化、分化战略的最主要手段。在这种背景下，为有效地维护国家政治安全，党中央居安思危，于2015年1月23日审议通过了《国家安全战略纲要》，强调要以人民安全为宗旨，以政治安全为根本，以经济安全为基础，以军事、文化、社会安全为保障，以促进国际安全为依托，构建新形势下的总体国家安全观[①]。基于这种总体国家安全观，2015年7月1日第十二届全国人民代表大会常务委员会第十五次会议通过了《中华人民共和国国家安全法》，在第二十三条对意识形态安全和文化安全进行了规定：国家坚持社会主义先进文化前进方向，继承和弘扬中华民族优秀传统文化，培育和践行社会主义核心价值观，防范和抵制不良文化的影响，掌握意识形态领域主导权，增强文化整体实力和竞争力。《中华人民共和国国家安全法》的制定，表明了我们由"传统国家安全观"向"新型国家安全观"的认识转变，开始通过国家强制立法的形

---

① 《总体国家安全观干部读本》编委会.总体国家安全观干部读本［M］.北京：人民出版社，2016：1.

式，将柔性的意识形态要求转化为刚性的法律制度约束，既拓展了国家安全的内容要素，又提升了意识形态安全的地位作用。因此，在总体国家安全体系中，意识形态安全不仅是政治安全的重要内容，是文化安全的基本体现，同时作为总体国家安全的思想内核，意识形态安全还贯穿于国家安全始终。因此，在这个意义上，维护意识形态安全是总体国家安全观的重要内容和必然要求，自然也是党的一项极端重要的工作。

（三）做好意识形态工作是树立"四个自信"的内在要求

当前，我国经济发展进入新常态，改革进入攻坚期和深水区，意识形态领域形势日趋复杂，各种思想文化交流交融交锋日趋活跃，意识形态领域渗透和反渗透的斗争异常尖锐复杂。可以预见，在未来一个较长时期内，在维护和巩固马克思主义在意识形态领域的主导地位方面，将面临更加艰巨繁重的历史任务。对此，必须坚定理想信念，保持政治定力，以"四个自信"对冲各种错误思潮、不良倾向的攻击[①]。就像习近平总书记在庆祝中国共产党成立95周年大会讲话中指出的那样："坚持不忘初心、继续前进，就要坚持中国特色社会主义道路自信、理论自信、制度自信、文化自信，坚持党的基本路线不动摇，不断把中国特色社会主义伟大事业推向前进。"因此，从树立"四个自信"和意识形态工作的关系来看，树立"四个自信"其实是意识形态工作的根本体现和核心内容，做好意识形态工作是树立"四个自信"的本质属性和内在要求。坚定"四个自信"就是坚定意识形态自信，做好意识形态工作，增强意识形态话语权，不断巩固马克思主义在意识形态领域的指导地位，巩固全党全国人民团结奋斗的共同思想基础。

二、将意识形态建设与治国理政、从严治党紧密结合

意识形态是立党立国之基石，关乎旗帜、道路，关乎稳定、安全，关乎政权、主权，因此，意识形态建设从来都是国家安全、民族团结、社会稳定的关键因素。党的十八大以后，以习近平同志为核心的党中央一直把意识形态建设作为治国理政的基础工程、重大战略和重要内容，将意识形态工作摆在全局工作突出位置进行谋划和部署。习近平总书记先后在全国宣传思想工作会议和文

---

① 陈先达.论中国共产党人的文化自信[J].党建，2017（5）.

艺工作座谈会、党的新闻舆论工作座谈会、网络安全和信息化工作座谈会、哲学社会科学工作座谈会、全国高校思想政治工作会议等重要会议上发表一系列重要讲话,深刻阐明了意识形态工作的一系列方向性、根本性、全局性的重大问题,为我们做好工作指明了前进方向、提供了根本遵循。这些一系列重要论述,不仅是指导意识形态工作的纲领性文件,同时也是新的历史条件下治国理政新理念新思想新战略的重要组成部分。

(一)将意识形态建设与国家治理体系与治理能力现代化紧密结合

党的十八届三中全会提出的全面深化改革的总目标,就是完善和发展中国特色社会主义制度、推进国家治理体系和治理能力现代化。其中,完善和发展中国特色社会主义制度是全面深化改革的根本前提,推进国家治理体系和治理能力现代化是全面深化改革的本质体现[①]。而完善和发展中国特色社会主义制度、坚持中国特色社会主义道路是树立"四个自信"的核心内容,是意识形态建设的根本要求,因此,意识形态建设和国家治理体系和治理能力现代化息息相关、紧密相连。从相互关系上看,国家治理体系和治理能力现代化是意识形态现代化的核心内容。意识形态现代化是国家治理体系和治理能力现代化的本质体现。一个国家选择什么样的治理体系,是由这个国家的历史传承、文化传统、经济社会发展水平决定的,是由这个国家的人民决定的。我国今天的国家治理体系,是在我国历史传承、文化传统、经济社会发展的基础上长期发展、渐进改进、逐步演化的结果。为了推进国家治理体系和治理能力现代化步伐、推动中国特色社会主义制度更加成熟,需要不断革除体制机制弊端,给党的事业发展、国家长治久安提供一整套更完备、更稳定、更管用的制度体系。制度背后是文化,国家治理体系现代化表面上是制度的现代化,背后是治理文化的现代化,最深层的是意识形态的现代化。只有治理意识、治理观念、治理文化现代化了,治理方式、治理手段、治理制度才会现代化。因此,国家治理体系和治理能力现代化最终要靠国家治理文化、治理观念的现代化才能实现,而治理文化、治理观念现代化本身就是意识形态现代化的重要内容和外在体现。

(二)将意识形态建设与思想建党紧密结合

思想理论建设是党的根本性建设。在新形势下加强党的思想理论建设,最

---

① 包心鉴.当代中国治国理政的政治逻辑[N].人民日报,2017-04-21.

根本的是用习近平总书记系列重要讲话精神和治国理政新理念新思想新战略统一思想、稳定人心、凝聚共识。思想建党的核心在于突出政治性，注重思想教育，不断加强理想信念和党性教育，使广大党员保持对共产主义信仰和中国特色社会主义信念的忠诚。而意识形态工作的根本任务则是巩固马克思主义在意识形态领域的指导地位，巩固全党全国人民团结奋斗的共同思想基础。因此，从内容、要求和根本任务上看，意识形态建设和思想建党本质上是统一的，二者共同统一于以马克思主义为指导的中国特色社会主义建设事业。正是看到了意识形态建设和思想建党之间的内在关联性，所以，十八大以来，意识形态建设的一个显著特征是将意识形态建设与思想建党紧密结合：进行意识形态建设，最根本的一条就是始终坚持马克思主义指导地位永不动摇，而思想建党最重要的一条就是坚持用马克思主义哲学教育和武装全党[①]。从党不断发展壮大的经验来看，注重从思想上建党是意识形态建设的基本原则和根本要求，也是党的十八大以来管党治党的鲜明特征和首要任务。2012年11月，习近平总书记在十八届中共中央政治局第一次集体学习时的讲话中强调，理想信念就是共产党人精神上的"钙"，没有理想信念，理想信念不坚定，精神上就会"缺钙"，就会得"软骨病"，要坚持不懈地用中国特色社会主义理论体系武装党员干部、教育人民群众。党的十八届六中全会审议通过了《关于新形势下党内政治生活的若干准则》和《中国共产党党内监督条例》，明确提出"必须高度重视思想政治建设，把坚定理想信念作为开展党内政治生活的首要任务"，把思想建设摆在党的建设首要位置，对思想建党作出了重要部署，对思想建党的原则、内容、要求作出了明确规定。这些重大决策部署既是意识形态建设的根本要求，也是思想建党的重要内容。

（三）将意识形态建设与全面从严治党紧密结合

当前，我国正处于经济社会改革发展的转型期和攻坚期，各种社会思想此起彼伏，各种社会矛盾叠加碰撞，主流意识形态面临着日益严峻的挑战。一些党员干部理想信念不坚定，一些腐朽落后的思想文化沉渣泛起，甚至一些人故意迎合西方敌对势力，宣扬西方错误思潮，同我党争夺意识形态的话语权、影响力。针对这种情况，2016年10月24日党中央召开了第十八届六中全会，

---

① 黄坤明.坚持不懈抓好理论武装[N].人民日报，2016-11-29.

习近平总书记在全会上发表重要讲话，对全面从严治党作出重大部署和制度安排，明确要求全党要"进一步做好党和国家各项工作，特别是要切实做好思想理论准备工作、组织准备工作、经济社会发展工作、意识形态工作"。认真学习贯彻党的十八届六中全会精神，一个根本要求就是牢固树立政治意识、大局意识、核心意识、看齐意识，坚定不移维护党中央权威和党中央集中统一领导，自觉在思想上政治上行动上同以习近平同志为核心的党中央保持高度一致，增强党的向心力、凝聚力、战斗力。因此，十八届六中全会对全面从严治党提出的新要求就是，全体党员干部要紧密团结在以习近平同志为核心的党中央周围，自觉增强"四个意识"，切实加强意识形态工作，坚定不移推进全面从严治党，确保党团结带领人民不断开创中国特色社会主义事业新局面。

因此，意识形态建设和坚持全面从严治党尤其是增强"四个意识"具有密切的内在逻辑关联：当前意识形态建设的最直接目标就是自觉维护党的领导、坚定社会主义信仰，而增强"四个意识"的具体要求是维护以习近平同志为核心的党中央权威、把党中央的各项决策部署落到实处、加强党的领导，二者在本质是统一的，统一在自觉坚持、维护和加强党的领导上。尤其需要注意的是，"四个意识"是一个相互连贯的整体，不能割裂，要在"政治意识""大局意识"中体认到"核心意识""看齐意识"的重要意义，不可偏废，不能孤立片面地只讲"核心意识""看齐意识"。如果单从意识形态的角度来看，"四个意识"中，排在第一位的应是政治意识，讲核心、讲看齐实际上就是讲政治、讲大局。所谓政治意识就是党员干部在政治信仰、政治方向、政治立场、政治观点上表现出的对党的正确认知，实质是党的意识在思想行为上的反映。所以，习近平总书记指出，全党同志要强化党的意识，始终把党放在心中最高位置，牢记自己的第一身份是共产党员，第一职责是为党工作，做到忠诚于组织，任何时候都与党同心同德。因此，旗帜鲜明讲政治，首要的就是坚持党的领导，把加强党的领导贯穿于讲政治的全过程，把严守政治纪律和政治规矩摆在首要位置，不公开发表违背党中央决定的言论，不散布违背党的理论和路线方针政策的意见。这既是意识形态建设的重要内容，也是坚持全面从严治党、增强"四个意识"的内在要求。

第二节 意识形态决定文化前进方向和发展道路

一、文化与意识形态建设

文化是民族生存和发展的重要力量。习近平总书记深刻指出，没有高度的文化自信，没有文化的繁荣兴盛，就没有中华民族伟大复兴。中国特色社会主义文化，源自中华民族五千多年文明历史所孕育的中华优秀传统文化，熔铸于党领导人民在革命、建设、改革中创造的革命文化和社会主义先进文化，植根于中国特色社会主义伟大实践。坚定中国特色社会主义文化自信，就是要以马克思主义为指导，坚守中华文化立场，立足当代中国现实，结合当今时代条件，发展面向现代化、面向世界、面向未来的，民族的科学的大众的社会主义文化，推动社会主义精神文明和物质文明协调发展；就是要坚持为人民服务、为社会主义服务，坚持百花齐放、百家争鸣，坚持创造性转化、创新性发展，建设社会主义文化强国。

意识形态决定文化前进方向和发展道路。历史与实践反复证明，只有巩固马克思主义在意识形态领域的指导地位，巩固全党全国人民团结奋斗的共同思想基础，我们的党才有战斗力，我们的民族才有凝聚力。牢牢掌握意识形态工作领导权，必须推进马克思主义中国化时代化大众化，建设具有强大凝聚力和引领力的社会主义意识形态，使全体人民在理想信念、价值理念、道德观念上紧紧团结在一起，推动习近平新时代中国特色社会主义思想深入人心。一要深化马克思主义理论研究和建设，加快构建中国特色哲学社会科学，加强中国特色新型智库建设；二要坚持正确舆论导向，高度重视传播手段建设和创新，提高新闻舆论传播力、引导力、影响力、公信力；三要加强互联网内容建设，建立网络综合治理体系，营造清朗的网络空间；四要落实意识形态工作责任制，加强阵地建设和管理，注意区分政治原则问题、思想认识问题、学术观点问题，旗帜鲜明反对和抵制各种错误观点。

文化的影响力首先是价值观念的影响力。社会主义核心价值观是当代中国精神的集中体现，凝结着全体人民共同的价值追求。培育和践行社会主义核心价值观，必须以培养担当民族复兴大任的时代新人为着眼点，强化教育引导、实践养成、制度保障，发挥社会主义核心价值观对国民教育、精神文明创建、精神文化产品创作生产传播的引领作用，把社会主义核心价值观融入社会发展各方面，转化为人们的情感认同和行为习惯。培育和践行社会主义核心价值观，必须坚持全民行动、干部带头，从家庭做起，从娃娃抓起，深入挖掘中华优秀传统文化蕴含的思想观念、人文精神、道德规范，结合时代要求继承创新，让中华文化展现出永久魅力和时代风采。培育和践行社会主义核心价值观，必须加强思想道德建设，广泛开展理想信念教育，深入实施公民道德建设工程，开展移风易俗、弘扬时代新风行动，抵制腐朽落后文化侵蚀，推进诚信建设和志愿服务制度化，提高全社会文明程度。

繁荣发展社会主义文艺，推动文化事业和文化产业发展，是建设社会主义文化强国的重要任务。社会主义文艺是人民的文艺，必须坚持以人民为中心的创作导向，在深入生活、扎根人民中进行无愧于时代的文艺创造。满足人民过上美好生活的新期待，必须提供丰富的精神食粮。广大文艺工作者要坚持思想精深、艺术精湛、制作精良相统一，不断推出讴歌党、讴歌祖国、讴歌人民、讴歌英雄的精品力作，倡导讲品位、讲格调、讲责任，抵制低俗、庸俗、媚俗，造就一大批德艺双馨名家大师。同时，要深化文化体制改革，加快构建把社会效益放在首位、社会效益和经济效益相统一的体制机制，完善公共文化服务体系，加强文物保护利用和文化遗产保护传承，健全现代文化产业体系和市场体系，广泛开展全民健身活动，加强中外人文交流，推进国际传播能力建设。

文化是一个国家、一个民族的灵魂。实现中华民族伟大复兴既需要强大的物质力量，也需要强大的精神力量。迈进中国特色社会主义新时代，我们要自觉担负起新的文化使命，以习近平新时代中国特色社会主义思想为指引，在实践创造中进行文化创造，在历史进步中实现文化进步，不忘本来、吸收外来、面向未来，更好构筑中国精神、中国价值、中国力量。

习近平总书记在党的十九大报告中强调，牢牢掌握意识形态工作领导权，必须推进马克思主义中国化时代化大众化，建设具有强大凝聚力和引领力的社会主义意识形态，使全体人民在理想信念、价值理念、道德观念上紧紧团结在一起。意识形态工作是实现国家利益的重要手段，是维护国家安全的重要屏障。习近平总书记站在党和国家全局的高度，在不同场合就意识形态工作提出一系列新思想、新观点、新论断。党的十八大以来，意识形态工作奋发有为、卓有成效，党的理论创新全面推进，马克思主义在意识形态领域的指导地位更加鲜明，中国特色社会主义和中国梦深入人心，社会主义核心价值观和中华优秀传统文化广泛弘扬。

新一轮科技革命带来传播格局深刻变革，信息化发展及其趋势使得改进创新宣传思想工作任务之艰巨前所未有。现代科学技术的迅速发展正在深刻地改变着人们的生产方式、生活方式、思维方式，特别是随着互联网、多媒体等现代化传媒的发展，信息覆盖的范围更广、传播速度更快，人类进入了大数据、微传播、微文化的时代，传播方式、传播环境产生了革命性变革。大量涌入的各种信息，既扩大了人们的知识视野，也增加了人们鉴别是非的复杂性和难度。由于西方发达国家拥有网络霸权和信息优势，国际互联网上的"文化霸权主义"问题非常突出，新时代意识形态工作的环境、对象和内容都发生了巨大变化。开放复杂的网络舆论加剧了意识形态引导的难度，是意识形态工作面临的新问题、新考验。在信息时代，网络舆论新形态使我们的工作理念和方式方法不断发生变化，要树立正确的网络安全观，正确处理安全和发展的关系，加强创新意识，尽快在核心技术上取得突破。

传统文化是一个国家和民族历史创造的集体记忆与精神寄托。在人类漫长的历史长河中，不同的国家、民族创造了绚丽多姿、各具特色的文化，形成了各自的传统文化和文化传统，使我们生活的世界千姿百态、异彩纷呈。民族文化是构建意识形态理论的重要文化资源，同时，弘扬和培育民族文化是意识形态理论工作的重要任务和内容。脱离民族文化的意识形态理论难以让人接受，更不可能有发展的生机与活力。中华民族有着辉煌的文化创造和深厚的文化积淀，这是做好新时代意识形态工作的重要文化资源，也是蕴含着民族精神的重要文化资源。习近平总书记指出，一个国家、一个民族的强盛，总是以文化兴盛为支撑的，中华民族伟大复兴需要以中华文化发展繁荣为条件。中华优秀传统文化可以增进人们的道德自觉，提升人们的道德境界；可以为培育和践行社会主义核心价值观提供丰富涵养，使其具有长久的生命力和影响力；可以为推进改革开放和社会主义现代化建设，实现中华民族伟大复兴的中国梦提供文化支撑和精神力量；是促进世界和平的精神财富，蕴藏着解决时代难题的重要启示,对于推进国家治理体系和治理能力现代化具有重要借鉴价值。增强新时代意识形态工作的中华优秀传统文化底蕴,利用好这一宝贵的文化资源,推动中华优秀传统文化创造性转化、创新性发展,是做好新时代意识形态工作的重要使命和重大课题。

二、社会主义意识形态的内涵要求

党的十八大以来,宣传思想领域最具标志性的成果,就是从根本上扭转了意识形态领域一度出现的被动局面,使我国意识形态领域形势发生了全局性、根本性的转变。当前,我国意识形态领域总体保持向上向好态势,但也要看到,思想文化相互激荡、价值观念多元多样,建设具有强大凝聚力和引领力的社会主义意识形态任务依然艰巨。

(一)持续加强理论武装工作

建设具有强大凝聚力和引领力的社会主义意识形态,必须持续加强理论武装工作。理论创新决定了意识形态的活力,理论武装决定了意识形态工作的能力。党和国家指导思想在我国社会主义意识形态中占据统摄地位。加强理论武装,就要做好做强马克思主义宣传教育工作,特别是要在学懂弄通做实习近平新时代中国特色社会主义思想上下功夫,更好统一全党全国各族人民思想和行动;就要把坚定"四个自信"作为建设社会主义意识形态的关键,讲清楚辉煌成就背后的理论逻辑、制度原因,增强广大干部群众信心和底气;就要坚持马克思主义在我国哲学社会科学领域的指导地位,把研究回答新时代重大理论和现实问题作为主攻方向,建设具有中国特色、中国风格、中国气派的哲学社会科学。

(二)巩固壮大主流思想舆论

建设具有强大凝聚力和引领力的社会主义意识形态,必须巩固壮大主流思想舆论。社会主义意识形态的凝聚力和引领力,既取决于富有说服力、感召力的内容,也取决于广泛有效的传播。面对传播格局的深刻变革,做好宣传思想工作,比以往任何时候都更加需要创新。壮大主流思想舆论,就要把握正确舆论导向,提高新闻舆论传播力、引导力、影响力、公信力,做大做强正面宣传,形成强大主流舆论场;就要加强传播手段和话语方式创新,着力推动媒体深度融合,让党的创新理论"飞入寻常百姓家";就要扎实抓好县级融媒体中心建设，更好引导群众、服务群众；就要旗帜鲜明坚持真理，立场坚定批驳谬误，坚持立破并举、敢于亮剑，让意识形态工作激浊扬清、正本清源。

第三节　以党内法规构建意识形态工作长效机制

一、坚持思想建党与依规治党相结合

意识形态工作要靠思想教育，更要靠制度保障。党的十八大以来，以习近平同志为核心的党中央全面推进依法治国、依规治党，使党的各项工作都有章可依、有规可循，党的建设进一步科学化、制度化、规范化。意识形态工作作为党的一项极端重要的工作，当然也要依法开展、依规运行。为进一步加强意识形态领域党内法规建设，提升意识形态工作法治化水平，党中央先后制定出台《党委（党组）意识形态工作责任制实施办法》《中国共产党党委（党组）理论学习中心组学习规则》等重要党内法规，逐步构建起维护意识形态安全的长效机制，为管党治党、执政兴国提供重要的政治保证、制度保障和安全屏障。

习近平总书记高度重视制度治党、依规治党，指出党要履行好执政兴国的重大历史使命，实现党和国家的长治久安，必须坚持思想建党与制度治党统筹推进，依法治国与依规治党一体建设，确保党的各项工作包括意识形态工作都要纳入制度化、规范化轨道之中。党中央在《中央党内法规制定工作五年规划纲要（2018—2022年）》中提出，要贯彻落实新时代党的建设总要求，坚持思想建党和制度治党同向发力，制定《中国共产党宣传工作条例》《中国共产党思想道德准则》，不断增强党的政治领导力、思想引领力，为夺取新时代中国特色社会主义胜利、实现中华民族伟大复兴的中国梦提供坚强制度保障。党的十八大以来，坚持思想建党与依规治党相结合的重要成果就是意识形态领域党内法规制度建设，主要如下。

第一，制定《党委（党组）意识形态工作责任制实施办法》（以下简称《实施办法》）。2015年10月，党中央印发《实施办法》，这是十八大以来意识形态领域的第一部中央党内法规，在党的历史上第一次以党内法规形式，对意识

形态工作责任制作出规定,具有里程碑式意义。《实施办法》指出,要强化党管宣传、党管意识形态原则,牢牢掌握意识形态工作的领导权主动权;要进一步明确各级领导干部的意识形态工作责任,坚决守好"责任田";要不断改进和加强宣传思想工作,着力加强宣传思想阵地建设与管理,进一步加强思想政治教育队伍建设;要高度重视网络安全,进一步提升网络舆论引导水平,严密防范网上意识形态渗透,不断增强意识形态领域主导权。制定和颁布《实施办法》,对于构建意识形态工作新格局、坚持马克思主义指导地位、改革创新意识形态工作方式方法、加强意识形态工作队伍建设具有十分重要的推动作用。

第二,制定《中国共产党党委(党组)理论学习中心组学习规则》(以下简称《学习规则》)。为进一步加强全党学习,用党的创新理论武装头脑,党中央采取一系列重大举措,先后有党的群众路线教育实践活动、"三严三实"专题教育、"学党章党规、学系列讲话,做合格党员"学习教育、"不忘初心、牢记使命"主题教育。经过这些学习教育,全党大兴学习之风,通过学习增强理论素养和党性修养的风气蔚然形成。在这种背景下,2017年1月30日党中央出台《学习规则》,第一次以党内法规的形式,对中心组学习的性质定位原则、内容形式要求、组织管理考核等方面作出明确规定,在性质上属于十八大以来意识形态领域的第二部中央党内法规。党委(党组)理论学习中心组学习[在实践中经常被简称为党委(党组)理论中心组学习、党委(党组)中心组学习或党委中心组学习]是领导干部在职理论学习的重要形式,是全党理论学习的"风向标"和"排头兵"。加强和改进中心组学习是新形势下深化理论武装、加强思想建党的重要途径,是提高领导干部能力素养、锻造过硬执政骨干队伍的重要举措。制定出台《学习规则》是贯彻党中央决策部署、深化全面从严治党、严肃党内政治生活的重要举措,是思想建党与制度治党、依规治党的有机结合,对于新形势下强化理论武装、加强思想政治建设、提升领导干部决策能力和执政水平,具有重要意义。

(1)制定《学习规则》是思想建党、建设学习型政党的必然要求。党委(党组)中心组学习是思想建党的重要途径和根本体现。我们党历来重视学习,这既是我们党的光荣传统,也是我们党的政治优势。党的十七届四中全会提出,要把建设马克思主义学习型政党作为重大而紧迫的战略任务抓紧抓好;党的十八大提出了"建设学习型、服务型、创新型的马克思主义执政党"的战略

第七章　建设具有强大凝聚力和引领力的社会主义意识形态

任务；党的十八大以来，以习近平同志为核心的党中央高度重视党委（党组）中心组学习工作，在不同场合多次就加强各级领导班子和领导干部理论学习作出重要指示，并身体力行、率先垂范。加强中心组学习制度是坚持思想建党、建设学习型政党的必然选择。而中心组学习要想发挥应有的效果，需要建立健全常态化、长效化机制，依靠制度来保障思想建党。通过制定《学习规则》来加强中心组学习、促进思想建党、建设学习型政党，其重大意义就在于此。

（2）制定《学习规则》是制度治党、依规治党的必然要求。党的十八大以来，以习近平同志为核心的党中央高度重视制度治党、依规治党，强调加强党内法规制度建设是全面从严治党的长远之策、根本之策，指出党要履行好执政兴国的重大历史使命，实现党和国家的长治久安，必须坚持思想建党与制度治党统筹推进，依法治国与依规治党一体建设，确保党的各项工作都有规可依、有章可循。党中央高度重视《学习规则》的制定工作，《中央党内法规制定工作五年规划纲要（2013—2017年）》（中发〔2013〕11号）强调要"完善党的思想建设方面的党内法规，为做好理论创新和理论武装工作提供制度保障"，提出要完善党委（党组）中心组学习制度，为制定《学习规则》提供了依据和遵循。在这种背景下，需要制定具有可操作性的《学习规则》，进一步规范强化中心组学习，保证中心组学习制度的长期有效实施，以党内法规的形式切实保障实施中心组学习制度的落实，有利于厘清中心组学习制度的功能定位，有利于更好地发挥中心组学习制度的积极作用。

（3）制定《学习规则》是提升决策水平、工作能力的必然要求。当前，我国正处在发展关键期、改革攻坚期、矛盾凸显期，长期积累的老问题集中显现，同时又遇到许多新情况、新问题，需要在学习中不断认识、研究和解决。面对经济社会发展新常态，需要高度重视中心组学习，加强中心组成员的素质能力建设、提高科学决策水平，进一步提升领导干部在复杂多变的国际国内环境中推动发展、促进改革的能力和水平。制定《学习规则》，以法规制度的刚性约束，把加强和改进中心组学习作为加强领导班子素质能力建设的重要抓手，作为提高党员领导干部学理论、议大事、谋发展能力的重要途径，不断加大学习的力度、深度和广度。

第三，修改《中国共产党巡视工作条例》（以下简称《巡视条例》）。为了确保意识形态工作责任制落到实处，从2016年十八届中央第十一轮巡视开始，党中央把意识形态工作责任制落实情况纳入巡视工作安排。2017年7月1日，党中央对《巡视条例》进行修改，明确将"落实意识形态工作责任制不到位"问题列入第十五条"违反政治纪律和政治规矩，存在违背党的路线方针政策"的言行之中。对意识形态工作责任制落实情况进行监督检查是《中国共产党巡视工作条例》与《党委（党组）意识形态工作责任制实施办法》这两部重要党内法规的有机结合，不仅深化了巡视内容、丰富了巡视手段、创新了巡视制度设计，在党的历史上、在巡视工作发展史上、在意识形态工作发展史上都具有里程碑式的意义。因此，将意识形态工作责任制落实情况写入《巡视条例》，不仅是中央巡视工作机制的一次重大创新，也是党内法规制度建设的一次重大创新，对加强党的全面领导、强化党管意识形态原则、推动意识形态阵地管理具有重要而深远的意义。

　　第四，制定《中国共产党宣传工作条例》（以下简称《宣传工作条例》）。《宣传工作条例》是宣传领域的龙头性、骨干性、基础性党内法规，是开展宣传思想文化工作、维护意识形态安全的基本遵循。党的十八大以来，以习近平同志为核心的党中央高度重视宣传工作特别是意识形态工作的统一思想、稳定人心、凝聚共识作用，先后召开全国宣传思想工作会议、文艺工作座谈会、党的新闻舆论工作座谈会、网络安全和信息化工作座谈会、哲学社会科学工作座谈会、全国高校思想政治工作会议，指出了宣传工作的一系列方向性、根本性、全局性的重大问题，为做好意识形态工作指明了前进方向、提供了根本遵循。制定《宣传工作条例》是贯彻习近平新时代中国特色社会主义思想、贯彻落实习近平总书记关于宣传工作特别是意识形态工作重要论述的重要体现，是以改革创新精神加快宣传领域党内法规建设、补齐宣传领域党内法规短板的重要举措，是全面提升宣传工作科学化规范化制度化水平、牢牢掌握意识形态工作领导权的重要保证。为此，党中央把制定《宣传工作条例》列入中央政治局常委会2018年工作要点、中央深改组2018年工作要点和《中央党内法规制定工作第二个五年规划（2018—2022年）》，凸显了党中央对宣传工作和《宣传工作条例》的高度重视。因此，以党内法规形式把宣传工作行之有效的政策措施、经验做法、制度安排加以固化，对于进一步加强党对宣传工作的全面领导、增强全党做好宣传工作的责任感、光荣感和使命感，建设具有强大凝聚力和引领力的社会主义意识形态，不断开创新时代意识形态工作新局面具有重要

第七章　建设具有强大凝聚力和引领力的社会主义意识形态

的规范指引和制度保障作用。

第五，制定《中国共产党思想道德准则》。革命理想高于天。2012年11月，习近平总书记在十八届中共中央政治局第一次集体学习时强调，理想信念就是共产党人精神上的"钙"，没有理想信念，理想信念不坚定，精神上就会"缺钙"，就会得"软骨病"。党的十九大报告再次强调，思想建设是党的基础性建设，共产主义远大理想和中国特色社会主义共同理想，是中国共产党人的精神支柱和政治灵魂，也是保持党的团结统一的思想基础。2018年3月10日，习近平总书记在全国两会期间参加重庆代表团审议时强调，领导干部要明大德、守公德、严私德。明大德，就是要铸牢理想信念、锤炼坚强党性；守公德，就是要强化宗旨意识，全心全意为人民服务，恪守立党为公、执政为民理念；严私德，就是要严格约束自己的操守和行为，戒贪止欲、克己奉公，切实把人民赋予的权力用来造福于人民。因此，思想道德建设的核心就是坚持依规治党和以德治党相统一，帮助广大党员进一步坚定理想信念、提高道德修养，把全面从严治党要求转化为政治信仰、道德规范和纪律约束。对此，党中央决定通过制定《中国共产党思想道德准则》的形式，以党内法规的刚性约束来教育引导全体党员牢记党的理想信念宗旨，增强党性观念，提高思想觉悟，加强道德修养，有利于广大党员自觉在思想上政治上行动上与党中央保持高度一致，自觉践行忠诚、干净、担当，自觉做共产主义远大理想和中国特色社会主义共同理想的坚定信仰者和忠实实践者。

因此，新时代党内法规制度建设的一个鲜明特征是，坚持思想建党和制度治党紧密结合。全面从严治党靠教育，也靠制度，二者一柔一刚，要同向发力、同时发力。思想教育要结合落实制度规定来进行，抓住主要矛盾，突出问题导向，不搞凌空蹈虚。要使加强制度治党的过程成为加强思想建党的过程，也要使加强思想建党的过程成为加强制度治党的过程。注重思想建党和制度治党相结合，是中国共产党自身建设的显著特点和特有优势。从思想上建党，靠制度治党，是中国共产党对马克思主义建党学说的创造性发展，是党加强自身建设、保持先进性的宝贵经验，也是党从长期执政实践中得出的重要结论。在相互关系上，思想建党是制度治党的前提和基础，制度治党是思想建党的方式和保障，建党治党是一个系统工程，思想建党和制度治党不可偏废。通过思想建党，解决党员的理性认识、价值追求、理想信念问题，以说服力、劝导力、感召力提高广大党员的政治觉悟，充分发挥自律的力量；通过制度治党解决治理规则、行为规范、监督追究等问题，以刚性约束规范党员行为，充分发挥他律的力量。实践证明，制度治党离不开正确的思想引领，否则就会迷失方向、难有成效；思想建党的经常性和成果，则靠制度治党来保障和巩固，否则就会沦为空谈、难以为继。二者有机结合，就能相互补充、相互促进，确保党始终成为中国特色社会主义事业的坚强领导核心。

二、将意识形态工作责任制落实情况纳入巡视巡查内容

意识形态工作关乎旗帜、关乎道路、关乎国家政治安全。旗帜指引方向，道路决定命运，因此，意识形态涉及的都是原则性、战略性和根本性问题，涉及党治国理政、管党执政的合法性和正当性，涉及中国特色社会主义事业的方向性和导向性。从意识形态角度来看，要想高举旗帜，坚定道路，维护好国家政治安全，就必须始终坚持管党意识形态原则，核心就是坚持正确的政治方向，站稳政治立场，坚决同党中央保持高度一致，坚决维护中央权威。因此，意识形态的首要问题就是举什么旗、走什么路的问题，在这个问题上，一定要政治态度鲜明、政治立场坚定、政治认识清醒，高举中国特色社会主义旗帜不含糊，坚定中国特色社会主义道路不动摇，以对党和人民事业负责的态度牢牢掌握意识形态工作的领导权、管理权。

2013年8月19日召开的全国宣传思想工作会议上，习近平总书记指出，必须把意识形态工作的领导权、管理权牢牢掌握在手中，任何时候都不能旁落，否则就要犯无可挽回的历史性错误。首先，意识形态工作的根本任务是"两个巩固"，必须重在建设、以立为本，坚持正面宣传为主，把巩固马克思主义在意识形态领域的指导地位、巩固全党全国人民团结奋斗的共同思想基础体现到意识形态工作的各个方面。其次，意识形态工作的基本职责是围绕中心、服务大局，必须始终胸怀大局、把握大势、着眼大事，在大局下思考、在大局下行动，面向群众，始终把人民放在最高位置，动员人民为实现根本利益而奋斗，为中心工作提供有力保障。再次，新时代意识形态工作必须适应新时代、新形势、新任务，切实推进内容形式创新、方法手段创新、体制机制创新，互联网是意识形态斗争的主战场、主阵地和最前沿，必须坚持正能量是总要求、管得住是硬道理，加强改进网络意识形态工作。最后，意识形态工作必

须加强党的全面统一领导，坚持党管宣传、党管意识形态、管党媒体原则，坚持政治家办报、办刊、办台、办新闻网站。全党动手抓意识形态工作，各级党组织都要落实意识形态工作责任制，切实负起政治责任和领导责任。

为了贯彻落实习近平总书记关于做好意识形态工作的重要论述，2015年10月，中央办公厅颁布了《党委（党组）意识形态工作责任制实施办法》（中办发〔2015〕52号）（以下简称《实施办法》），指出全党要强化党管宣传、党管意识形态，牢牢掌握意识形态工作的领导权主动权，要进一步明确各级领导干部的意识形态工作责任，坚决守好"责任田"；要不断改进和加强宣传思想工作，着力加强宣传思想阵地建设与管理，进一步加强思想政治教育队伍建设；要高度重视网络安全，进一步提升网络舆论引导水平，严密防范网上意识形态渗透，牢牢把握网络意识形态主导权。这是十八大以来意识形态领域的第一部中央党内法规，在党的历史上第一次以党内法规形式，对意识形态工作责任制作出制度规定，具有里程碑式的意义。制定和颁布《实施办法》，对于构建意识形态工作新格局、坚持马克思主义指导地位、改革创新意识形态工作方式方法、加强意识形态工作队伍建设具有十分重要的推动作用。2016年，中央办公厅又颁布了《党委（党组）网络意识形态工作责任制实施细则》（厅字〔2016〕44号），明确网络意识形态工作是意识形态工作的重中之重，各班子成员要按照属地管理、分级负责和谁主管谁负责的原则，对分管网络意识形态工作负主体责任，应当带头抓网络意识形态工作，并严格按照"一岗双责"的要求，抓好网络意识形态工作。

第一，将意识形态工作纳入巡视工作安排是巡视工作机制的重大创新。意识形态工作是党的一项极端重要的工作，关于旗帜、关乎道路、关乎国家政治安全，必须进一步加强和改进意识形态工作，落实党管意识形态原则，牢牢掌握意识形态工作的领导权主动权，巩固马克思主义在意识形态领域的指导地位，巩固全党全国各族人民团结奋斗的共同思想基础。党中央高瞻远瞩，将意识形态工作责任制纳入巡视工作安排，加强对意识形态阵地的管理，并对巡视中加强意识形态工作责任制落实情况的监督检查提出了明确要求，对于提高对意识形态工作极端重要性的认识，增强抓好意识形态工作的责任感和使命感，明确履行使命、守土尽责的正确方向，具有积极而重要的作用，在巡视发展史上具有里程碑创新意义。

第二，将意识形态工作纳入巡视工作安排是党管意识形态原则的实践体现。党管意识形态原则是坚持党的领导的重要体现，必须站在事关党和国家发展的战略高度，深刻认识意识形态工作的极端重要性，深刻认识将意识形态工作纳入巡视工作安排的实践意义。长期以来，一些党员领导干部对意识形态工作态度是"说起来重要，做起来次要，忙起来不要"，导致在一些部门错误思潮、不良观点、模糊认识长期存在，意识形态工作存在明显弱化、虚化的趋势。动员千次，不如问责一遍；宣传千次，不如巡视一遍。要想真正强化党管宣传、党管意识形态原则，牢牢掌握意识形态工作的领导权主动权，就需要明确抓手，厘清责任，加强制度建设，完善责任机制，切实将意识形态工作责任制落地落实。因此，在巡视中进一步明确各级领导干部的意识形态工作责任，不断健全完善党委统一领导、党政齐抓共管、宣传部门组织协调、各相关部门积极配合的工作格局，既是意识形态工作专项巡视的重要要求，也是坚持党管意识形态原则的必然体现。

第三，将意识形态工作纳入巡视工作安排是推动意识形态阵地管理的重要武器。意识形态工作要守土有责、守土尽责、守土负责，需要着力加强宣传思想阵地建设与管理，进一步加强思想政治教育队伍建设，尤其要高度重视网络安全，进一步提升网络舆论引导水平，严密防范网上意识形态渗透，牢牢把握网络意识形态主导权。从各中央巡视组反馈的意识形态工作情况来看，被巡视党组织普遍存在着意识形态阵地定位不清、意识不强，作用发挥不够、管理不到位等问题，需要以意识形态专项巡视工作为契机，不断强化意识形态阵地意识，推动意识形态阵地管理工作走向正规化、常态化。

基于意识形态工作责任制的重要性，党的十八大之后，越来越多的党内法规都把落实意识形态工作责任制情况作为各级党组织和全体党员的重要党内义务予以明确规定。例如，2017年1月30日施行的《中国共产党党委（党组）理论学习中心组学习规则》第二条第二款规定：各级党委（党组）应当把理论学习中心组学习列入重要议事日程，纳入党建工作责任制，纳入意识形态工作责任制。2016年10月27日通过的《中国共产党党内监督条例》第十七条第一款规定：党内监督必须加强对党组织主要负责人和关键岗位领导干部的监督，重点监督其政治立场、加强党的建设、从严治党，执行党的决议，公道正派选人用人、责任担当、廉洁自律，落实意识形态工作责任制情况。2015年

12月25日施行的《中国共产党地方委员会工作条例》第五条规定：党的地方委员会主要实行政治、思想和组织领导，把方向、管大局、作决策、保落实。加强对本地区宣传思想文化工作的领导，牢牢掌握意识形态工作领导权、话语权。2015年6月11日施行的《中国共产党党组工作条例（试行）》第十条规定：党组讨论和决定本单位意识形态工作、思想政治工作和精神文明建设方面的重要事项。通过这些重要党内法规，完善了意识形态工作责任制的法规保证，夯实了全面从严治党的责任机制，实现了全面从严治党与依规治党的紧密结合。

参考文献

[1] 习近平谈治国理政 [M]. 北京：外文出版社，2014.

[2] 习近平谈治国理政（第二卷）[M]. 北京：外文出版社，2017.

[3] 习近平. 摆脱贫困 [M]. 福州：福建人民出版社，1992.

[4] 习近平. 之江新语 [M]. 杭州：浙江人民出版社，2007.

[5] 习近平. 干在实处走在前列——推进浙江新发展的思考与实践 [M]. 北京：中共中央党校出版社，2013.

[6] 习近平用典 [M]. 北京：人民日报出版社，2015.

[7] 党的十九大报告辅导读本 [M]. 北京：人民出版社，2017.

[8] 习近平关于实现中华民族伟大复兴的中国梦论述摘编 [M]. 北京：中央文献出版社，2013.

[9] 习近平关于全面深化改革论述摘编 [M]. 北京：中央文献出版社，2014.

[10] 习近平关于全面建成小康社会论述摘编 [M]. 北京：中央文献出版社，2016.

[11] 习近平关于全面从严治党论述摘编 [M]. 北京：中央文献出版社，2016.

[12] 习近平关于严明党的政治纪律和政治规矩论述摘编 [M]. 北京：中国方正出版社，2016.

[13] 习近平关于协调推进"四个全面"战略布局论述摘编 [M]. 北京：中央文献出版社，2015.

[14] 习近平关于全面依法治国论述摘编 [M]. 北京：中央文献出版社，2015.

［15］习近平关于党风廉政建设和反腐败斗争论述摘编［M］.北京：中央文献出版社，中国方正出版社，2015.

［16］习近平总书记系列重要讲话读本［M］.北京：学习出版社，人民出版社，2016.

［17］学习习近平同志关于机关党建重要论述［M］.北京：党建读物出版社，2014.

［18］习近平关于社会主义文化建设论述摘编［M］.北京：中央文献出版社，2017.

［19］习近平.在文艺工作座谈会上的讲话［M］.北京：人民出版社，2014.

［20］习近平新时代中国特色社会主义思想三十讲［M］.北京：学习出版社，2018.

后　记

文化是民族的血脉，是人民的精神家园，是一个国家、一个民族的灵魂，是社会发展进步的重要力量。人类社会每一次跃进，人类文明每一次升华，无不伴随着文化的历史性进步。党的十八大以来，以习近平同志为核心的党中央高度重视社会主义文化建设，发表了一系列重要讲话，作出一系列重要部署，推动了文化事业的全面繁荣和文化产业的快速发展，为新时代社会主义文化建设指明了方向，提供了遵循。

本书以新时代中国特色社会主义现代化建设为背景，系统梳理了党的十八大以来社会主义文化建设取得的历史性成就与发生的历史性变革，深刻阐述了新时代坚持中国特色社会主义文化发展道路、培育和践行社会主义核心价值观、坚定文化自信、维护文化安全、建设具有强大凝聚力和引领力的社会主义意识形态的丰富内涵和实践要求，对于广大党员干部深入了解新时代社会主义文化建设，加快推动社会主义文化繁荣兴盛，进一步学懂弄通做实习近平新时代中国特色社会主义思想和党的十九大精神具有较好的帮助作用。

本书由秦强、戴有山合作完成，具体分工如下（按章节撰写顺序）。

秦强：前言、第一章、第三章、第七章。

戴有山：第二章、第四章、第五章、第六章。

本书在编写过程中参考了部分专家学者的观点、论述，限于本书读本体例没有一一列出，在此表示致歉和感谢。由于作者理论水平有限，实践经验不足，本书的错误纰漏之处在所难免，对此恳请广大读者批评指正。

作者

2020 年 7 月

项目策划：段向民
责任编辑：张芸艳
责任印制：孙颖慧
封面设计：武爱听

图书在版编目（CIP）数据

文化凝聚中国：新时代文化建设读本 / 戴有山，秦强著. -- 北京：中国旅游出版社，2020.12
ISBN 978-7-5032-6467-2

Ⅰ. ①文… Ⅱ. ①戴… ②秦… Ⅲ. ①文化事业—建设—研究—中国 Ⅳ. ①G12

中国版本图书馆CIP数据核字（2020）第055274号

书　　名：	文化凝聚中国——新时代文化建设读本
作　　者：	戴有山　秦强　著
出版发行：	中国旅游出版社
	（北京静安东里6号　邮编：100028）
	http://www.cttp.net.cn　E-mail:cttp@mct.gov.cn
	营销中心电话：010-57377108，010-57377109
	读者服务部电话：010-57377151
排　　版：	北京旅教文化传播有限公司
经　　销：	全国各地新华书店
印　　刷：	河北省三河市灵山芝兰印刷有限公司
版　　次：	2020年12月第1版　2020年12月第1次印刷
开　　本：	720毫米×970毫米　1/16
印　　张：	13.5
字　　数：	216千
定　　价：	59.80元
ＩＳＢＮ	978-7-5032-6467-2

版权所有　翻印必究
如发现质量问题，请直接与营销中心联系调换